RUDOLF STEINER

Das Leben nach dem Tod

und sein Zusammenhang mit
der Welt der Lebenden

Vorträge, ausgewählt und herausgegeben
von Frank Teichmann

W0068865

VERLAG FREIES GEISTESLEBEN

CIP-Kurztitelaufnahme der Deutschen Bibliothek

Steiner, Rudolf
Themen aus dem Gesamtwerk / Rudolf Steiner. –
Stuttgart: Verl. Freies Geistesleben

NE: Steiner, Rudolf: [Sammlung]

Bd. 15. Das Leben nach dem Tod und sein Zusammenhang mit
der Welt der Lebenden: Vorträge / ausgew. u. hrsg. von Frank
Teichmann. – 1987.
   ISBN 3-7725-0085-4

NE: Teichmann, Frank [Hrsg.]

Einbandgestaltung: Martin Diethelm

Alle Rechte an den Texten von Rudolf Steiner, insbesondere
das Recht der Übersetzung, bei der Rudolf-Steiner-
Nachlaßverwaltung, Dornach / Schweiz
© 1987 Verlag Freies Geistesleben GmbH, Stuttgart
Gesamtherstellung: Clausen & Bosse, Leck

Inhalt

Einführung

Der Tod stellt den Menschen vor ein rätselhaftes Phänomen. Urplötzlich tritt er in das Alltagsleben ein, alles Gewohnte verändernd und doch auch, trotz aller Trauer, die ersten Tage wie mit einer segensreichen Kraft durchziehend. Auch wenn man, etwa durch eine lange Krankheit des nun Verstorbenen, schon auf diesen Moment des Todes vorbereitet zu sein glaubte oder ihn gar schon erwartet hatte, so tritt er doch als so einschneidendes Ereignis auf, daß seine Rätsel jedesmal neu das Gemüt bewegen. Mit dem Augenblick des Todes verändert sich der ganze Lebenszusammenhang der Zurückgebliebenen. Der Verstorbene ist nicht mehr ansprechbar, Antworten auf die ihm zugesandten Gedanken bleiben aus. Verborgen, unzugänglich und stumm scheint die Welt der Toten zu sein, ohne Brücke, die zu ihr hinüberführt. Erst im Laufe der Zeit wandelt sich das seelische Erleben in ein tieferes Fragen – oder in ein vom Lärm des Alltags übertöntes Vergessen.

Solche Erfahrungen treten in jedem Menschenleben auf. Sie werden allerdings umso realer, je älter der Mensch wird. Ein Ausdruck davon sind die Bilder, die er sich aufstellt, von toten Freunden und Verwandten, mit deren Leben und Schicksalen er verknüpft war.

Das Erlebnis des Todes erfährt eine Steigerung, wenn man den Vorgang des Sterbens begleiten kann. Oftmals kann man beobachten, wie Eigenheiten, die für den Lebenden typisch waren, zurücktreten vor der Bedeutung des Schwellenübergangs selbst. Die überraschenden Wandlungen, die dabei auftreten können, gehören zum Bewegendsten, was man hier auf Erden erleben kann.

Um so drängender wird dann die Frage nach dem Weiterleben

und den weiteren Schicksalen der Toten. Nicht nur gelegentliche Besuche am Grabe lassen Erinnerungen an sie wieder auftauchen; manchmal sind es auch Träume, die das Bild eines Verstorbenen in das noch halb schlafende Bewußtsein hereinzaubern. Wohl niemals sind dies Erinnerungen an konkrete Einzelerlebnisse. Eher schon zeigt sich der Verstorbene in völlig ungewohnten Umgebungen, oft als jüngerer Mensch und in Zusammenhängen, die normalerweise nicht direkt mit ihm verbunden waren. Auch im wachen Seelenleben scheint man weiter mit dem Toten verbunden zu sein, sei es auch nur durch ein kurzes Andenken, das dann und wann während des Tages in die Erinnerung eintritt, oder durch einen Gedanken, mit dem man sich ihm zuwendet.

Aber fragen möchte man auch: Lebt er selbst sein eigenes Dasein fort und in welcher Form? Was erlebt er jetzt? Hat er noch ein Bewußtsein? Kann er noch an die Zurückgebliebenen denken? Das sind Fragen, die sich die Menschen zu allen Zeiten gestellt haben. Besonders bedrängend traten sie immer dann auf, wenn in Katastrophen und Kriegen durch das scheinbar sinnlose Sterben die Welt der Toten dem allgemeinen Erleben sehr nahe rückte. Nach den Ereignissen des letzten Krieges mit seinen grauenhaften Schlachten, in denen Tausende gleichzeitig die Schwelle des Todes überschreiten mußten, hat Max Frisch in seinem Schauspiel «Nun singen sie wieder» die Bedrängnis dieser Fragen künstlerisch gestaltet. Mit aller Deutlichkeit und Wachheit wird da auf die Heere der Toten und deren Bedeutung hingewiesen. Doch kaum jemand hörte sie, weder damals im Spiel noch weiter in den Jahren, die auf den Zusammenbruch folgten.

Eine Wissenschaft, die durch die Beobachtung der sinnlichen Welt groß geworden ist und ihre Forschung darauf beschränkt, kann uns hier nicht weiterhelfen. Die übersinnliche Welt, in der die Toten leben, nimmt sie ja gerade nicht in den Blick. Auch Grenzerlebnisse von Menschen, die etwa durch gelungene Wiederbelebung zurückgeholt worden sind, können nicht viel mehr aussagen, als daß die Person durchaus mit Bewußtsein weitergelebt hat, wenn auch in anderer Form. Rudolf Steiner hat schon in seinen frühen Schriften versucht, die naturwissenschaftliche Beobachtungsweise auch für den seelischen und geistigen Bereich zu entwickeln. Seine so gewonnene Forschungsmethode erlaubte ihm schließlich, das Wesen des Menschen auf seinem nachtodlichen Weg zu begleiten und bewußt und differenziert zu verfolgen.

In früheren Zeiten wußte man ganz selbstverständlich vom Fortleben der Toten. Oft blieb man mit ihnen sogar verbunden und verfolgte ihr Weiterleben. Auch das Umgekehrte galt: Die Hingeschiedenen lebten das irdische Leben ihrer Angehörigen mit und griffen sogar ein, wenn es nötig war. So ritt noch manch bedeutender Held, das erzählen die Sagen, auch nach seinem Tode den irdischen Heeren voran, ihnen zum Sieg verhelfend.

Nachdem das in Urzeiten noch allgemein verbreitete Hellsehen allmählich abgedämmert war, gab es doch an vielen Orten der Welt noch Weise, die ihre Kenntnisse über die geistigen Welten aus ihrer Einweihung in die Mysterien bezogen. Durch die kulturgestaltende Kraft dieser Mysterien wurden überall Einrichtungen geschaffen, die auf die nachtodliche Welt als auf eine real existierende hinwiesen. Bestattungssitten, Totenriten, Gedächtnisfeste für die Toten wurden initiiert, und in Bilder wurde gefaßt, was vom eigentlichen Leben der Toten gewußt werden sollte.

In *Ägypten* war der Pharao der Repräsentant dieser Wissenden. Er war eingeführt in die übersinnlichen Welten und kannte sie schon zu Lebzeiten. Er kannte den Gang des Sonnengottes durch die «Unterwelt» und die Geister, die mit dieser Welt verbunden sind. Und diese Kenntnis begründete sein Königtum. Nur wer Einblick hatte in die Bereiche, in denen auch die Toten leben, konnte König auf Erden sein. Denn aus diesem Einblick heraus sprach er zu den Lebenden und leitete deren Geschicke. So konnte er am Schluß des Buches von der Unterwelt (Amduat), in dem diese Bilder dargestellt sind, sagen:

«Wer diese geheimnisvollen Bilder kennt, ist ein wohlver-
sorgter Geist.
Immer geht er aus und ein in der Unterwelt,
immer spricht er zu den Lebenden.»

Dort konnte er auch den verstorbenen Seelen begegnen und an
ihren nachtodlichen Erlebnissen teilnehmen. Das Wissen davon
floß dann ein in die Vorstellungsbilder, die das ägyptische Volk
vom Leben nach dem Tode hatte. In den Gräbern sind sie dargestellt und bis heute erhalten geblieben. Aus ihnen können wir
entnehmen, daß der Ägypter eine differenzierte Anschauung
vom Wesen des Menschen besaß. Dieses hatte sich in verschiedenen «Wesensgliedern» verkörpert, lebte während des irdischen
Lebens mit ihnen zusammen und trennte sich schrittweise nach
dem Tod wieder von ihnen. Zunächst löste es sich von seinem
Leib, der dann mumifiziert wurde, dann von seinem «Ka»,
einem Wesensglied, in dem die formgestaltenden Kräfte des Lebens erlebt wurden, und schließlich auch von seinem «Ba», einer
Art Personifikation seiner Seele, die erst beurteilt und gereinigt
werden mußte, ehe sie verwandelt in das eigentliche Reich des
Sonnengottes eintreten konnte.

Allerdings ist auch schon während des Ablaufs der ägyptischen Kultur ein deutlicher Wandel der Vorstellungen vom nachtodlichen Leben zu bemerken. War man zu Beginn des 3. Jahrtausends von dem unbedingten Weiterleben des Wesens des
Toten ganz selbstverständlich überzeugt, so mischten sich doch
allmählich Zweifel ein. Gegen Ende des zweiten Jahrtausends
kann dann sogar ein Lied auf den Refrain enden:

«Genieße den Tag
und werde nicht müde.
Denn niemand nahm mit sich,
woran er gehangen,
und niemand kommt wieder,
der einmal gegangen.»

Wie in Ägypten, so war es auch in den anderen Ländern des *Alten Orients*. Überall tauchte die Frage nach dem Weiterleben des Toten und nach seinen Schicksalen auf, ohne daß man sie mit der gleichen Sicherheit wie früher beantworten konnte. Gilgamesch unternahm wegen dieser Frage, die ihm beim Tode seines Freundes Enkidu brennend wurde, die weite Reise zu Utnapischtim. Obwohl er dort die Prüfung nicht bestand, bekam er das Wunderkraut, durch das er sein Leben erneuern konnte. Durch seine Unachtsamkeit verschlang jedoch eine Schlange das Kraut, häutete sich und wurde wieder jung. Am Ende des Gilgamesch-Epos bleibt aber doch die enge Verbindung des Helden mit seinem verstorbenen Freund erhalten. Dieser entsteigt für Augenblicke dem Totenreich und spricht zu ihm, ihm manche Geheimnisse der Unterwelt offenbarend.

Eigentlich wird das Rätsel des Todes erst in der *griechischen Kulturepoche* zu einem wirklich drängenden Problem. Erstmals in seiner langen Entwicklung hat sich der Mensch vollständig in die sinnliche Welt eingewohnt. Er fühlt sich wohl in seinem Leibessein, pflegt dieses über alles und kann sich ein Dasein ohne Körper nur noch als trostloses Leben von leiblosen Schattengestalten vorstellen. «Lieber ein Bettler sein an der Oberwelt als ein König im Reiche der Schatten», ist der treffende Ausdruck dieses Lebensgefühles. Von einem nachtodlichen Dasein weiß der Grieche zwar noch, aber was dort geschieht, ist für ihn genauso schattenhaft wie die Schemen der Verstorbenen. Nur die Mysterien hellen diese schattenhafte Kunde auf und lassen wenigstens einige helle Strahlen aus den Tagen besseren Wissens in die fahle Welt hereinleuchten. Von Sophokles ist eine Aussage über die Mysterien von Eleusis erhalten, die gerade von dieser Zuversicht kündet: «Dreimal selig sind die Sterblichen, die dieser Weihen Ziel geschaut und gehn zum Hades; denn es gibt allein für sie dort Leben, für die andern aber alles Leid.» Platon und Sokrates lehren noch ihre Schüler, was sie von den Eingeweihten erfahren haben. Aber sie überliefern ihnen nicht nur die alten Bilder und Weistümer, sondern sie versuchen auch schon, diese mit den Kräften des Denkens zu verstehen. So wird etwa in dem Abschiedsgespräch, das Sokrates mit seinen Schülern führt, und an dessen Ende er dann den Giftbecher trinkt, nicht nur von Reinkarnation gesprochen, sondern diese auch einsehbar zu machen versucht. Wer sich der Philosophie ergibt, für den erschließen sich innere Mysterien. Denn die Welt der Gedanken reicht selbst hinein in übersinnliche Regionen: «Alle die, welche sich mit der Philosophie richtig befassen, beschäftigen sich offenbar, ohne daß die anderen es merken, eigentlich mit nichts anderem als mit dem Sterben und mit dem Totsein.» (Phaidon, 64 a) Diese Tatsache ist für die Griechen von allergrößter Bedeutung. Sie waren davon überzeugt, daß der Mensch durch ein geschultes und streng geführtes Denken in den übersinnlichen Bereich aufsteigen kann. Dort lebt die Wahrheit, und dort leben auch die Toten.

Auch im *Christentum* ist man von einem Weiterleben des Menschen nach dem Tode überzeugt, wenn auch der Reinkarnationsgedanke, obwohl er andeutungsweise in den Evangelien enthalten ist, zunächst in den Hintergrund tritt. Die christlichen Kirchen setzten die alten Traditionen in modifizierter Weise fort, pflegten das regelmäßige Andenken an die Verstorbenen im Gebet, ließen ihnen zur Hilfe Kulte verrichten und Messen lesen, richteten Feste ein, die ganz ihnen gewidmet waren.

Aber gleichsam nebenher wurde auch die griechische Denkentwicklung fortgesetzt. Manche christlichen Schulen pflegten in besonderer Weise das Denken, schulten und steigerten es, bis es zu einem Wahrnehmungsorgan für höhere Welten werden konnte. Diese Praxis, die mehr im Stillen ausgeübt wurde, führte wieder zu neuen Bildern. Denn was sich so dem denkenden Schauen erschloß, wurde als etwas Heiliges erlebt, das nicht profaniert werden durfte. Im Ganzen aber ist nicht zu übersehen, daß die differenzierten altorientalischen Anschauungen in bezug auf das Leben nach dem Tode noch keine Erneuerung gefunden haben.

In die im Laufe der Zeiten erstarrte Vorstellungswelt kam erst wieder neues Leben, als in der Goethe-Zeit der Gedanke der Entwicklung entstand. Plötzlich konnten sich die großen Dichter und Denker die Geschichte nur dann sinnvoll deuten, wenn der Mensch ihre großen Veränderungen durch immer wieder neue Inkarnationen mitmachen und dadurch selbst vollkommener werden konnte. Novalis notiert sich z. B. in seinen naturwissenschaftlichen Studienheften (1798–99, Nr. 5): «Wer hier nicht zur Vollendung gelangt, gelangt vielleicht drüben – oder muß eine abermalige irdische Laufbahn beginnen. Sollte es nicht auch drüben einen Tod geben – dessen Resultat irdische Geburt wäre?» Die geistige Entwicklung des Menschen könnte so stetig fortschreiten. Immer neue Stufen könnten erklommen werden, ohne daß ein Ende absehbar wäre. Warum sollte denn das bisher in unserer abendländischen Kultur gelehrte Dogma des nur einen Lebens weiter gültig sein? Sollte denn die Entwicklung unseres Geistes schon nach wenigen Jahren abgeschlossen sein? Ein und für alle Male? Was ist dann mit den Frühverstorbenen? Nein, wenn der Gedanke der Entwicklung wirklich einmal auch im geistigen Bereich wirksam geworden ist, dann muß es nicht nur ein Leben nach dem Tode, sondern auch die Wiederverkörperung des Geistes geben.

An dieser Stelle setzen auch die Gedanken Rudolf Steiners an. Was er unter Theosophie versteht, ist die höchste Stufe entwikkelten Denkens. Und was sich als Folge dieses Denkens ergibt, das ist der Gedanke der Wiederverkörperung. Einer der frühesten Aufsätze in der von ihm gegründeten Zeitschrift «Luzifer» bekommt daher den Titel: «Reinkarnation und Karma, vom Standpunkt der modernen Naturwissenschaft notwendige Vorstellungen» (1903). Diese Grundidee ist zwar vorerst noch schattenhaft und umrißartig, sie führt aber bei stetiger Schulung des Denkens schließlich zu konkreten und genau verfolgbaren Inhalten.

Die erste Grundlage, auf der wirklich aufgebaut werden kann, gibt Rudolf Steiner in seinem Buch «Theosophie» (1904). Hier werden die Begriffe entwickelt, die auch tragfähig sind für ein Verständnis des nachtodlichen Lebens. Zunächst einmal werden, in Anknüpfung an Goethe, die Begriffe *Leib, Seele* und *Geist* neu gefaßt. Präzise wird vor allem die Seele vom Geist unterschieden und deren jeweilige Eigenschaften herausgearbeitet. Diese Begriffe gab es zwar schon seit spätgriechischer und frühchristlicher Zeit, ihre charakteristischen Bedeutungen sind jedoch im Laufe der Zeit unsicher geworden und schließlich verlorengegangen. So wird heute von einem Zeitgenossen normalerweise nur noch geglaubt, daß der Mensch aus Leib und allenfalls noch aus Seele besteht; er weiß aber nichts mehr von der Dreiheit von Leib, Seele und Geist. Gegenüber einem Origenes etwa oder einem Augustinus, die beide von der Existenz einer menschlichen Seele und eines menschlichen Geistes überzeugt waren, ist es heutzutage im wissenschaftlichen Leben Usus geworden, alles auf den physisch-sinnlichen Leib zurückzuführen. Man glaubt, ohne Geist auskommen zu können, bemerkt aber nicht die darin liegende Relativierung und Selbstaufhebung der eigenen Aussage. Denn diese hätte selbst gar keinen gültigen Wert, wenn sie nach der üblichen wissenschaftlichen Auffassung nur von den Molekülen des Gehirns zwangsweise abgesondert würde. Wer das einsieht, glaubt sich allerdings meist schon unbefangen, wenn er eine «Seele» anerkennt, der er dann alle die Eigenschaften zulegen kann, die seine Person ausmachen. Er vergißt aber dabei, daß auch diese Auffassung nur den Endpunkt einer Entwicklung darstellt, in der man den Begriff des Geistes allmählich verloren hat. So gibt es z. B. heute noch das Lehrfach Psychologie an den Universitäten, aber keine Pneumatologie mehr, keine Wissenschaft vom Geiste des Menschen! Hier schafft Rudolf Steiner Klarheit. Durch seine Charakterisierung der Begriffe Leib, Seele und Geist wird der Weg freigeräumt für die selbständige Verfolgung dieser «Wesensglieder» auch nach dem Tode.

Im Verlauf des Kapitels «Das Wesen des Menschen» in der «Theosophie» wird nun auch auf die einzelnen Eigenschaften des Leibes, der Seele und des Geistes eingegangen, und auf ihr Zusammenwirken. Besonders wichtig für unser Thema ist in diesem Zusammenhang die Scheidung der verschiedenen Seelentätigkeiten. Die *Empfindungsseele* bildet die Grundschicht. In ihr zeigt sich das Seelenleben, wie es auf Eindrücke aus der Welt, die durch unsere Sinne vermittelt wird, reagiert.

Man sieht z. B. etwas Gelblich-Braunes von bestimmter Form, das sich bewegt, und erkennt darin einen Löwen. Alles was uns begegnet, wird sofort von der Empfindungsseele erkannt und benannt. An diese Antwort auf die Reize der Sinneswelt schließen sich dann die Gefühle an, die Begierden, auch Triebe usw. Alles, was der Alltag an Eindrücken mit sich bringt, wird von der Empfindungsseele bewegt. Die nächste Stufe wird durch das Einsetzen des Denkens erreicht. Das Erlebte wird nicht nur erlebt, es wird auch ausgewertet. War es angenehm, wird es von neuem erstrebt. Sinnvolles Planen soll dann die Erfüllung der Wünsche bewirken. Das Denken wird zunächst überall da eingesetzt, wo es etwas nützt. Es steht im Dienste der Empfindungsseele. Aber schon bald verselbständigt es sich auch. Es denkt sich Systeme aus, freut sich an selbstgeschaffenen Zusammenhängen. Als *Verstandesseele* hat Rudolf Steiner diese Tätigkeit bezeichnet. Auf dieser Stufe der Entwicklung ist der Denkende von der Wahrheit seiner Gedanken noch ganz selbstverständlich überzeugt. Er kann sich nicht von sich selbst lösen, kann seinen eigenen Gedankengang nicht beobachten und prüfen. Erst auf der Stufe der *Bewußtseinsseele* bemüht sich der Mensch um ein ‹objektives› Denken, um ein solches, das mit der Welt übereinstimmt und wirklich wahr ist. Nicht mehr, was er sich ausgedacht hat, ist jetzt wichtig für ihn, sondern ob das Gedachte der Wahrheit entspricht. Das wird ein erstrebenswertes Ziel für den Menschen, weil er sich dadurch mit etwas verbindet, das ewig ist. Denn was wirklich wahr ist, das hat ewigen Charakter. «Indem der Mensch das selbständige Wahre und Gute in seinem Innern aufleben läßt, erhebt er sich über die bloße Empfindungsseele. Der ewige Geist scheint in diese herein. Ein Licht geht in ihr auf, das unvergänglich ist. Sofern die Seele in diesem Lichte lebt, ist sie eines Ewigen teilhaftig. Sie verbindet mit ihm ihr eigenes Dasein. Was die Seele als Wahres und Gutes in sich trägt, ist *unsterblich* in ihr.» Mit diesen Worten Rudolf Steiners ist auf den Seelenkern hingedeutet, der auch nach dem Tod nicht vergehen kann. Er bleibt bestehen, gerade weil er aus ewiger «Substanz» gebildet ist.   Das zweite Kapitel der Theosophie, «Wiederverkörperung des Geistes und Schicksal», enthält schon in der Überschrift die Aussage: Nur der Geist des Menschen reinkarniert sich; und was er sich an ewigen Wahrheiten angeeignet hat, das bleibt mit ihm verbunden. Rudolf Steiner macht nun weiter darauf aufmerksam, daß eine einzelne Wahrheit für sich ja fast keine Bedeutung hat. Sie ist nur ein Element in einem lebendigen Ganzen, auch nur ein einzelnes Element in dem lebendigen Ganzen der biographischen Gestalt des Menschen. Als solches verliert sie ihr Einzelsein und erhält Bedeutung durch den Zusammenhang, in den sie sich einfügt. Und dieser Zusammenhang wandelt sich. Er wandelt sich auf verschiedene Weise, je nach den Anlagen, die ein Mensch schon «mitbringt» auf die Welt. Mozart etwa war schon von klein auf musikalisch und dazu noch manuell geschickt, so daß sich seine eminente musikalische Fähigkeit schon im Kindesalter zeigen konnte. Ein anderer lernt spielend leicht Sprachen, fast ohne Mühe. Man denke z.B. an Champollion, den Entzifferer der ägyptischen Hieroglyphen, dem man als Belohnung für gute Zeugnisse mit der Erlaubnis, eine weitere Sprache erlernen zu dürfen, die größte Freude bereiten konnte. Wenn nun die mitgebrachte Anlage wie eine sonst mühsam erworbene Fähigkeit erscheint, wo hat dann das begabte Menschenwesen geübt? Wenn man den Geist, dessen individueller Ausdruck ja gerade ganz bestimmte Fähigkeiten sind, die beobachtbar nur durch individuelle Anstrengung erworben werden, nicht vom Himmel fallen lassen will, so bleibt nur die Möglichkeit, ihn in Folge eines vorhergehenden Lebens zu denken. Neben einer Vererbung des Leibes, die der Mensch von seinen Vorfahren hat, gibt es auch eine «Vererbung» des Geistes, die er nur von sich selbst haben kann.

Obwohl eine solche denkende Betrachtung nur zu einer silhouettenhaften Vorstellung der Wiederverkörperung des Geistes führt, gibt sie doch die Grundlage, die für das Verständnis des nachtodlichen Lebens des Menschen nötig ist. Auf dieser Grundlage errichtet Rudolf Steiner allmählich ein umfangreiches Gebäude. Immer genauere Beobachtungen enthüllen Schritt für Schritt die Erlebnisse von Seele und Geist des Menschen nach dem Tode. Und immer genauer wird auch die Verbindung und die Zusammenarbeit des Toten mit seinen Angehörigen und Freunden aufgedeckt. Diese Inhalte hat Rudolf Steiner den zunächst noch kleinen Gruppen der Mitglieder der Anthroposophischen Gesellschaft mitgeteilt.

Da sie auch den vorbereiteten Zuhörern damals noch völlig neu waren, versuchte er zunächst mit ausführlichen Darlegungen in ganzen Vortragszyklen einen Grund zu schaffen (siehe Literaturverzeichnis). Sie sind mitstenographiert und in einfacher Form für die Mitglieder vervielfältigt worden, ohne daß Rudolf Steiner diese Mitschriften durchsehen konnte. Zum Druck und für die Öffentlichkeit waren sie zunächst nicht bestimmt. Sobald jedoch die Zyklen für die Mitglieder erhältlich waren, setzte Rudolf Steiner deren Inhalte voraus und ergänzte das Gewonnene jeweils von neuen Gesichtspunkten aus. Im Zusammenhang bilden sie heute die umfassendste Darstellung, die es über das Leben nach dem Tode gibt. Als die Inhalte allerdings das erste Mal den Zuhörern vorgetragen wurden, wurden sie als kühne Mitteilungen erlebt, die weit über das hinausgingen, was die Mitglieder bis dahin gewohnt waren. Ein Leser von heute müßte sich eigentlich die damalige Situation vergegenwärtigen, um den Stil dieser Vorträge wenigstens annähernd einschätzen zu können.

Die meisten der hier zusammengestellten Vorträge wurden zudem vor Menschen gesprochen, die durch den ersten Weltkrieg Angehörige und Freunde verloren hatten, und die also ein brennendes Interesse an solchen Erkenntnissen hatten. In einem solch intimen Rahmen konnte manches ausgesprochen werden, was vielleicht vor größeren Gruppen nicht oder wenigstens anders gesagt worden wäre.

Rudolf Steiner sprach vor einem Publikum, das schon Vorkenntnisse hatte. Die Grundwerke der Anthroposophie, wie z. B. die «Theosophie» und «Die Geheimwissenschaft im Umriß», waren schon erschienen und gaben ein erstes Gerüst für ein Verständnis vom gesamten Leben nach dem Tode. Dieses Gerüst wurde um die oben erwähnten Zyklen erweitert, wodurch da

oder dort der Weiterbau ermöglicht wurde. Der Leser hat demgegenüber mit der hier vorliegenden Auswahl von Vorträgen nur
einzelne Bausteine vor sich, die noch kein vollständig gegründetes Gebäude ergeben. Trotzdem sind es einzelne Steine eines zusammengehörenden Ganzen.

Dieses Thementaschenbuch ist für diejenigen gedacht, die sich
einen ersten Überblick über das Ereignis des Todes, den nachtodlichen Weg des Menschwesens und seine Verbindung mit den
Angehörigen verschaffen möchten. Der tiefer Interessierte sei jedoch nachdrücklich auf die im Anhang angegebenen Bände der
Gesamtausgabe der Werke Rudolf Steiners verwiesen, in denen
vieles von dem hier nur kurz Erwähnten umfänglicher dargestellt
ist.

Die Auswahl der Vorträge wird durch einen öffentlichen Vortrag eingeleitet, den Rudolf Steiner im Architektenhaus in Berlin
gehalten hat. Obwohl auch dieses Publikum mit den Grundlagen
der Anthroposophie bekannt war, warnt Rudolf Steiner seine
Hörer vor einer nur oberflächlichen Kenntnisnahme und einer
zu schnellen Beurteilung dieser Forschungen, die auch ihm erst
nach langer und strenger Schulung möglich geworden seien. Er
möchte sie mit einer gewissen Ehrfurcht hingenommen wissen,
die man allem, was wirklich aus dem Bereich der Wahrheit
stammt, entgegenbringen sollte.

In den folgenden sechs Vorträgen werden, jeweils von verschiedenen Gesichtspunkten aus, die Hauptereignisse des nachtodlichen Lebens dargestellt: Der Tod des physischen Leibes mit
dem Auflösen des Ätherleibes, das seelisch-geistige Rückerleben
des vergangenen Lebens in der Seele und das rein geistige Durchleben der Planetensphären in Zusammenhang mit rein geistigen
Wesenheiten. Die unterschiedlichen Schilderungen sind ein
schönes Beispiel dafür, wie von jeweils anderen Aspekten aus
dieselbe Tatsache doch immer wieder anders aussieht.

Während des ersten Weltkrieges hat Rudolf Steiner das Leben
vieler Toter verfolgt. Für die meisten von ihnen kam der Tod
gewaltsam und zu früh. Und nur wenige waren auf ihn vorbereitet. In dieser schwierigen Situation richtete sich Rudolf Steiners

Aufmerksamkeit besonders darauf hin, wie eine Verbindung zwischen dem Toten und seinen Angehörigen hergestellt werden könnte. Die Anregungen und Ratschläge, die er in dieser Hinsicht gibt, gehören zu den intimsten Quellen einer künftigen Mysterienkultur. Weil dieser Zusammenhang für eine heilsame Zukunft wichtig ist, wurde die zweite Hälfte der Vorträge unter diesem Gesichtspunkt ausgewählt. Wie man mit einem Toten «sprechen» kann, auf welch feine «Antworten» man hinhören muß und wie überhaupt der Verkehr mit den Toten zu denken ist, wird von Rudolf Steiner immer erneut dargelegt. Jedesmal neu ist man überrascht, wie sehr man lernen muß, umzudenken und umzuempfinden, wenn eine solche Verbindung gesucht wird. Das, was uns geläufig ist, die Erscheinung des Toten im Traum, hat mit seinem Wesen in der Regel nichts zu tun. Dagegen ist er in unseren scheinbar eigenen Entschlüssen und Initiativen anwesend – also gerade dort, wo wir sein Wirken nicht erwarten. Lernt der Mensch auf Feinheiten achten und lernt er den Umgang mit den Toten wieder zu pflegen, dann könnte nach Rudolf Steiners Worten ein unermeßlicher Segen unsere Kultur befruchten. Darin sah Rudolf Steiner die eigentliche Kulturaufgabe der Anthroposophie: Sie sollte beitragen, den Verkehr zwischen den Menschen und den übersinnlichen Wesen wiederherzustellen. Anfangen könnten die Menschen damit, daß sie sich, wie in früheren Zeiten, an die zu ihnen gehörenden Toten wenden und zu ihnen die Verbindung herstellen. Durch ein selbstloses Streben lassen sie sich nämlich dazu bewegen, heilsam mitzuwirken am Gedeihen der Welt. Und davon hängt unermeßlich viel ab. Das ist der tiefere Grund, warum Rudolf Steiner immer wieder auf die beobachtbaren Phänomene und die Möglichkeit der eigenen Mitgestaltung hingewiesen hat. Die hier ausgewählten Vorträge sollen auch dazu einen ersten Zugang eröffnen.

Frank Teichmann

Das Leben zwischen Tod und Wiedergeburt des Menschen

Das heutige Thema ist innerhalb dieser Serie von Vorträgen [1] gewiß das gewagteste, und trotzdem möchte ich auch einmal über diesen ganz besonderen Gegenstand geisteswissenschaftlicher Forschung, der heute hier zur Sprache kommen soll, einige Bemerkungen machen. Ich darf gegenüber dieser verehrten Zuhörerschaft, die zum Teil durch viele Jahre bei diesen Vorträgen anwesend war, die Voraussetzung machen, daß schon einmal auch ein so spezieller Gegenstand geisteswissenschaftlicher Forschung hingenommen werden wird, nachdem ich mich so oftmals bemüht habe, in einer mehr allgemeinen Art die möglichen Beweise und Belege für das Berechtigte dieser Geistesforschung hier vorzubringen. Von allen diesen Beweisen und Belegen muß heute selbstverständlich Abstand genommen werden. Denn was zu sagen sein wird über des Menschen Leben zwischen Tod und Wiedergeburt, wird im wesentlichen so zu sagen sein, daß die entsprechenden geisteswissenschaftlichen Ergebnisse, wie sie sich dem Forscher darbieten, gleichsam in erzählender Form gegeben werden. Trotzdem das, was zu sagen sein wird, dem Gegenwartsbewußtsein gewisse begriffliche Schwierigkeiten machen wird, trotzdem es klar ist, daß das heutige Zeitbewußtsein sich noch im allerumfassendsten Sinne ablehnend verhalten muß gegen solche, wie es heißt, «angeblichen» geisteswissenschaftlichen Forschungsresultate, so möchte ich doch einleitend folgende Bemerkung machen. Ich bin mir wohl bewußt, in dem Zeitalter zu sprechen, das mehr als sechzig Jahre die große Entdeckung *Julius Robert Mayers* von der Umwandlung der Naturkräfte hinter sich hat, mehr als ein halbes Jahrhundert die großen Entdeckungen hinter sich hat, die durch Darwin kamen, das die großen Erfolge der Naturwissenschaft erlebt hat zum Beispiel durch die Spektralanalyse, die Errungenschaften der Astrophysik und in der neueren Zeit die der experimentellen Biologie. Voll stehend auf dem Boden der Anerkennung dieser naturwissenschaftlichen Ergebnisse, möchte ich trotzdem über das sprechen, was den Gegenstand des heutigen Themas bildet, trotz des Widerspruches, den es bei denjenigen hervorrufen muß, die da glauben, nur unter Ablehnung geisteswissenschaftlicher Forschung und geisteswissenschaftlicher Überzeugung auf dem festen Boden der Naturwissenschaft stehen zu können. Und noch ein zweites möchte ich einleitend bemerken. Würde ich nicht klar wissen, wie innerhalb strengster geisteswissenschaftlicher Methodik, strengster wissenschaftlicher Forderung das, was über das Leben zwischen Tod und Wiedergeburt des Menschen gesagt werden soll, ebenso haltbar ist wie die Ergebnisse der genannten naturwissenschaftlichen Kapitel, so würde ich es in gewissem Sinne für eine Leichtfertigkeit, um nicht zu sagen Frivolität ansehen, vor dieser Versammlung über geisteswissenschaftliche Forschungsresultate zu sprechen. Denn ich bin mir der Verantwortung voll bewußt, gerade über diese Gebiete in einem heutigen wissenschaftlichen Sinne zu sprechen. Allerdings: selbst die ganze Art und Weise, wie die Seele zur Wahrheit und Wahrhaftigkeit des Forschens stehen muß, wenn sie die geisteswissenschaftliche Forschung unbefangen aufnehmen will, selbst diese Art und Weise der Seelenstimmung ist heute noch wenig populär. Ganz kurz möchte ich zuerst auf diese Seelenstimmung, auf diese Seelenverfassung eingehen, die beim Geistesforscher und in gewissem Sinne auch bei demjenigen vorhanden sein muß, der geisteswissenschaftliche Forschungsresultate in ihrer Wahrheit anerkennen soll und will.

Ein ganz anderes Verhalten zur Wahrheit und Wahrhaftigkeit, zur menschlichen Erkenntnis ist notwendig, als es unserer Zeit liegt. Wer geisteswissenschaftliche Resultate mit den Methoden, die in diesen Vorträgen erörtert worden sind, gewinnen will, der muß vor allen Dingen mit einer heiligen Scheu, mit einer unbegrenzten Ehrfurcht dem gegenüber stehen, was Wahrheit, was Erkenntnis genannt werden kann. Wie leicht nimmt man in unserer Zeit als Seelenverfassung gegenüber der Wahrheit diejenige hin, die über alles, was sich eben dem Menschenleben darbietet, von vornherein eine Entscheidung treffen will, so eine Entscheidung treffen will, daß sie voraussetzt: ich kann mit den Seelenfähigkeiten, die mir gegeben sind in der Seelenverfassung und Seelenstimmung, in welcher ich einmal bin, mir ein Urteil erlauben über das, was über die Gebiete des Daseins und der Wirklichkeit gesagt werden kann. Der Geistesforscher und derjenige, welcher seine entsprechenden Ergebnisse entgegennehmen will, braucht doch eine andere Seelenverfassung; er braucht diejenige Seelenverfassung, welche sich sagt: Um die Wahrheit zu empfangen, um der Wahrheit teilhaftig zu werden, bedarf meine Seele vor allem der Vorbereitung, bedarf des Sichhineinlebens in eine Verfassung, die über das alltägliche Leben hinausgeht. Und wenn man in der Geisteswissenschaft drinnensteht – obwohl ich Sie bitte, diesen Ausdruck nicht in einem asketischen oder sonstigen Sinne mißzuverstehen –, so fühlt man gar sehr, ich möchte sagen, wie unmöglich die alltägliche Seelenverfassung ist, um wirklich mit der Wahrheit, mit der Erkenntnis leben zu können. Man fühlt die Erkenntnis wie etwas über einem Schwebendes, dem man sich nahen kann, wenn man gleichsam über sein gewöhnliches Selbst hinausgeht, wenn man alle in einem liegenden Kräfte anstrengt, um sich vorzubereiten, die Wahrheit würdig zu empfangen. Als unwürdig fühlt man es, wenn man unter Zugrundelegung der alltäglichen Seelenverfassung sich ein Urteil über die Wahrheit erlauben will – das ist etwas, was man aus der Geisteswissenschaft heraus wissen kann –, und man strebt dann darnach, zu warten, bis die Seele wieder in ihrer Vorbereitung ein Stückchen vorwärts gekommen ist, bis sie in sich jene Kraft und würdige Empfängnis vorbereitet, die der Wahrheit und Erkenntnis gegenüber berechtigt ist. Und oftmals fühlt man sich so, daß man sich sagt: Lieber warte ich noch, lieber gedulde ich mich und lasse die Wahrheit über mir schweben, ich darf nicht in sie hinein; denn würde ich jetzt in sie hineintreten, so würde ich sie mir vielleicht dadurch verderben, daß ich noch nicht reif für sie bin.

Mit diesen und mit vielen andern Worten, die ich noch zur Charakteristik der Sache beibringen könnte, möchte ich aufmerksam machen auf die Seelenstimmung einer heiligen Scheu, einer unbegrenzten Ehrfurcht gegenüber der Wahrheit und Wahrhaftigkeit und Erkenntnis, welche der geisteswissenschaftlichen Forschung eigen sein muß. Immer mehr und mehr ergibt sich daraus, wie die Seele über sich hinauswachsen muß, wie sie immer weniger und weniger darauf bedacht sein muß, endgültige Urteile zu fällen aus der gewöhnlichen Tagesverfassung heraus, und wie sie immer mehr und mehr Sorgfalt darauf verwenden muß, um die Kräfte zur Erreichung eines Standpunktes vorzubereiten, welcher der Wahrheit gegenüber würdig ist. Kurz gesagt: immer mehr und mehr kommt der im geisteswissenschaftlichen Sinne handelnde Wahrheitssucher dazu, Sorgfalt auf die Vorbereitung der Seele zu verwenden, auf das Heranbilden von Fähigkeiten für die Wahrheit und immer mehr und mehr kommt er davon ab, mit den gewöhnlichen Seelenkräften, mit der gewöhnlichen Kritik an diese Wahrheit herantreten zu wollen. – Nur die Stimmung, in welcher die Geisteswissenschaft selber solchen Dingen gegenüber ist, wie sie nunmehr ausgesprochen werden sollen, wollte ich mit diesen Einleitungsworten andeuten. Nun will ich ohne weiteres zu dem Gegenstande übergehen, von dem ich glaube, daß er durch die Vorträge dieses Winters in genügender Art vorbereitet ist.

Wenn der Mensch durch die Todespforte geht, so gehört er einer Welt an, die allerdings nur der Geistesforschung zugänglich ist, Geistesforschung in dem Sinne, wie sie in den bisherigen Vorträgen hier vertreten worden ist. Diese Geistesforschung kann eine Erkenntnis gewinnen, welche nur durch die sich leibfrei wissende Seele erlangt werden kann. Die Methoden haben wir öfter besprochen, wodurch die Menschenseele wirklich dazu kommt, Erkenntnisse nicht nur dadurch zu gewinnen, daß sie sich ihres Leibes, ihrer Sinne bedient, um mit der Außenwelt in Berührung zu kommen, sondern indem sie wirklich aus dem Leibe heraustritt, so daß dieser Leib außer ihr steht, wie sonst ein äußerer Gegenstand sich außer ihr befindet, und daß sie sich in der Absonderung von ihrem Leibe, in einer geistigen Umwelt sich wissend, erlebt. Wie die Seele des Geistesforschers dazu kommt, das ist öfter auseinandergesetzt worden; und sie kommt dadurch in jene Welt, welche der Mensch betritt, wenn er die Pforte des Todes durchschreitet. Und nun will ich ohne weitere Vorbereitung erzählen, was der Geistesforscher durch die hier seit langem erörterten Methoden über das Leben des Menschen zwischen Tod und Wiedergeburt zu sagen hat.

Das erste, was die Menschenseele erlebt, wenn sie nach dem Tode auf naturgemäßem Wege leibfrei geworden ist, wie der Geistesforscher für vorübergehende Augenblicke seines Lebens leibfrei werden kann, das ist eine Veränderung ihrer Stellung zu dem, was wir sonst die Gedankenwelt nennen. Wir haben es oft betont, daß die Menschenseele in sich trägt die Kräfte des Denkens, des Fühlens und des Wollens. Es ist diese Einteilung der Kräfte der Menschenseele im Grunde genommen nur richtig für das Leben der Seele im Leibe, zwischen Geburt und Tod, und ich werde heute neben dem allgemein Gewagten des Themas noch mit der Schwierigkeit zu kämpfen haben, für eine ganz andersartige Welt, die der Mensch zwischen dem Tode und der nächsten Geburt zu durchleben hat, geeignete Ausdrücke zu finden. Denn die Ausdrücke der Sprache sind für das Sinnesleben geprägt, das wir im sinnlichen Leibe durchmachen; und nur dadurch, daß ich versuchen werde, die ganz andersartigen Seelenerlebnisse nach dem Tode von einem gewissen Gesichtspunkte aus zu charakterisieren, der sich der Worte in einer annähernden Weise bedient, werde ich mit diesem, dem gewöhnlichen Erkennen entlegene Gebiet zurechtkommen. Es ist ja dabei zu berücksichtigen, daß wir über ein Gebiet zu sprechen haben, für welches uns eigentlich die Worte fehlen.

Nachdem also der Mensch durch die Pforte des Todes geschritten ist, macht er ein Erlebnis durch in bezug auf das, was wir sein Denken, seine Gedanken nennen. Das Gedankenleben haben wir ja so im Leben zwischen Geburt und Tod, daß wir sagen: die Gedanken sind in unserer Seele, wir denken. Und diese Gedanken sind uns zwischen Geburt und Tod höchstens

Bilder einer äußeren Wirklichkeit. Wenn der Mensch seinen physischen Leib abgelegt hat, dann werden die Gedanken in einer eigenartigen Weise zu einer äußeren Realität. Das ist das erste Erlebnis, welches der Verstorbene in der geistigen Welt hat, daß er die Gedanken wie losgelöst von sich empfindet, daß sie draußen, gleichsam außer seiner Seele sind, wie in dem Leben zwischen Geburt und Tod die sinnlichen Gegenstände draußen, außer uns sind. Es ist wie ein Herauswandern der Gedanken in eine seelische Außenwelt. Es machen, könnte man sagen, die Gedanken einen gewissen Weg durch; einen solchen Weg machen sie durch, daß sie von dem unmittelbaren seelischen Erleben ähnlich sich loslösen wie die Gedanken, die im gewöhnlichen Leben unsere Erinnerungen werden; nur daß wir bei unsern Erinnerungen das Gefühl haben; sie tauchen in ein unbewußtes Erleben hinunter, aus dem sie im entsprechenden Momente wieder hervorgeholt werden können; sie entreißen sich dem Gegenwartsleben, aber so, daß wir die Empfindung haben, daß sie in uns sind. Nach dem Tode reißen sich die Gedanken auch los, aber so, daß die ganze Gedankenwelt, welche der Mensch im Leben zwischen Geburt und Tod angesammelt hat, zu einer objektiven Welt wird. Sie reißen sich nicht los, daß wir das Bewußtsein haben: sie gehen hinunter in ein unbestimmtes Dunkel; sondern sie verselbständigen sich in der Weise, daß sie dann eine geistige Gedanken-Außenwelt außer uns bilden. In dieser Welt ist in Form von Gedanken alles, was wir im letzten Lebenslaufe zwischen Geburt und Tod an Lebenserfahrungen so gewonnen haben, daß wir uns sagen können: wir haben ein Leben durchlebt, haben dieses oder jenes erfahren und sind dadurch an Lebenserfahrungen eben reicher geworden. Dies ist gleichsam auseinandergelöst, wie zu einer Art Lebenstableau geworden, von dem wir uns sagen: das hast du in deinem letzten Leben so erfahren, daß es zu einer gedanklichen Lebenserfahrung wird; das steht um die Seele herum nach dem Tode. Aber nicht so steht es herum, daß es sich wie flüchtige Gedanken ausnimmt, sondern es nimmt sich so aus, wie wenn die Gedanken in dem Augenblick, da sie sich von der Seele losreißen und selbständiges Leben gewinnen, dichter, lebendiger, in sich bewegter würden und eine Welt von Wesenheiten bilden. Diese Welt, in der wir also dann leben, ist die Welt aus unsern herauswandernden Gedanken, die ein selbständiges Dasein haben.

Diese Welt wird auch oftmals geschildert wie eine Art von Erinnerungstableau an das letzte Leben. In der Tat ist sie wie ein Erinnerungstableau, aber wie eines, das sich selbständig gemacht hat, und von dem wir wissen: Das hast du dir erworben, aber das steht da in der Außenwelt drinnen, objektiviert; das lebt!

Nun dauert dieses Erleben der Seele in der objektiv gewordenen Gedankenwelt verschieden lange, individuell verschieden für die einzelnen Menschen, aber doch nur nach Tagen. Denn nach Tagen – ich habe in meiner «Geheimwissenschaft im Umriß» darauf aufmerksam gemacht, wie dies mit dem menschlichen Leben zusammenhängt –, nach Tagen erlebt dann der Mensch, der durch die Pforte des Todes geschritten ist, wie diese ganze Welt, die gleichsam seine Welt geworden ist, sich entfernt, sich wie in einer geistigen Perspektive von ihm entfernt, wie wenn sie weit, weit in der geistigen Sphäre von ihm wegginge. Nach Tagen dauert es, bis der Zeitpunkt dieses Weggehens, dieses Immer-dünner-und-dünner-Werdens, dieses Immer-nebeliger-und-nebeliger-, Immer-dämmeriger-und-dämmeriger-Werdens der Gedankenwelt eintritt, die da in die Ferne rückt. Ich habe in meiner «Geheimwissenschaft» darauf aufmerksam gemacht, daß es sich der geisteswissenschaftlichen Forschung ergibt, daß es bei denjenigen Menschen länger dauert, die im Leben vor dem Tode leichter, ich will sagen, ohne die Kräfte zu verlieren, die Tage ohne zu schlafen zubringen können. Solange man im Leben ungefähr fähig ist, die Tage ohne zu schlafen zuzubringen, solange dauert dieses Erinnerungstableau. Das kann man durch die geisteswissenschaftliche Forschung herausfinden. Wer daher früher ermüdet – aber dabei kommt es vor allem darauf an, welche Kräfte der Mensch hat –, wer es also gar nicht ohne Schlaf aushalten kann, wenn es nötig sein sollte einmal länger zu wachen, bei dem entfernt sich das Erinnerungstableau früher als bei einem, der sich anstrengen kann, um seine Kräfte länger ohne

Schlaf aufrechtzuerhalten. Man braucht sich aber nicht nach dieser Richtung anstrengen, sondern es handelt sich nur darum, was der Mensch in dieser Beziehung möglicherweise leisten kann.

Damit hängt auch das zusammen, was als das neue Bewußtsein auftritt. Was wir als unser gewöhnliches Bewußtsein, als unser gewöhnliches Wachbewußtsein zwischen Geburt und Tod haben, das wird dadurch angefacht, daß wir mit den Gegenständen der Außenwelt zusammenstoßen. Im Schlafe tun wir das nicht, da haben wir dann auch nicht unser gewöhnliches Bewußtsein; aber wir stoßen uns ja auch mit dem Gehör, mit den Augen an der Außenwelt, und dadurch haben wir das alltägliche Bewußtsein. So, wie das Bewußtsein im gewöhnlichen Leben durch den Verkehr mit der Außenwelt angefacht wird, so wird unser Bewußtsein nach dem Tode dadurch entfaltet, daß sich der Mensch im Zusammenhange weiß mit dem, was ich als das Gedankenerlebnis nach dem Tode geschildert habe, das sich entfernt. Und das ist auch die Anfachung des Bewußtseins nach dem Tode, die darin besteht, daß der Seele die Empfindung bleibt: Deine Gedanken sind in Fernen gegangen, du mußt sie suchen! Damit könnte ich den Eindruck charakterisieren, den dann die Seele erlebt, und der die Kraft bildet, daß das geistige Bewußtsein nach dem Tode angefacht wird: Du mußt deine in Fernen gegangenen Gedanken suchen! Dieses Wissen von den fortgegangenen Gedanken bildet einen Teil des Selbstbewußtseins nach dem Tode. Wir werden gleich nachher sehen, welche Rolle diese Art des Selbstbewußtseins weiter spielt.

In einer anderen Weise als die Gedankenwelt verändert sich nach dem Tode dasjenige, was wir die Willenswelt, die Gefühlswelt nennen können. Eigentlich kann man nach dem Tode gar nicht von einer solchen Trennung von Gefühlsleben und Willensleben sprechen, wie man das im Leben zwischen Geburt und Tod kann; daher muß ich schon die Ausdrücke gebrauchen: Es ist in der Seele nach dem Tode etwas vorhanden wie ein wollendes oder begehrendes Gefühl, oder wie ein ganz von dem Gefühl durchdrungener Wille. Die Ausdrücke, die wir für Gefühl und

Wille haben, passen nicht für die Zeit nach dem Tode. Für diese Zeit ist das Gefühl viel mehr demjenigen ähnlich, was man im Willen erlebt; und der Wille ist viel mehr von Gefühl durchdrungen, als im Leben zwischen Geburt und Tod. Während die Gedanken nach dem Tode gleichsam eine Welt außer der Seele werden, muß man von dem gewollten Gefühl und dem gefühlten Willen sagen, daß diese sich viel enger und intimer mit der Seele zusammenbinden. Und nun beginnt mit der Seele außer dem angedeuteten Teil des Selbstbewußtseins noch dieses: daß sie sich erlebt in einem erstarkten und erkrafteten, gefühlten Wollen und einem gewollten Gefühl. Das bildet ein unendlich intensiveres Innenleben, als das Innenleben der Seele ist, wenn sie im Leibe lebt. Der Mensch fühlt, wenn die Gedanken sich entfernt haben, zunächst lange Zeit, eine Zeit, die nach Jahrzehnten dauern kann, als seine hauptsächliche Welt sein Inneres. Dieses sein Inneres wird so mächtig, daß er – wenn ich das Wort gebrauchen darf, obwohl es auch nicht recht für das post mortem-Leben paßt –, die Aufmerksamkeit auf das richten muß, was da im Innern als das gefühlte Wollen und gewollte Fühlen aufstrebt. Und nach Jahren dauert es, daß dieses gefühlte Wollen oder gewollte Gefühl wie zurückschaut auf das verflossene Erdenleben. Die Menschenseele fühlt nach dem Tode etwas wie ein Verlangen, wie ein Hinneigen nach dem gefühlten Wollen und gewollten Gefühl, und damit nach dem, was das letzte Leben geboten hat. Jedes Leben ist ja so, daß man sagen kann: es bietet uns so manches, aber die Möglichkeiten des Erlebens sind weit größer als das, was der Mensch in Wirklichkeit in sich aufnimmt. Wenn der Mensch durch die Pforte des Todes schreitet, so fühlt er wollend, oder er will fühlend alles das durchleben, was er, ich kann nicht sagen, weiß, sondern von dem er fühlt: Du hättest es noch erleben können. Alle die unbestimmten Affekte, alles an möglichen Erlebnissen, was uns das Leben hätte bringen können und nicht gebracht hat, das alles tritt herein in den Zusammenhang mit dem vorherigen Leben, in das, was die Seele durchmacht. Insbesondere das, was die Seele nach ihrer Empfindung hätte tun sollen, tritt als starke, als intensive innere Erlebnisse auf. Was etwa die

Seele schuldig geworden ist gegenüber anderen Menschen, was sie gegen andere verstoßen hat, das alles tritt auf als das Gefühl der mangelnden Liebe, der wir uns im Leben zwischen Geburt und Tod gar nicht bewußt sind; das wird intensiv empfunden.

Daher können wir sagen: Es vergehen nach dem Tode Jahre, in denen die Seele damit beschäftigt ist, allmählich sich von dem letzten Leben loszureißen, den Zusammenhang mit dem letzten Leben sich abzugewöhnen. Diese Jahre vergehen so, daß wir nicht etwa herausgerissen sind aus den Erlebnissen des letzten Lebens. Wir hängen zusammen mit den Menschen, die wir verlassen haben, die wir geliebt haben; aber wir hängen dadurch zusammen, daß wir im Leben gewisse Gefühle und Zusammenhänge mit ihnen gewonnen haben; und auf dem Umwege dessen, was uns das Leben geboten oder versagt hat, hängen wir mit ihnen zusammen. Man muß sich ja immer hierbei bildlich ausdrükken. Man kann durchaus nach dem Tode in Zusammenhang bleiben mit dem, dem man im Leben nahestand, aber nur dadurch, daß man einen Zusammenhang hat in den Gefühlen, die man im Leben mit ihm gehabt hat. Dadurch bildet sich ein intensiver Zusammenhang mit ihm heraus. Man lebt nach dem Tode mit den Lebenden zusammen, aber auch mit den schon Verstorbenen, mit denen man im Leben einen Zusammenhang gehabt hat. So muß man sich also das Leben nach dem Tode vorstellen, daß es in dieser Weise durch Jahre hindurch dauert. Es ist vorzugsweise ein Leben, in welchem die Seele alles, was sie will und begehrt und verlangt, gleichsam im gefühlten und gewollten Erinnerungszusammenhange mit dem letzten Leben durchlebt.

Wenn man geisteswissenschaftlich nachzuforschen versucht, wie lange diese Zeit dauert, so kommt man darauf, daß ohne Einfluß auf diese Jahre nach dem Tode, deren Inhalt eben geschildert worden ist, das Leben in den ersten Kindesjahren ist. Das Leben von der Geburt bis zu dem Zeitpunkte, bis zu welchem wir uns später zurückerinnern, wo wir unser Selbstbewußtsein innerlich erleben lernen, diese Zeit ist für diese Jahre zunächst bedeutungslos, und auch das Leben, das auf die Mitte der Zwanzigerjahre folgt, ist für die einzelnen Menschen mehr

oder weniger nicht von Bedeutung für die Länge jenes Seelenzustandes, den ich eben geschildert habe; so daß man etwa die Zeit
zwischen dem dritten, vierten, fünften Lebensjahre und der
Mitte der Zwanzigerjahre, dem vierundzwanzigsten, fünfundzwanzigsten Jahre, als die durchschnittliche Zahl an Jahren anzunehmen hat, welche die Seele so durchlebt, wie es eben geschildert worden ist, daß die Seele ihr Selbstbewußtsein dadurch
hat, daß sie weiß: Fortgegangen ist deine Gedankenwelt mit dei-
nen Lebenserfahrungen, sie ist jetzt in der Ferne. Du hast einen
Zusammenhang, eine Verwandtschaft zu diesem Gedankenerlebnis, und du mußt es wieder finden, denn es ist das, wodurch
du im Erdenleben geworden bist, was du bist; aber es hat sich
entfernt. Wie einem Außenleben, von dem man weiß, daß es da
ist, steht man diesen in Gedanken verwandelten Lebenserfahrungen gegenüber. Und die andere Welt, die man nach dem Tode
durchlebt, wenn diese Gedankenwelt fortgegangen ist, sie
durchlebt man so, daß man sie in dem in seinem Innern erstarkten Wollen und Fühlen erlebt.

Dann kommt die Zeit, da man sich dem bloßen erstarkten Innenleben entringt, wo es so ist, wie wenn nach und nach aus dem
Geistigen auftauchen würden Wesenheiten, welche der geistigen
Welt so angepaßt sind, wie die Wesen der physischen Welt – Mineralien, Pflanzen, Tiere und physische Menschen, dieser sinnlich physischen Welt angepaßt sind. Das heißt, man lebt sich aus
sich selbst heraus und in eine geistige Welt hinein. Man lebt sich
in der Weise in eine geistige Umwelt hinein, daß man ihr gegenüber nun eine ganz andere Empfindung hat als im Leibe der Sinneswelt gegenüber. Vieles müßte ich anführen, um diese ganz
andersgeartete Empfindung zu charakterisieren; aber eines nur,
was prägnant ist, möchte ich dafür anführen.

Wenn wir durch das Auge die Gegenstände der Außenwelt
sehen, sagen wir, wir sehen sie, wenn Licht von irgendeiner
Lichtquelle auf sie fällt, so sind sie uns dadurch bewußt, daß sie
von diesem Licht beleuchtet werden, wenn wir sie sehen. Indem
wir nun aus dem Zustande des Rückfühlens auf unser letztes Erdenleben uns hineinleben in den objektiven Zustand der geisti-

gen Welt, haben wir das Erlebnis: Du hast da aus der Zeit des letzten Erdenlebens in dir etwas ausreifen lassen wie inneres Licht, wie innere Seelenkraft, und das gibt dir jetzt immer mehr die Möglichkeit, die äußere Welt der geistigen Wesenheiten und Vorgänge anzuschauen und wahrzunehmen, innerhalb ihrer zu leben. Kann man die Zeit jenes geschilderten Seelenzustandes wie eine Art Abgewöhnen des Zusammenhanges mit dem durchlebten Erdenleben empfinden, wie ein Sichherausreißen aus ihm, wie ein Sichfreimachen von demselben, so erlebt man nun, daß im tiefsten Innern dieses fühlenden Wollens und wollenden Fühlens jene Innenwelt, die im Grunde genommen die Innenwelt vieler Jahre ist, in sich gereift hat – wie die Pflanzenblüte den Samen in sich gereift hat – dieses innere Licht, das man von sich wie eine Kraft ausbreitet und durch das einem die Vorgänge und Wesenheiten der äußeren geistigen Welt sichtbar werden. Man weiß dann: hätte man nicht dieses innere Licht in sich ausgebildet, so wäre es dunkel um einen in der geistigen Welt, so würde man nichts wahrnehmen. Die Kraft, die man anwenden muß, um den Zusammenhang mit dem letzten Erdenleben zu überwinden, ist zugleich diejenige Kraft, die aufgewendet werden muß und die wie eine innere Leuchtkraft ist. Da erwacht eine Seelenkraft, für die man erst recht keine Worte in der gewöhnlichen Welt hat, denn so etwas gibt es im gewöhnlichen Sinnesleben nur für den, der durch Geistesforschung eben in die geistige Welt eindringt. Wenn ich mich eines Wortes bedienen will für das, was der Mensch wie eine aus ihm selbst herauskommende Kraft der Beleuchtung der geistigen Umwelt erlebt, so möchte ich sagen: Es ist etwas wie eine kreative Willensentfaltung, die zugleich von intensivem Fühlen durchdrungen ist. Etwas Schöpferisches ist da drinnen; man fühlt sich wie einen Teil des Weltalls, der aber in diesem eben besprochenen Teile schöpferisch ist, der die geistige Welt überströmt. Und man hat die Empfindung: Dieses Sichwissen als einen Teil des Weltalls macht dir die geistige Welt erst fühlbar, wissend erlebbar, indem man das erlebt, was man nennen kann die «Seelenheit» nach dem Tode und ein Sicheinleben in das, was immer mehr und mehr an Sichtbarkeit, an Erlebbarkeit an einen herantritt.

Ich schildere heute diese Welt zwischen dem Tode und der nächsten Geburt, ich möchte sagen, mehr von einem innerlich erfahrenen, von einem inneren Zustande aus. In meiner «Theosophie» oder in meiner «Geheimwissenschaft» habe ich diese Welt mehr für die geisteswissenschaftliche Anschauung von außen geschildert. Da ich aber überhaupt nicht liebe mich zu wiederholen, so wähle ich heute den anderen Weg. Wer aber weiß, von wie vielen Gesichtspunkten aus man ein Gebiet der Sinneswelt schildern kann, der wird wissen, daß es ganz dasselbe ist, was ich mit andern Worten in den genannten Büchern charakterisiert habe.

Wie seelisch sich einlebend in die Welt der geistigen Vorgänge und geistigen Wesenheiten, so empfindet sich die Seele. Und ausdrücklich muß gesagt werden: Zu diesen geistigen Vorgängen und geistigen Wesenheiten, in welche sich die Seele durch die eigene Leuchtekraft einlebt, gehören auch jene Menschenseelen, mit denen man im Leben eine Verbindung angeknüpft hat – allerdings nur diese, und nicht auch jene, mit denen man keine Verbindung angeknüpft hat. So kann man sagen: Während man bis jetzt durch Jahre hindurch mehr sein Inneres erlebt hat in wollendem Verlangen und fühlendem Wollen, beginnt man jetzt immer mehr und mehr, objektiv die geistige Außenwelt zu erleben, man beginnt, in ihr arbeiten zu können, wie man in der Sinneswelt arbeitet nach seinen entsprechenden Aufgaben und Erlebnissen. Nur eines muß erwähnt werden: Was man so als innerliche Leuchtekraft erlebt, das entwickelt sich nach und nach, allmählich und, wie man sagen kann mit einem Ausdruck, der dem Geistesforscher geläufig ist, zyklisch, in Lebenskreisen. So entwickelt es sich, daß man fühlt: In dir ist die Leuchtekraft erwacht; sie macht es dir möglich, gewisse andere Wesenheiten und Vorgänge der geistigen Welt zu erleben; aber sie erlahmt in einer gewissen Beziehung wieder, dämmert wieder ab. Wenn man sie eine Zeitlang gebraucht hat, dämmert sie ab. Wie man, um einen Vergleich des gewöhnlichen Sinneslebens zu gebrauchen, wenn es gegen den Abend zugeht, die Sonne äußerlich untergehen fühlt, so fühlt man im Leben zwischen Tod und Wiedergeburt immer mehr und mehr, wie die innere Leuchtekraft erlahmt. Dann aber, wenn diese erlahmt ist, tritt ein anderer Zustand ein. In diesem fühlt sich die Seele erst recht stark in ihrem Innern, das sie nun wiederholt durchlebt; aber wieder, wenn ich mich des Ausdruckes bedienen darf, wie innerlich erlebt sie das, was sie aus dem anderen Zustande herübergebracht hat, wo sie die Leuchtekraft entwickelt hatte. So muß man sagen, daß die Zustände, in denen wir allen geistigen Vorgängen und Wesenheiten hingegeben sind, abwechselnd mit denjenigen, wo das innere Licht wieder abdämmert und endlich ganz erlischt, wo aber unser gefühltes Wollen und gewolltes Fühlen wieder erwacht, jetzt aber so erwacht, daß in ihm wie erinnernd alles lebt, was von uns in der geistigen Welt erlebt worden ist, was also von außen kommt. Auf diese Weise hat man Zustände, die abwechseln, wie wenn man einmal in der Außenwelt lebte, dann wieder die Außenwelt ganz in sich hereingenommen hätte, so daß sie wie in Form von inneren Erlebnissen auftauchte, gleichsam ganz in unserem Innern lebte – wie wenn umschlossen von der Hülle unserer Seele nun in uns lebte, was wir vorher äußerlich erlebt haben. Es ist ein Wechsel zwischen diesen zwei Zuständen. Wir können sie auch so bezeichnen, daß wir sagen: Einmal erleben wir uns wie in ausgebreiteter Geselligkeit mit der ganzen geistigen Welt; dann wechselt dieser Zustand ab mit innerer Einsamkeit, mit einem Von-sich-Wissen in der Seele, mit einem In-sich-Haben des ganzen erlebten geistigen Kosmos. Aber zugleich wissen wir: Jetzt lebst du in dir; was da erlebt wird, ist das, was deine Seele behalten hat, und du bist jetzt in keiner Verbindung mit etwas anderem. – Mit der Regelmäßigkeit wie Schlafen und Wachen im Leben abwechseln, so wechseln diese Zustände in der geistigen Welt zwischen Tod und neuer Geburt: der Zustand des seelischen Sichausbreitens in einer seelischen Außenwelt – mit dem Zustande des innerlichen Sich-selbst-Genießens und von Sich-selbst-Wissens, wo man fühlt: jetzt bist du in dir allein, mit Abschließung aller äußeren Vorgänge und Wesenheiten; jetzt erlebst du in dir. Diese beiden Zustände müssen abwechseln, denn nur dadurch erhält sich die innere Leuchtekraft, daß der Mensch immer wieder und wieder auf sich zurückgewiesen wird. – Genauer sind diese Vorgänge beleuchtet in meiner Schrift «Die Schwelle der geistigen Welt». – Dieses Sich-Erleben in Zyklen, in dem einsamen, dann wieder in einem geselligen Leben, ist notwendig, denn dadurch erhält sich die Leuchtekraft. Und das geht so weiter, daß man in immer reichere und reichere Geisteswelten sich einlebt, zu denen man immer mehr und mehr innere Leuchtekraft braucht. Das geht eine lange Zeit hindurch. Dann erfühlt man, wie man dadurch, daß man sich eingelebt hat in diese Geisteswelten, einer gewissen Grenze unterworfen ist, die zusammenhängt mit den Fähigkeiten, die man sich im Leben angeeignet hat. Die eine Seele schafft sich einen kleineren, die andere einen größeren Horizont, einen Horizont über eine größere oder kleinere geistige Welt.

Aber dann kommt eine Zeit, wo man die innere Leuchtekraft abnehmen fühlt. Das geschieht, wenn man der Mitte der Zeit zulebt zwischen Tod und nächster Geburt. Da erlebt man so, daß man fühlt: Jetzt wird die innere Leuchtekraft immer geringer und geringer; jetzt kannst du immer weniger und weniger von dem, was um dich herum ist, beleuchten. Immer dämmeriger und dämmeriger wird es, und die Zeit rückt heran, wo dann jene Zeiten immer bedeutender werden, in welchen das innere Erleben intensiver und intensiver wird, wo das, was man schon erlebt hat an innerem Erleben, auf- und abwogt. Reicher und reicher wird das innere Erleben, in der Überschau wird es dunkler und dunkler, bis es der Mitte der Zeit zwischen Tod und Wiedergeburt zugeht, wo man das erlebt, was ich in meinem Mysteriendrama «Der Seelen Erwachen» die geistige Mitternacht genannt habe. Denn da erlebt man eine Zeit, wo man erfüllt ist von der geistigen Welt, wo man aufwacht, aber aufwacht in die «Nacht», wo man sich erlebt wie abgeschlossen in der geistigen Welt. Es ist ein Gefühl intensivsten In-sich-Erlebens in der Mitte zwischen Tod und Wiedergeburt. Dieses In-sich-Erleben bringt einen Zustand hervor, von dem man sagen muß: er ist auf die Dauer für die Seele unerträglich. Es ist ein Wissen von einem Wissen, das unerträglich ist, das man nicht haben will, weil es nur Wissen ist.

Man fühlt in sich: Du trägst eine Welt in dir, die du nur wissend erlebst, indem du weißt, daß du in der Realität von ihr abgeschlossen bist; du hast die Leuchtekraft über sie verloren. Die Nacht in der geistigen Welt tritt ein. Aber in diesem Zustande haben wir Erlebnisse, die sonst im Leibe des Erdenlebens nur seelisch passiv sind. Die werden jetzt zu etwas Aktivem. Und während man sich so immer mehr und mehr in die Dämmerung und endlich in die Nacht der geistigen Welt hineinlebt, wird die Sehnsucht nach einer Außenwelt immer größer und größer; und während die Sehnsucht, der Wunsch nach der Welt des Erdenlebens etwas ist, was von außen seine Befriedigung finden muß, ist das, was man so erlebt in der geistigen Mitternacht als Sehnsucht, eine Kraft, die sich ausbildet, wie sich bei uns unter entsprechenden Bedingungen die elektrische oder magnetische Kraft ausbildet. Es ist eine Sehnsucht in der Seele, die eine neue Kraft gebiert, eine Kraft, welche wieder eine Außenwelt vor die Seele hinzaubern kann. Immer mehr und mehr hat sich ja die Seele in eine geistige Innenwelt hineingelebt; diese ist immer größer und größer, immer gewaltiger und gewaltiger geworden. Aber in ihr lebt die Sehnsucht, wieder eine Außenwelt um sich zu haben. Diese Sehnsucht ist eine aktive Kraft, und dies, wozu es die Sehnsucht bringt, ist eine Außenwelt, aber eine von ganz eigentümlicher Art.

Das erste, was wir erleben, nachdem wir die Mitte zwischen Tod und Wiedergeburt erreicht haben, das ist, daß sich eine Außenwelt vor uns hinstellt, die aber doch wieder keine ist. Wir stehen nämlich, wenn wir aus der Einsamkeit erwachen, Bildern gegenüber, die aus unserm vorhergehenden Erdenleben auftauchen. Also eine Außenwelt, die doch wieder unsere vergangene Außenwelt ist, steht um uns herum, und die Sehnsucht hat uns zu ihr geführt, die eine aktive Kraft ist. So stehen wir eine Zeitlang unsern verflossenen Erdenerlebnissen gegenüber in der Weise, daß sie für uns Außenwelt sind, daß wir wie beurteilend ihnen gegenüberstehen. Während wir sie erlebt haben, standen wir in ihnen drinnen; jetzt stehen wir ihnen gegenüber.

Und nun entsteht zu der schon entwickelten Sehnsucht eine

andere. Es entsteht die Sehnsucht, in erneuertem Erdenleben dasjenige auszugleichen, was die alten Erdenleben an Mängeln, an Unvollkommenheiten gegenüber dem neu erwachten Bewußtsein aufweisen. Jetzt tritt die Zeit ein, in welcher die Seele fühlt, was sie zu tun hat in bezug auf die Gedanken, die von ihr fortgeeilt sind. Sie empfängt jetzt das sichere Wissen, das in der zweiten Hälfte des Lebens zwischen Tod und neuer Geburt erwacht: Deine Gedankenerfahrungen sind dir vorangeeilt; du kannst sie nur auf dem Umwege eines neuen Erdenlebens wiederfinden. Und aus diesem zweiten Erlebnis, jenem gegenüber dem alten Erdenleben und dem Wissen: Du kannst deine vorangeeilten Gedanken nur finden, wenn du sie wieder in einem neuen Erdenleben zurückrufst – aus dem entsteht der instinktive Drang nach einem neuen Erdenleben. Der läßt sich nicht beurteilen nach dem letzten Erdenleben. In dem angedeuteten Zeitpunkte findet es die Seele selbstverständlich, sich mit dem wieder zu vereinigen, was von ihr selbst fortgegangen ist an Gedanken, und was sie nur finden kann auf dem Umwege eines neuen Erdenlebens, wo sie auch nur die Möglichkeit findet, das auszubessern, was ihr an Unvollkommenheiten und Mängeln im Anblick der vergangenen Erdenleben gegenübergetreten ist.

Und jetzt treten immer neue und neue Erlebnisse aus dem Dämmerdunkel der geistigen Welt auf. Das tritt auf, was man nennen kann: Verbindung mit nächststehenden Menschen. Wir haben sie gehabt, diese Verbindung, bevor wir die Zeit vor dem bezeichneten Mittelpunkte erlebt haben; aber wir lebten so mit den uns nächststehenden Menschen, daß wir mit ihnen arbeiteten in der geistigen Welt, daß wir mit ihnen im Geiste verbunden waren. Jetzt tauchen sie wieder auf; jetzt tauchen diejenigen auf aus unserem eigenen Erdenleben, denen gegenüber wir unser Leben unausgeglichen haben; die tauchen auf, mit denen wir blutsverwandt waren, denen wir im Leben nahegestanden haben. So tauchen sie auf, daß wir an ihrem Auftauchen beurteilen können, was noch an uns unausgeglichen ist, was wir ihnen noch schuldig sind, was wir ihnen gegenüber noch auszugleichen haben. Wir fühlen uns mit diesen Seelen, die da auftreten, so verbunden, wie wir uns verbunden fühlen müssen nach dem Ergebnis des Zusammenlebens mit ihnen in früheren Erdenleben. Das ist das erste, was wir nach unserm eigenen Erdenleben erleben: wie wir in einem neuen Erdenleben mit den Seelen zusammenleben wollen, mit welchen wir früher in einer näheren Weise zusammengelebt haben. Und im weiteren Verlaufe dieser Zeit treten die uns mehr fernstehenden Seelen auf, diejenigen, mit denen wir einen Zusammenhang im Leben gehabt haben in der Weise, daß wir etwa mit ihnen ein gleiches religiöses Bekenntnis hatten, daß wir ein Volk mit ihnen bildeten, in einer gewissen Weise ein Ganzes mit ihnen bildeten. Die Seelen also, welche in unsern irdischen Werdegang hineingestellt waren, treten so auf, daß sich aus diesem Auftreten ergeben kann, wie unsere Seele ihre neue Erdenverkörperung bilden muß, um das zu suchen, was sich als Wirkung aus den früheren Erdenleben ergeben muß im Leben mit den Seelen, welche da auftreten. – Endlich tritt aus dem Dämmerdunkel des Geistigen der Zusammenhang mit Seelen auf oder auch mit anderem Geistigen im Erdenleben, den man einen idealen nennen kann. Nachdem man die Überschau über sein verflossenes Erdenleben erlebt hat, nachdem man die Überschau über die Menschen erlebt hat, die einem im verflossenen Erdenleben nahegestanden haben, die Gemeinschaften, welche einem nahegestanden haben, tritt einem nun lebendig entgegen, welche Menschen einem im Leben als ideale Gestalten entgegengeleuchtet haben, wenn man ihnen auch persönlich ferngestanden hat. Das, was man im Erdenleben seine persönlichen Ideale, seine geistige Welt nennt, das tritt einem am spätesten entgegen.

Aus diesen Erlebnissen bildet sich in der Seele selbst die Kraft heraus, sich wieder mit dem Erdenleben zu verbinden. Nur muß ich noch erwähnen, daß auch in der zweiten Hälfte des Daseins zwischen Tod und neuer Geburt das Leben wieder so verläuft, daß es sich in Kreisen, zyklisch, abspielt. Wir müssen da wieder unterscheiden die Zeit des Lebens in jener Außenwelt, wo wir unsere früheren Freunde und Verwandten, unsere Ideale und so weiter erschauen, gleichsam äußerlich objektiv erleben, und dann jene andere Zeit, wo wir ihnen entzogen sind, wo wir sie nur in unserm Innern haben. Das wechselt wieder mit Notwendigkeit für die Seele ab, wie im gewöhnlichen Leben Wachen und Schlafen, Tag und Nacht abwechseln. Und aus den Kräften, die sich in der Seele durch den Anblick alles desjenigen entwickeln, was ich eben charakterisiert habe, entsteht in der Seele die Fähigkeit, zunächst geistig-seelisch sich das Urbild des neuen Erdenlebens auszubilden. Was wir haben fortschicken müssen als die in Gedanken verwandelten Lebenserfahrungen, das schauen wir noch nicht gleich, wenn wir in die zweite Hälfte des Lebens zwischen Tod und Wiedergeburt eintreten. Aber es liegt in dem kreativen Wollen und in dem kreativen Fühlen, daß die Seele dieses Leben als Kraftsteigerung empfindet; und diese Kraftsteigerung bewirkt, daß aus der umliegenden geistigen Substanz sich etwas wie das Urbild zu einem neuen Leben ankristallisiert. In der geistigen Welt ist nämlich ein anderes Verhältnis zwischen dem Wahrnehmen und dem seelischen Erleben als in der physischen Welt. In der physischen Welt nehmen wir die Außenwelt wahr; sie ist dann in unseren Gedanken darinnen, aber die Gedanken sind passiv. Wenn wir die geistige Welt in der geschilderten Weise erleben, wenn wir die seelischen Überbleibsel unseres vergangenen Lebens, der uns Nahestehenden, unserer früheren Freunde, unserer Ideale, in der geistigen Welt ansehen, so bildet das eine Kraft aus, die uns durchlebt und durchwebt; das macht, daß wir erkraftet werden. Und dieses Erkraftetwerden ist dasselbe, was uns zu einem neuen Erdenleben hintreibt. – Sie werden schon entschuldigen, daß mancherlei Ausdrücke so gewählt werden müssen, daß sie ungewöhnlich sind; aber es werden ja auch für das gewöhnliche Leben ungewöhnliche Verhältnisse geschildert.

Immer mehr und mehr treten nun für den Menschen, der sich die äußere geistige Welt um sich herum beleuchtet, die erst unbestimmt gefühlten Kräfte auf, die zu den entflohenen Lebenserfahrungen hingehen. Das Urbild eines neuen Lebens wird immer bestimmter und bestimmter, und das macht, daß der Mensch durch die Kräfte, die in ihn selbst gelegt werden, sich hinuntergetrieben fühlt zum physischen Erdenleben, in der Weise sich hinuntergetrieben fühlt, daß er sich durch dasjenige Elternpaar angezogen fühlt, welches ihm die körperliche Hülle geben kann, die dem in der geistigen Welt geschaffenen Urbilde seines kommenden Erdenlebens am meisten entsprechen kann. Ein Dreifaches verbindet sich also bei der Wiedergeburt des Menschen: das Männliche, das Weibliche und das Geistige. Man kann sagen: Lange bevor der Mensch mit der Geburt in das neue Erdenleben tritt, zieht diese ausgebildete Kraft zu dem betreffenden Elternpaare hin; denn der Mensch ist innerlich, substantiell, diese Kraft, welche sich auswächst, könnte man sagen, als die Kraft, welche zunächst zu dem Urbilde und dann zu dem neuen Erdenleben hintreibt. Aber gerade dabei können sich die verschiedensten Verhältnisse abspielen. Was dabei in Betracht kommt, ist zunächst einmal, daß der Mensch hierbei einen Rückblick hat auf seine früheren Erdenleben. Er gelangt dadurch ganz selbstverständlich zu der innerlichen Sehnsucht nach einem neuen Erdenleben. Aber nun kann das eintreten, daß der Mensch sehr gut in sich fühlt: Du mußt dich auf der Erde verkörpern; aber du kannst nicht bis dahin kommen, wo du dich in einem neuen Erdenleibe so verkörpern kannst, daß du die Lebenserfahrungen ergreifen kannst, welche dir vorangeeilt sind.

Betrachten wir diesen Fall, der sich durchaus der geistigen Erfahrung ergibt. Wenn wir im Erdenleben stehen, so machen wir durchaus nicht alle die Erdenerfahrungen, die wir machen könnten. Es braucht ja nicht die Geisteswissenschaft, um dies einzusehen; denn wenn schon im Erdenleben vieles an unserer Aufmerksamkeit vorbeigeht, so muß man um so mehr sagen, daß vieles an uns herandringt, was wir uns nicht zum Bewußtsein bringen. Mit andern Worten: wenn wir achtgeben, dann müssen wir uns gerade gestehen, daß wir nicht die Erfahrungen machen, welche wir machen könnten. Aber die Erfahrungen, die Erlebnisse, kommen doch an uns heran. Wenn wir uns dem Leben gegenüber als Schüler betrachten, so müssen wir sagen: alles das kommt an uns heran. Dieses Erlebnis gehört auch zu unseren Erfahrungen im Leben zwischen Tod und Wiedergeburt. Aber wenn wir in die zweite Hälfte dieses Lebens kommen, haben wir uns davon überzeugt: Du kannst jetzt nicht mit allem, was du dir angeeignet hast, zu dem Punkte kommen, wo du dich mit einem neuen Erdenleben voll verbinden kannst. Da tritt dann die Notwendigkeit ein, sich früher, als es durch die davongeeilten Gedanken notwendig wäre, mit einem neuen Erdenleben zu verbinden – und sich dabei vorzuhalten: Erst in einem weiteren Erdenleben, ja vielleicht erst nach zwei oder drei Erdenleben wirst du an dem Punkte angelangt sein, wo du deine jetzt fortgeeilten Gedanken erlebst. Das wird bei einem solchen Menschen bewirken, daß er nicht das intensive Verlangen nach dem Erdenleben hat, wie er es im anderen Falle haben würde und das Leben voll ergreifen würde. Es gibt die Möglichkeit, daß der Mensch sich nicht intensiv genug mit dem Erdenleben verbindet; er hat wohl die Kraft erlangt, sich wieder zu verkörpern, aber nicht jene Kraft, daß er alles hätte erleben können, was zu erleben war. Daher hat er in einem solchen Falle nicht genug in den Tiefen der Seele liegende Freude am Erdenleben. Alles was einen Menschen dazu bringt, das Erdenleben nicht wichtig genug oder nicht voll genug zu nehmen, kommt von dieser Seite her. Und hier zeigt sich dem Geistesforscher etwas, was ihm oft schwer auf der Seele liegt.

Als Geistesforscher steht man mit Teilnahme allem Leben gegenüber. Nehmen wir an, man schaue sich als Geistesforscher ein Verbrecherleben an, das im umfassendsten Sinne gegen die menschliche Ordnung gerichtet ist. Man kann, selbst wenn man die Schuld nicht ableugnen will, das tiefste Mitleid mit einem solchen Leben haben und es erklären wollen aus seinem Lebenszusammenhange heraus. Wenn man sich bemüht, für eine solche Frage eine Antwort zu gewinnen, so stellt sich die Antwort so heraus, daß Menschen eigentlich zum Unrecht, zum Verbrechen kommen, die nicht in der Lage sind, durch die angedeuteten Verhältnisse das Leben in seinem vollen Gewicht zu nehmen. Ich habe mich überzeugt, indem ich bis zu der sogenannten Verbrechersprache diesen Dingen nachgegangen bin, daß selbst darin etwas liegt von einem Nicht-wichtig-Nehmen, von einem Unterschätzen und Verachten des Lebens. Ein solches Nicht-wichtig-Nehmen braucht nicht im Vollbewußtsein zu liegen. Das Vollbewußtsein weiß oft wenig von dem, was in den Tiefen der Seele vorhanden ist. Der Verbrecher entwickelt oft ein starkes Selbstgefühl, er will das Leben; aber in den Tiefen der Seele, zu welchen das Bewußtsein nicht hinunterdringt, da lebt die Lebensverachtung. Daß er nicht den Ort erreicht hat, bis zu dem seine fortgegangenen Gedanken gegangen sind, das ist der Grund, weshalb er das Leben nicht voll ernst nimmt. Man suche in dem Leben von Verbrechern, und man wird finden, daß verächtliche Stimmung gegenüber dem Leben da ist, bis in die Ausdrücke der Gaunersprache hinein. Ungeheuere Rätsel enthüllen sich da dem aufmerksamen Lebensbetrachter. Ich möchte sagen: geistige Frühgeburten sind es, die sich da entwickeln. Deshalb ist es, daß sie nicht die Kraft hatten, weil sie zu früh kamen, das Leben voll ernst zu nehmen, um das im Leben zu entwickelnde Verantwortlichkeitsgefühl im ganzen Sinne des Wortes zu entwickeln. Ein Leben, das wenigstens annähernd bis zu jenem Zeitpunkte gelangt ist, bis wohin die in objektive Wesenheiten verwandelten Gedanken vorangeeilt sind, das wächst am innerlichsten mit dem Erdenleben zusammen; das wächst zusammen mit den Kräften, die nur auf der Erde ausgebildet werden können: des Gewissens, der Erdenliebe, der Verantwortung, das wächst zusammen mit alledem, was das Erdenleben wichtig nimmt, so daß sich Sittlichkeit, Moral entwickelt. Denn man muß gegenüber dem Erdenleben das Gefühl haben, daß man sich ganz mit ihm verbinden muß, wenn rechte Sittlichkeit, rechte Moralität in der Seele erwachsen soll. Das ist zum Beispiel eines, was uns erklärlich wird, wenn wir das menschliche Leben in dem Lichte betrachten, das die Geisteswissenschaft geben kann, und es bereichert in der Tat unsere Gefühle und Empfindungen dem Leben wie den Menschen gegenüber, weil wir, wenn wir sie verstehen, leichter zurechtkommen und uns dem Leben gegenüber leichter orientieren können.

Der Geistesforscher findet zum Beispiel ein Leben, welches in der Zeit zwischen Geburt und Tod früher, als es normal ist, entweder durch Krankheit oder durch Unglück abgeschlossen wird. Im wesentlichen wirkt das für das andere Leben zwischen Tod und Wiedergeburt so, daß durch das frühzeitige, sei es durch Unglück oder durch Krankheit herbeigeführte Eindringen in die geistige Welt Kräfte für die Seele geschaffen werden, welche sonst für sie nicht dagewesen wären. So sonderbar es klingt, so paradox es erscheinen mag: was uns aus unserm früheren Erdenleben fehlen kann, um alle Kräfte zu entwickeln, die uns wiederum durch andere Verhältnisse eigen sein können, das kann uns vielleicht nur dadurch kommen, daß wir unser Leben früher abschließen, als es für einen Menschen normal ist. Niemals aber wird die Geisteswissenschaft einem Menschen irgendwie die Berechtigung für einen künstlichen Abschluß des Lebens geben, der von ihm selbst vor dem normalen oder dem durch sonstige Verhältnisse herbeigeführten Lebensende ausgehen könnte.

Man muß sagen: Gerade wenn man in dieser Weise in das geistige Leben zwischen Tod und Wiedergeburt hineinzusehen versucht, wird man gewahr: ganz andere Kräfte spielen dort als jene im Leben zwischen Geburt und Tod, aber Kräfte, die sich naturgemäß anreihen, möchte man sagen, an alles, was uns das äußere Leben im Leibe bietet. Offen gestehe ich: Niemals hätte ich durch irgendwelche bloß philosophischen Gedanken, durch irgendwelche Verstandesanstrengungen zu dem kommen können, was ich heute vor Ihnen auszusprechen wagte; nur auf dem Wege der Geistesforschung, der hier so oft geschildert worden ist, können sich diese Dinge ergeben. Wenn man sie aber dann hat und sich fragt: Passen sie zu dem Erdenleben hinzu, zu dem, was wir zwischen Geburt und Tod erleben? – so stellt sich allerdings eine vollständige Anpassung an das Leben dar. Und wenn auch die Frage entstehen könnte: Warum erinnert sich der Mensch nicht an die früheren Erdenleben? so kann geantwortet werden: Der Geistesforscher sieht, indem der Mensch aus dem Leben zwischen Tod und Wiedergeburt heruntersteigt zu einem irdischen Leben, daß er die Kräfte, welche sich an alles zurückerinnern könnten, was ich jetzt erzählt habe, zunächst verwenden muß zur inneren Ausgestaltung, zur plastischen Ausgestaltung seines sinnlich-physischen Leibes, der ja vom Menschen selber plastisch ausgestaltet und auch erhalten wird. Was der Mensch an Kräften aufwendet, um die Dämmerung der ersten Kindesjahre in waches Bewußtsein für das spätere Erdenleben zu verwandeln, was er aufwendet, um den Leib so umzuwandeln, daß das dämmernde Kindheitsleben zum wachen Leben sich umwandeln kann, das ist von denjenigen Kräften aufgewendet, welche der Mensch umwandeln könnte, um sich seiner früheren Erdenleben zu erinnern. In den Leib hinein fließen sie, stark machen sie den Menschen in bezug auf das Leben zwischen Geburt und Tod. Und erst wenn der Geistesforscher seine Seele losreißt von dem physischen Leib, wenn er zu einem Erleben außer dem physischen Leibe kommt, wenn er also die Kräfte wiederum frei macht, welche der Mensch sonst dazu verwendet, um seine Augen zum Sehen zu veranlassen, um seine Ohren zum Hören, seine Glieder zum Bewegen zu bringen, wenn er diese Kräfte anwendet, um rein in der Seele zu erleben, dann dehnt sich sein Blick über den rein geistigen Horizont aus, wo das erlebt wird, was ich heute geschildert habe. Es werden also die Kräfte der Rückerinnerung, die man etwa im Menschen vermuten könnte, vom Geistesforscher in ihrer Umwandelung geschaut.

Man kann sagen: Im Menschen ist der ewige, der unsterbliche Seelenkern. Aber in dem Leben zwischen Geburt und Tod wird er zunächst so verwendet, daß er in den Verrichtungen des sinnlichen Leibes aufgeht. Allerdings kann man mit Bezug auf die heutige Zeit sagen: Wir stehen in einer Übergangszeit, in welcher der Mensch ein neues Verhältnis zum Leibe gewinnen wird, wo er auch einem verstärkten Innenleben des Leibes zueilt. Deshalb fühlt die Geisteswissenschaft die Aufgabe, dasjenige, was sie erkundet, auch mitzuteilen, weil sich die Seele von Leben zu Leben dahin entfaltet, daß sie immer innerlicher und innerlicher sich gestaltet und, indem sie der Zukunft entgegeneilt, das heute Gesagte einsehen wird als ein notwendiges Wissen, ohne welches sie in ihrer ganzen Verfassung nicht wird leben können; und dann wird sich durch ein Wiedereintreten eines natürlichen hellseherischen Zustandes dasjenige als erklärlich ergeben, worauf jetzt aufmerksam gemacht werden konnte.

So geht die Geistesforschung, wenn sie von der Unsterblichkeit der Seele spricht, einen anderen Weg als jenen, den eine bloße Begriffsphilosophie gehen kann. Die Geisteswissenschaft tritt nicht so an die Unsterblichkeitsfrage heran, daß sie die Unsterblichkeit beweisen will, sondern sie geht so vor, daß sie zunächst die Wege sucht, wie man die Seele selber finden kann, daß sie die Wege nach der Seele, nach der Wesentlichkeit der Seele sucht. Und hat man die Seele, weiß man, wie sie sich innerlich erlebt, dann hat man nicht nötig, äußerliche philosophische Beweise zu ersinnen für die Unsterblichkeit der Seele. Denn man merkt dann: Was über den Tod hinausführt, was durch ein Leben zwischen Tod und Wiedergeburt durchgeht und zu einem immer wieder erneuerten Erdenleben führt, das ist im Leben zwischen Geburt und Tod schon in uns drinnen, und indem wir es in uns erkennen, erkennen wir es zugleich in seiner Unsterblichkeit. Das ist hier im Leben so gewiß enthalten, wie wir beim Pflanzenkeim wissen: er wird sich entwickeln, indem er ein neues Pflanzenwesen hervorbringen wird. So können wir bei der Seele wissen, daß sie unsterblich ist. Aber vom Pflanzenkeim wissen wir, daß er zur menschlichen Nahrung verwendet werden kann. Ein solches äußerliches Abziehen ist bei dem menschlichen Seelenkern nicht wahrzunehmen; sondern gewiß ist es, daß das, was in der Seele lebt, zugleich die Anwartschaft ist für folgende Erdenleben, und damit die Anwartschaft auf die Unsterblichkeit der Seele, und nicht zu etwas anderem zur Verwendung kommt, wie es beim Pflanzenkeim sein kann. Daher darf man von der Unsterblichkeit einer jeden Seele sprechen.

Daß dies, was jetzt gesagt worden ist, heute dem Zeitbewußtsein noch sehr entgegengesetzt ist, habe ich am Anfang der heutigen Betrachtung bereits erwähnt. Wie sollte aber das Zeitbewußtsein in einer wohlgefälligen Weise zu dem hinblicken, was im heutigen und in anderen Vorträgen ausgeführt worden ist? Fühlt sich doch dieses Zeitbewußtsein auf der einen Seite voller Sehnsucht, etwas über die Seele zu wissen; auf der anderen Seite aber ist es wieder darauf erpicht, die Erkenntniskräfte einzuschränken, wenn man etwas wissen will. Man schilt die Geisteswissenschaft oft der Unlogik und des Aberglaubens. Nun, die Geisteswissenschaft kann das ertragen. Denn wenn sie auf die «Logik» blickt, die ihr glaubt gegnerisch sein zu müssen, dann weiß sie, woher es kommt, daß sich Geisteswissenschaft nur so langsam in die Gemüter der Menschen einleben kann. Und wiederum – ich habe so manches Buch und so manche zeitgenössische Erscheinung hier in den Vorträgen erwähnen müssen – kann ich auf ein Buch hinweisen [1a], welches Gedanken über den Tod bringt. Dort findet sich ein merkwürdiges Wort, das ich nur aus formalen Gründen anführe: Die Unsterblichkeit kann nicht bewiesen werden. Selbst Plato und der auf ihm fußende Mendelssohn waren nicht in der Lage, die Unsterblichkeit und die Einfachheit der Seele zu erhärten; denn wenn man auch die Einfachheit der Seele zugeben will, so ist die Seele doch ein Gegenstand des inneren Beharrens, der unbewiesen und unbeweisbar ist. Man braucht sich auf die weiteren Ausführungen nicht einzulassen; denn wer imstande ist, den Satz hinzuschreiben: Plato und selbst Mendelssohn haben aus der Unzerstörbarkeit der Seele nicht ihre Unsterblichkeit beweisen können, der sollte auch nur gleich schreiben: Man kann aus der roten Farbe der Rose ihre Unsterblichkeit nicht beweisen. Denn wenn man von der Unsterblichkeit der Seele redet, dann kann man nicht, wenn man nicht gedankenlos ist, davon sprechen, daß sie nicht unsterblich ist, weil es nicht bewiesen werden kann. – Derlei Dinge werden heute hingeschrieben und stehen in einem Werke, das ein großes Publikum haben wird und auch hat, weil solche Bücher unsern Zeitgenossen gefallen, und weil über solche Dinge, wie sie eben charakterisiert worden sind, hinweggelesen wird. So wird über manches hinweggelesen, was prinzipiell ist bei dem, was sich am stärksten als Gegnerschaft gegen die Geisteswissenschaft aufwirft. Wirft man der Geisteswissenschaft Unlogik vor, so schaue man sich vor allem seine eigene Logik an. Über alle anderen Einwände gegen die Geisteswissenschaft ist hier oft gesprochen worden; ich will deshalb nicht darauf zurückkommen, sondern nur anführen, was ich wie eine Schlußempfindung auch in andern Vorträgen schon vorgebracht habe:

Man fühlt sich mit den Ergebnissen der Geisteswissenschaft doch immer wieder mit den allererleuchtetsten Geistern der irdischen Menschheitsentwicklung einig; haben sie auch Geisteswissenschaft nicht gehabt, denn sie ist erst in unserer Zeit so möglich, wie wir sie heute haben können, so haben sie doch jene Richtung geahnt, in welcher die Geisteswissenschaft sich bewegt. Und wenn auf der einen Seite manches monistische oder sonstige Gemüt von der Unbeweisbarkeit der Unsterblichkeit spricht, so möchte man als Geistesforscher doch auf einen Großen unter den ahnenden Geistern in dieser Beziehung hinweisen, mit dem man sich einig fühlt. – Was sagt denn die Geisteswissenschaft, wenn man sie dem Geiste nach nimmt, über das, was ich auszuführen versuchte? Sie zeigt uns dasjenige in uns, was sich schon zwischen Geburt und Tod so entwickelt, daß es, wenn es vom Leibe befreit wird, alle die Zustände durchmachen muß, die heute geschildert worden sind. Man lernt die Menschenseele, die im Menschenleibe ruht, auch zwischen Geburt und Tod nicht kennen, wenn man nicht weiß, wessen sie zwischen Tod und Wiedergeburt fähig ist. Wenn manche religiöse Bekenntnisse etwa die Geisteswissenschaft nicht mit sich im Einklang fühlen, weil sie eine erweiterte Gottesvorstellung schafft, so kann man diesen religiösen Bekenntnissen gegenüber nur sagen: Wie schwachmütig seid ihr mit eurer Gottesvorstellung, mit eurem religiösen Empfinden! Das kommt einem so vor, als wenn man dem Kolumbus gesagt hätte: Entdecke nicht Amerika, denn warum solltest du dieses unbekannte Land entdecken? In unserm Lande scheint die Sonne so schön; kann man wissen, ob sie in einem andern Lande ebenso schön scheint? – Da hätte der Vernünftige gesagt: Oh, so schön wie hier wird sie überall scheinen! – Der Geisteswissenschaftler sieht, was ihm seine Gottesvorstellung ist. Und die ist so, daß er sie als groß empfindet, wie eine leuchtende Geistessonne! Und er weiß, daß schwachmütig sein muß die Gottesvorstellung, schwachmütig die religiöse Empfindung, schwachmütig der Glaube derjenigen, die da sagen: Der Gott, den wir in unserm religiösen Leben verehren, er wird nicht walten in den Welten des geisteswissenschaftlichen

Forschers. Aber ist das religiöse Empfinden nur stark genug, so wird es von dieser Gottesvorstellung des Geistesforschers auch das Leuchten in den Welten des Geistigen empfinden, und die Gottesvorstellung wird durch die Geisteswissenschaft ebensowenig Schaden erleiden, wie sie auch nicht durch Kopernikus und Galilei geschädigt worden ist. Aber die Geisteswissenschaft weiß, daß die Seele schon im Leibe sich für das Leben zwischen Tod und Wiedergeburt vorbereitet; und Sinn und Bedeutung bekommt das Leben zwischen Geburt und Tod, indem wir hinschauen auf das Dasein zwischen Tod und nächster Geburt. Dadurch fühlen wir uns im Einklange mit den Geistern, die zu den erleuchtetsten gehören, von denen einer ahnend vorausnahm, was wir uns heute vor die Seele gestellt haben. Goethe sagte einmal[2]: Ich möchte mit Lorenzo von Medici sagen, daß die auch schon für dieses Leben tot sind, die auf ein anderes nicht hoffen. Mit diesen Worten fühlt sich die Geisteswissenschaft so im Einklange, daß sie weiß: Die Seele muß aufnehmen, was ihr werden kann, indem sie auf dasjenige hinblickt, was ihr außer und nach dem Leben im Leibe werden kann. Wie der Pflanzenkeim nur dadurch eine Berechtigung hat, daß er einem neuen Pflanzenleben entgegenlebt, so ist auch dasjenige, dem wir mit unserer Seele entgegenleben, nicht das, was wir schon in uns haben, sondern das, was wir erhoffen können. Am stärksten beweist sich die Unsterblichkeit dadurch, daß wir nur hinschauen brauchen auf die Kräfte, von welchen wir leben; denn wir leben von den Kräften, die wir uns als die unsterblichen Kräfte erhoffen können. Ja, die Geisteswissenschaft führt uns zu der unser ganzes Leben durchleuchtenden und durchdringenden Grundempfindung, die Goethe so schön mit den eben angeführten Worten ausgesprochen hat. Die Geisteswissenschaft sagt uns, beweist uns und belegt uns das Gefühl dafür, daß derjenige schon für das Leben im Leibe tot ist, der auf das Leben im Geiste und auf das, was die Seele dem Geiste nach für die ganze Welt ist, nicht hoffen kann!

Metamorphosen der Erinnerung im Leben nach dem Tod

Sie haben gestern gesehen und aus den vorangehenden Vorträgen wohl ebenso [3], welche bedeutenden Ausblicke sich bieten auf das ganze menschliche Dasein und seinen Zusammenhang mit der Welt, wenn man die Erinnerungsfähigkeit des Menschen ins Auge faßt. Wollen wir daher heute einmal die Erinnerungsfähigkeit an sich, so wie sie uns in ihren verschiedenen Phasen im menschlichen Leben erscheinen kann, betrachten; zunächst die Erinnerungsfähigkeit vor dem gewöhnlichen Bewußtsein, das der Mensch hat zwischen der Geburt und dem Tode.

Der Mensch verwandelt dasjenige, was er gewissermaßen im robusten Leben durchmacht, was er durchmacht mit all seinem Denken, Fühlen, Wollen, mit Entfaltung auch seiner physischen Kräfte, das verwandelt er in Erinnerungen, und er kommt von Zeit zu Zeit zurück in seinem Seelenleben auf die Erinnerungsbilder dessen, was er durchgemacht hat.

Aber vergleichen Sie diese entweder frei auftauchenden oder gesuchten Erinnerungsbilder in ihrer Schattenhaftigkeit, in ihrem bloßen Gedanken- und Vorstellungssein mit der Robustheit der Erlebnisse, auf die sie sich beziehen, so werden Sie sich sagen: Es sind die Erinnerungen eben Bilder. Aber als Bilder sind sie das, was wir in unserem Ich von unseren Erlebnissen in der Außenwelt für uns behalten. Wir tragen sozusagen als den erarbeiteten Schatz aus unseren Erlebnissen die Erinnerungen mit uns. Und wenn uns irgend etwas in krankhaften Fällen – ich habe ja auch davon gesprochen – verlorengeht von diesen Erinnerungen, dann ist das ein Schadhaftwerden unseres Ich selber. Wir fühlen, daß unser innerstes Wesen, unser Ich, schadhaft geworden ist, wenn es in krankhaften Fällen dies oder jenes aus dem Schatze der Erinnerungen auslassen muß, der unser Leben zu einem Ganzen macht. Man könnte auch hinweisen auf die furchtbaren Zustände, die zuweilen auf anderem Felde bei Gehirnschlägen dadurch eintreten, daß gewisse Partien des verflossenen Lebens in der Erinnerung ausgelöscht werden. – Blicken wir zurück von einem gewissen Zeitpunkt unseres Lebens auf das verflossene Dasein seit unserer letzten Geburt, dann müssen wir schon den Zusammenhang der Erinnerungen fühlen und empfinden, damit wir uns so recht als seelischer Mensch ansehen können.

Das sind einige Züge, die darauf hinweisen, was die Erinnerungsfähigkeit während des physischen Erdenlebens ist. Sie ist ja noch viel mehr. Was wäre uns die Außenwelt mit ihren immer sich erneuernden Eindrücken, mit alledem, was sie allerdings in Lebhaftigkeit gibt, was wäre sie uns, wenn wir nicht in der Lage wären, anzuknüpfen dasjenige, was als neue Eindrücke kommt, an das Erinnerte! Und nicht zuallerletzt darf man sagen: Ja, alles Lernen besteht zum Schlusse darinnen, daß das Neue, das an den Menschen herangebracht wird, angeknüpft wird an das, was er schon in seinen Erinnerungen trägt. Ein großer Teil der Schulmethodik beruht ja darauf, daß wir in der rationellsten Weise finden, wie wir Neues, das wir den Kindern beizubringen haben, anknüpfen können an das, was wir aus dem Schatze ihrer Erinnerungen holen können.

Kurz, überall da, wo es darauf ankommt, die Außenwelt an das Seelische heranzubringen, das Seelische selber aufzurufen, damit es erfühlt und innerlich erlebt das eigene Dasein, alles das appelliert zuletzt an die Erinnerung. So daß wir schon sagen müssen: die Erinnerung macht den wichtigsten, den weitaus umfassendsten Teil des Innenlebens des Menschen während seines Erdendaseins aus.

Nun aber betrachten wir diese Erinnerung noch von einem anderen Gesichtspunkte. Man kann leicht wissen, daß diese Erinnerung, die Summe der Erinnerungen, die wir in uns tragen, eigentlich ein Fragment ist. Man hat im Laufe des Lebens so manches vergessen, aber es gibt Augenblicke des Lebens, manchmal gerade krankhafte Augenblicke des Lebens, wo längst

Vergessenes wiederum heraufkommt. Und insbesondere sind es die Augenblicke, in denen der Mensch sich dem Tode naht, wo mancherlei, das schon ganz ferne seiner bewußten Erinnerung war, auftaucht. Sterbende alte Menschen erinnern sich plötzlich an Dinge, die längst aus ihrer bewußten Erinnerung geschwunden waren. Und wenn man den Traum, der ja auch anknüpft an die Erinnerung, wirklich intim studiert, so findet man durchaus, daß im Traume Dinge auftauchen, die man ganz gewiß erlebt hat, an denen man aber unaufmerksam vorübergegangen ist, die man sozusagen nicht beachtet hat und die trotzdem im Seelenleben drinnen sind und gerade dann, wenn die Hindernisse des physischen und ätherischen Organismus nicht wirken, wenn der astralische Leib und das Ich im Schlafe allein sind, heraufkommen. Man beachtet das gewöhnlich nicht. Und so kommt man nicht darauf, daß eben die bewußte Erinnerung nur ein Fragment desjenigen ist, was wir in uns aufnehmen, und daß wir eigentlich in derselben Form, nur gleich ins Unterbewußte hinein, vieles vom Leben aufnehmen und dann innerlich verarbeiten.

Nun, solange wir im Erdendasein leben, so lange halten wir dasjenige, was auftauchen kann aus den Tiefen der Seele in Form von Erinnerungsgedanken, für das Wesentliche an der Erinnerung. Es kommen die Gedanken an Erlebtes, sie gehen wieder; wir suchen sie. Wir halten das für das Wesen der Erinnerung.

Wenn wir durch des Todes Pforte gehen, dann folgen auf das Erdendasein Tage, in denen wie in einer mächtigen Perspektive die Bilder des eben verflossenen Erdenlebens auftreten. Sie sind auf einmal da. Was vor vielen Jahren vergangen ist, ist gleichzeitig da mit dem, was vor ein paar Tagen vergangen ist. Wie das Räumliche nebeneinander ist und nur Raumesperspektive hat, so ist jetzt das Zeitliche unseres Erlebens nebeneinander und hat eben innere Zeitperspektive; aber es ist auf einmal da. Nur wird es in der kurzen Zeit, in der es da ist, immer schattenhafter und schattenhafter, immer abgeschwächter und abgeschwächter. Während wir im physischen Erdenleben in uns schauen, fühlen: da haben wir die Bilder des Erlebens als Erinnerungsbilder wie zusammengerollt in uns; jetzt werden diese Bilder größer, mächtiger. Wir fühlen, wie wenn die Bilder unserer Erinnerung von der Welt aufgenommen werden. Das, was nach dem Tode gewissermaßen erst ein eng Umgrenztes umschließt in diesem Erinnerungstableau, es wird immer größer, aber damit auch immer schattenhafter, bis wir es wie zu einem Weltall erweitert finden, aber schwach geworden, so daß wir kaum noch ahnen können, was wir erst deutlich gesehen haben. Wir ahnen es. Und dann verschwindet es in den Weiten; es ist nicht mehr da.

Das ist die zweite Form, die die Erinnerung annimmt, gewissermaßen die zweite Metamorphose unmittelbar in den Tagen nach dem Tode. Das ist diejenige Phase, von der wir sagen können, es fliegen uns unsere Erinnerungen fort in das Weltenall. Alles das, womit wir unser Dasein zwischen der Geburt und dem Tode so eng verbunden haben wie mit der Erinnerung, alles das weitet sich, wird groß, wird immer schattenhafter, verliert sich endlich in den Weiten des Weltenalls.

Es ist so, wie wenn wir dasjenige Ich, das wir eigentlich als unser Ich bezeichnet haben während des Erdenlebens, hinschwinden sehen würden in die Weiten des Weltenalls. Und das Ende der wenigen Tage, in denen wir solches erleben, ist dieses, daß wir uns gegenüber unseren enteilenden Erinnerungen sagen müssen: Wir werden selbst zerstreut, verweitet in das Weltenall, verweitet so weit in das Weltenall, daß wir den Augenblick erleben, wo wir eigentlich in dem, worin wir uns gefühlt haben zwischen Geburt und dem Tode, wie genommen uns fühlen von den Weiten des Weltenalls.

Nachdem wir gewissermaßen diese übersinnliche Betäubung durchgemacht haben, diese übersinnliche Ohnmacht, die uns das innere Bewußtsein des Erdendaseins in der Summe der Erinnerungsvorstellungen genommen hat, leben wir dann auf in der dritten Phase der Erinnerung. Und diese dritte Phase der Erinnerung lehrt uns: Ja, das, was wir während des Erdendaseins als unser Selbst mit Hilfe der Erinnerungen bezeichnet haben, das hat sich zerstreut in die Weiten des Weltenalls, das hat gewissermaßen vor uns selbst und für uns seine Nichtigkeit bewiesen. Und wären wir nur das, was in unseren Erinnerungen zwischen

Geburt und Tod bewahrt werden konnte, wir wären ein Nichts nach wenigen Tagen nach unserem Tode.

Da tauchen wir unter in etwas ganz anderes. Da werden wir gewahr: wir können unsere Erinnerungen nicht halten. Was in uns als unsere Erinnerungen vorhanden ist, wir können es nicht halten, die Welt nimmt es uns weg nach dem Tode.

Aber hinter allen Erinnerungen, die wir gehegt haben während des Erdenlebens, sitzt ein Objektives. Das geistige Gegenstück von dem ich gestern gesprochen habe, es ist eingeschrieben in die Welt. Und wir tauchen jetzt unter in dieses geistige Gegenstück zu unseren Erinnerungen. Indem wir die Erlebnisse durchgemacht haben seit unserer Geburt bis zum Tode, haben wir mit diesem Menschen, mit jener Pflanze, mit jener Quelle, mit allem, woran wir herangetreten sind während des Lebens, dies und jenes erlebt. Nichts von alledem, was wir erlebt haben, bleibt in seinem geistigen Gegenstücke uneingeschrieben in die geistige Wirklichkeit, in der wir außer der physischen Wirklichkeit auch immer sind. Jeder Händedruck, den wir mit irgendeinem Menschen gewechselt haben, hat sein geistiges Gegenstück. Das ist eingeschrieben in die geistige Welt, das ist da. Nur während wir in den ersten Tagen nach dem Tode auf unser Leben hinschauen, haben wir die Bilder dieses Lebens vor uns. Sie decken uns gewissermaßen zu, was in die Welt selber durch unsere Taten, durch unsere Gedanken, durch unsere Gefühle eingeschrieben ist.

Wir sind in dem Augenblick, wo wir durch die Pforte des Todes eintreten in das, sagen wir andere Leben, wir sind in diesem Augenblicke erfüllt von dem, was sich uns in jenem Lebenstableau vorstellt, das eben Bilder enthält, Bilder, die perspektivisch bis zur Geburt und selbst über diese hinausgehen. Aber was sich da als Bilder aufstellt, das schwindet eben hinaus in die Weiten des Weltenalls. Und dann werden sichtbar die geistigen Gegenbilder all der Taten, die wir durchgemacht haben bis zur Geburt hin. Alles, was wir durchgemacht haben, an geistigen Gegenbildern wird es sichtbar, aber so, daß wir nun unmittelbar den Antrieb erhalten, den Weg wirklich zurückzumachen, durch alle diese Erlebnisse noch einmal zu gehen. Der Mensch weiß ja gewöhnlich, wenn er von Dornach nach Basel geht, daß er auch von Basel nach Dornach gehen kann, weil der Mensch hier in der physischen Welt eine entsprechende Raumesvorstellung hat. Der Mensch weiß aber in seinem gewöhnlichen Bewußtsein nicht, daß, wenn er von der Geburt bis zum Tode geht, er auch vom Tode bis zu der Geburt gehen kann. In genau derselben Weise, wie, wenn man in der physischen Welt von Dornach nach Basel geht, man auch von Basel nach Dornach zurückgehen kann, ebenso kann man, wie man während des physischen Erdenlebens von der Geburt bis zum Tode geht, nun von dem Tode bis zur Geburt gehen.

Und das tut man in der geistigen Welt, indem man rücklaufend die geistigen Gegenbilder all der Erlebnisse durchmacht, die man durchgemacht hat hier während des Erdenlebens. Man hat ein Erlebnis gehabt mit irgend etwas in dem außermenschlichen Naturreiche; sagen wir, man hat ein Erlebnis mit einem Baume gehabt. Man hat diesen Baum betrachtet, oder man hat ihn als Holzfäller umgehauen. Das alles hat ein geistiges Gegenbild. Vor allen Dingen, es gibt eine Bedeutung für das ganze Weltenall, für die geistige Welt, ob man einen Baum bloß betrachtet hat, ob man einen Baum umgehauen hat, ob man sonst irgend etwas mit ihm gemacht hat; dasjenige, was man mit dem physischen Baum erleben kann, man hat es im physischen Erdenleben erlebt; dasjenige, was dieses Erlebnis als geistiges Gegenbild hat, erlebt man jetzt zurücklaufend von dem Tode bis zu der Geburt.

Hat man ein Erlebnis mit einem anderen Menschen gehabt, sagen wir, einem Menschen Schmerz zugefügt, so gibt es schon ein geistiges Gegenbild in der physischen Welt, nur ist es nicht unser Erlebnis; es ist der Schmerz, den der andere erlebt. Bei uns war vielleicht die Ursache dieses Schmerzes sogar ein gewisses Wohlgefühl aus dem heraus, daß wir ihm den Schmerz bereitet haben. Rache oder irgend etwas, das hat uns erfüllt. Indem wir jetzt das Leben zurücklaufen, machen wir nicht unser Erlebnis durch, sondern sein Erlebnis, das, was er durch unsere Tat erlebt hat. Das gehört auch zum geistigen Gegenbild und ist eingeschrieben in die geistige Welt. Kurz, der Mensch erlebt auf geistige Art noch einmal seine Erlebnisse, zurückgehend von dem Tode bis zu der Geburt.

Dieses Erleben ist verbunden – wie ich schon gestern sagte – damit, daß wir fühlen an diesem Erleben, wie an ihm Wesenheiten teilnehmen, die zunächst übermenschlich sind. Indem wir uns durchringen durch diese geistigen Gegenbilder unserer Erlebnisse, ist es so, als ob fortwährend von oben herunterrieselten die Sympathien und Antipathien der geistigen Wesenheiten, die eben Sympathien und Antipathien mit unseren Taten, mit unseren Gedanken im rückläufigen Erleben haben. Und wir fühlen in diesem rückläufigen Erleben für jedes einzelne, was wir auf der Erde aus uns heraus vollbracht haben, sei es in Gedanken, sei es in Gefühlen, sei es in Willensimpulsen, sei es in Taten, wir erleben für jedes einzelne, wieviel wert es ist für das von dem Geistigen aus orientierte Dasein überhaupt. Wir erleben in bitterem Schmerze die Schädlichkeit irgendeiner Tat, die wir begangen haben. Wir erleben in brennendem Durste die Leidenschaften, die wir in unserer Seele gehabt haben. Wir erleben sie so lange in brennendem Durste, diese Leidenschaften, bis wir die Wertlosigkeit des Leidenschafthabens für die geistige Welt eben genügend erlebt haben und hinausgekommen sind über dieses Leidenschafthaben, wie es abhängt von der physischen Persönlichkeit der Erde.

Indem dies betrachtet wird, mag ja sehr stark hervortreten, wie eigentlich die Grenze zwischen dem Seelischen und dem Physischen ist. Sehen Sie, der Mensch wird leicht so etwas wie Durst oder Hunger für etwas Physisches anschauen. Gewiß, weil Durst und Hunger gewisse physische Veränderungen im Organismus sind. Aber denken Sie sich nur einmal, dieselben physischen Veränderungen, die in einem menschlichen physischen Organismus sind, wenn er Durst hat, seien in irgendeinem Körper, der nicht beseelt ist. Dieselben Veränderungen können doch da sein, aber der nichtbeseelte Körper wird nicht Durst haben. Sie können als Chemiker untersuchen, welche Veränderungen in Ihnen sind, wenn Sie Durst haben. Bringen Sie dieselben Veränderungen irgendwie hervor in denselben Substanzen und in demselben Kräftezusammenhang in einem Körper, der nicht menschlich beseelt ist, er hat nicht Durst. Durst ist eben nicht etwas, was im physischen Leibe lebt, Durst ist etwas, was durch Veränderungen des physischen Leibes im Seelischen, im Astralischen lebt. Ebenso der Hunger. Und wenn jemand in seiner Seele einen großen Gefallen hat an irgend etwas, das ihm durch physische Verrichtungen befriedigt wird im physischen Leben, dann ist es so, wie wenn er hier im physischen Leben Durst hat: das Seelische empfindet Durst, brennenden Durst nach denjenigen Dingen, die sich der Mensch hier angewöhnt hat, durch physische Verrichtungen zu befriedigen. Denn die physischen Verrichtungen kann man nicht vornehmen, wenn man den physischen Leib abgelegt hat. Ein großer Teil des Lebens nach dem Tode während dieses Rückganges, den ich hier angedeutet habe, verläuft dadurch, daß der Mensch sich in seinem Geistig-Seelischen erst angewöhnen muß, ohne seinen physischen Leib zu leben. Er hat fortwährend brennenden Durst zunächst nach dem, was sich nur durch den physischen Leib befriedigen läßt. Geradeso wie sich das Kind gewöhnen muß, seine Organe zu gebrauchen, wie es sprechen lernen muß, so muß sich der Mensch in dem Leben zwischen Tod und neuer Geburt gewöhnen, nicht mehr seinen physischen Leib als die Grundlage seiner Seelenerlebnisse zu haben; er muß hineinwachsen in die geistige Welt.

Es gibt Beschreibungen dieses Erlebens in dem dritten Teil der Zeit, die das physische Leben gedauert hat, es gibt Beschreibungen, die schildern dieses Erleben geradezu wie eine Hölle. Und wenn Sie Beschreibungen lesen, wie sie zum Beispiel in der Literatur der Theosophischen Gesellschaft von diesem Leben gegeben werden, das dort nach orientalischem Gebrauche Kamaloka genannt wird, wenn Sie solche Beschreibungen lesen, so bekommen Sie ganz sicher eine Gänsehaut. Nun, so sind die Dinge nicht. Sie sind schon so, daß, wenn man sie unmittelbar mit dem Erdenleben vergleicht, sie so erscheinen können, weil sie etwas ganz Ungewöhnliches sind, weil man sich eben sofort hineinfinden muß in die geistigen Gegenbilder und Gegenwerte dessen, was man auf Erden durchgemacht hat: so daß alles, was man auf Erden als Wohlleben durchgemacht hat, dort Entbehrung ist, bittere Entbehrung ist, und eigentlich nur dasjenige etwas Befriedigendes hat, was man auf der Erde als Unbefriedigendes oder als Schmerzhaftes, als Leidvolles durchgemacht hat. In vieler Beziehung, mit dem Erdenleben verglichen, hat das schon, was da durchgemacht wird, etwas Gruseliges; aber man kann es eben nicht unmittelbar mit dem Erdenleben vergleichen, weil man es ja nicht im Erdenleben erlebt, sondern eben nach dem Erdenleben, und weil man nach dem Erdenleben nicht mit den Erdenbegriffen urteilt.

Wenn Sie also zum Beispiel dadurch, daß Sie einem anderen Menschen Schmerzen zugefügt haben, die Schmerzen dieses anderen Menschen erleben, so sagen Sie sich zugleich – ich muß das so ausdrücken –, in diesem Erleben nach dem Tode sagen Sie sich: Wenn ich diesen Schmerz nicht erleben würde, bliebe ich eine unvollkommene Menschenseele, denn das müßte fortwährend von mir etwas wegnehmen, was ich da als einen Schaden im Weltenall angerichtet habe. Ich werde nur ein ganzer Mensch, wenn ich den Ausgleich erlebe.

Je nach der inneren Seelenverfassung kann es sein, daß man sich schwer durchringt zu dem Urteil, zu dem Post-mortem-Urteil, zu dem Urteil nach dem Tode, daß es eigentlich eine Wohltat ist, ein Schmerzhaftes zu empfinden für die Zufügung eines Schmerzes an jemand anderen. Es kann schwer sein, sich zu diesem Urteil durchzuringen; aber eine gewisse Seelenverfassung gibt es, die es leichter macht, und das wird eben diejenige sein, die schon hier im Erdenleben etwas kennenlernt über dieses übersinnliche Leben. Es gibt eine Seelenverfassung, die empfindet das, was da als leidvoller Ausgleich für manches im Erdenleben durchgemacht wird, sogar als Beseligung, weil man durch diesen leidvollen Ausgleich eben vorwärtskommt in der Vollkommenheit seines Menschentums. Man würde sonst zurückbleiben in der Vollkommenheit seines Menschtums. Wenn Sie einem anderen Leid zugefügt haben, sind Sie ja weniger wert, als

Sie waren, bevor Sie ihm dieses Leid zugefügt haben. Und wenn Sie vernünftig urteilen, so werden Sie sagen: Ich bin für das Weltenall eine schlechtere Menschenseele, nachdem ich einem anderen Leid zugefügt habe, als bevor ich es ihm zugefügt habe. Ich war mehr wert, bevor ich ihm das Leid zugefügt habe. Und Sie werden es als eine Wohltat empfinden, wenn Sie nach dem Tode den Ausgleich finden können dadurch, daß Sie dieses Leid nun auch wiederum erfahren.

Sehen Sie, meine lieben Freunde, das ist die dritte Phase desjenigen, was als Erinnerung in uns lebt. Erstens wird uns das einige Tage nach dem Tode hindurch zu Bildern verdichtet zunächst, aber dann hinauszerstreut in das Weltenall, was wir in uns getragen haben an Erinnerungen. Unser inneres Leben in der Gedankenform geht zurück zum Weltenall. Aber in der Welt selber ist eingeschrieben auf geistige Art, was wir durchlebt haben. Und indem wir verloren haben, was wir während des Erdenlebens an Erinnerungen in uns eingesperrt gehalten haben, indem dieses Eingesperrte die Weiten gesucht hat, gibt es uns die Welt aus ihren Einschreibungen, aus dem Objektiven wieder zurück.

Es gibt kaum einen stärkeren Beweis für das Verbundensein des Menschen mit der Welt, als den, der auftritt nach dem Tode dadurch, daß wir uns erst in bezug auf unser Innenleben genommen werden, um uns wieder gegeben zu werden aus der Welt. Und man empfindet das selbst den leidvollen Ereignissen gegenüber nach dem Tode als etwas, was zum Menschtum in seiner Ganzheit eigentlich gehört. Man kann schon sagen, man hat die Empfindung: Dasjenige, was man als ein Innerliches gehabt hat während des Erdenlebens, das nimmt die Welt an sich. Und das, was man in die Welt hineingeprägt hat, das gibt sich uns wieder. Gerade das, was man nicht beachtet hat, an dem man vorbeigegangen ist, was man aber mit deutlichen Strichen hineingetragen hat in das geistige Dasein, das gibt einem das eigene Selbst wiederum zurück. Und man gelangt dann im rückläufigen Lebenslaufe durch die Geburt hinaus in die Weiten des geistigen Daseins.

Dieses, daß wir das durchgemacht haben, gibt uns nun eigentlich erst jenes Dasein, durch das wir in der geistigen Welt sein können. Wir treten durch alles das, was wir durchgemacht haben, eben erst in die geistige Welt ein. Und die Erinnerungsfähigkeit nimmt die vierte Metamorphose an. Wir fühlen jetzt, daß eigentlich während des Erdenlebens hinter der gewöhnlichen Erinnerung überall etwas gelebt hat in uns; aber was da gelebt hat, das kam nicht zu unserem Bewußtsein. Es hat sich eingeschrieben in die Welt; jetzt werden wir es selbst. Unser Erdenleben haben wir in seiner geistigen Bedeutung aufgenommen; wir werden diese geistige Bedeutung selbst. Wir stehen jetzt, nachdem wir durch die Geburt zurücklaufend in die geistige Welt hineingekommen sind, in einer sehr eigenartigen Weise vor der geistigen Welt. Wir stehen gewissermaßen selber in unserem geistigen Gegenwert vor der Welt. Indem wir da durchgegangen sind und erlebt haben das Leid, das wir einem anderen zugefügt haben; indem wir erlebt haben den geistigen Gegenwert eines Erlebnisses mit einem Baum, sagen wir, war es ja Erlebnis, aber es ist noch nicht Selbsterlebnis gewesen. Es läßt sich wirklich gut vergleichen mit der embryonalen Daseinsweise eines Menschen, bevor er geboren wird. Da ist alles das, was er erlebt, noch nicht ins Selbstbewußtsein erwacht, noch nicht einmal die ersten Jahre seines physischen Erdenlebens hindurch. Es erwacht allmählich erst das Selbstbewußtsein.

So wird all das, was wir rückläufig erleben, erst nach und nach, indem wir da hineinkommen in die Welt, unser Selbst, unser geistiges Selbstbewußtsein, und wir sind jetzt das, was wir erlebt haben. Wir sind unser eigener geistiger Gegenwert. Und mit diesem Dasein, das wirklich die andere Seite unseres Erdendaseins darstellt, treten wir in jene Welt ein, in der von den gewöhnlichen Reichen der äußeren Natur, vom mineralischen, vom pflanzlichen, vom tierischen Reich rein nichts da ist – das sind Dinge, die dem Erdendasein angehören –, in der aber sogleich auftreten erstens jene Seelen, die vor uns dahingegangen sind und mit denen wir in irgendeiner Beziehung gestanden haben, und die Individualitäten höherer geistiger Wesenheiten.

Wir leben als Geist unter Menschengeistern und unter anderen

Geistern, und diese Umgebung geistiger Individualitäten ist jetzt unsere Welt, und die Beziehung dieser geistigen Individualitäten, seien sie andere Menschen, seien sie Wesenheiten, die nicht zur Menschheit gehören, die Beziehung dieser Wesenheiten zu uns selber, in die wir eintreten in unserem geistigen Dasein in der geistigen Welt, diese Beziehung ist jetzt unsere Erfahrung, unser Erleben. Wie wir hier auf der Erde mit den Wesen der äußeren Naturreiche unser Erleben haben, haben wir jetzt das Erleben mit geistigen Wesenheiten, geistigen Wesenheiten verschiedener Stufen. Und was ganz besonders bedeutsam ist, das ist nun dieses: Während unseres Durchganges durch das Leben zwischen dem Tode und der Geburt, während dieses rückläufigen Lebens haben wir empfunden die Sympathien und Antipathien, die – wie ich gestern vergleichsweise gesagt habe – wie ein Regen, wie ein seelischer Regen diese Erlebnisse durchrieseln. Jetzt werden wir geistig ansichtig der Wesenheiten, von denen wir vorher nur die Sympathien und Antipathien wahrgenommen haben, während wir durchlebt haben die geistige Gegenseite unseres Erdenlebens; jetzt leben wir unter ihnen, nachdem wir in der geistigen Welt angekommen sind. Und jetzt fühlen wir nach und nach etwas wie ein innerliches Erfülltwerden mit Kraft, mit Impulsen, die von diesen geistigen Wesenheiten, die um uns sind, ausgehen. Es wird alles, was wir vorher durchgemacht haben, dadurch realer, daß unser Selbst für uns auf geistige Art realer wird. Wir fühlen uns nach und nach gewissermaßen im Licht oder Schatten dieser geistigen Wesenheiten stehend, in die wir uns einleben. Vorher fühlten wir irgend etwas dadurch, daß wir uns durch den geistigen Gegenwert durchlebten: es ist wertvoll oder schädlich im Weltenall. Jetzt fühlen wir: da gibt es etwas, was wir im Erdenleben vollführt haben in Gedanken oder in Werken, was seinen geistigen Gegenwert hat, was eingeschrieben ist in das geistige Weltenall. Die Wesen, denen wir gegenübertreten, können entweder etwas anfangen damit oder nicht. Es liegt in der Richtung ihrer Entwikkelung oder der Entwickelung, die sie anstreben, oder es liegt nicht in dieser Entwicklung. Wir fühlen uns durchaus hingestellt vor die Wesenheiten der geistigen Welt, indem wir uns sagen: wir haben in ihrem Sinne gehandelt, oder wir haben gegen ihren Sinn gehandelt. Wir haben etwas hinzugetan zu dem, was sie für die Entwicklung der Welt wollten, oder wir haben etwas weggetan von dem, was sie für die Entwickelung der Welt wollten.

Wir fühlen uns vor allen Dingen nicht bloß ideell beurteilt, wir fühlen uns real abgeschätzt, und dieses Abschätzen ist selber die Realität unseres Daseins, wenn wir da hinauskommen in die geistige Welt nach dem Tode.

Wenn wir hier als Mensch in der physischen Welt stehen, und wir haben irgend etwas Schlimmes getan, nun, wenn wir das Gewissen und die Vernunft dazu haben, verurteilen wir es selber, oder es verurteilt es das Gesetz, es verurteilt es der Richter, es verurteilen es die anderen Menschen, indem sie uns verachten. Aber wir werden von diesen Urteilen nicht mager, wenigstens nicht erheblich, nur wenn wir als Menschen ganz besonders geartet sind; wir werden meist erst von den Folgen des Urteils mager. Doch wenn wir eintreten in die Welt der geistigen Wesenheiten, dann ist nicht bloß ein ideelles Urteil da: wir sind wenig wert, sondern da fühlen wir den Blick der geistigen Wesen auf uns ruhen in bezug auf eine Wertlosigkeit, eine Schändlichkeit von uns, so wie wenn uns dieser Blick auslöschen würde in unserem Dasein. Für alles das, was wir Wertvolles verrichtet haben, trifft uns der Blick so, als ob wir dadurch erst unsere Realität als wirkliches geistig-seelisches Wesen gewinnen würden. Unsere Realität hängt von unserer Wertigkeit ab. Es ist, wie wenn Finsternis unser Dasein uns entzöge, wenn wir die Entwickelung, die beabsichtigt ist in der geistigen Welt, aufgehalten haben. Es ist, wie wenn Licht uns in frisches geistiges Dasein riefe, wenn wir etwas verrichtet haben, was jetzt nachwirkt, das im Sinne der Entwicklung der geistigen Welt liegt.

Wir machen all das durch, was ich beschrieben habe, treten ein in die Welt der geistigen Wesenheiten. Das erhöht in der geistigen Welt unser Bewußtsein. Es hält uns in der geistigen Welt wach. Und wir sagen uns durch das, was wir da erleben als Forderungen: Wir haben im Weltenall mit Bezug auf unsere eigene Realität etwas gewonnen.

Nehmen wir an, wir haben irgend etwas getan, was die Entwickelung der Welt aufhält, was nur die Antipathie der geistigen Wesenheiten, in deren Bereich wir eintreten, erregen kann, wir fühlen, indem die Nachwirkung in der Art vor sich geht, wie ich es beschrieben habe: da verdunkelt sich unser Bewußtsein; es tritt eine Betäubung ein, zuweilen bis zum völligen Auslöschen. Wir müssen heraus aus diesem Zustande; wir müssen wieder erwachen. Und wenn wir erwachen, dann fühlen wir unserem geistigen Dasein gegenüber in einer viel realeren Art noch so – und hier in der physischen Welt ist das schon real genug –, wie wenn in unser Fleisch geschnitten würde in der physischen Welt: so fühlen wir unserem geistigen Dasein gegenüber. Kurz, was wir sind in der geistigen Welt, das erweist sich als die Folge dessen, was wir als Ursache selber gestiftet haben. Und Sie sehen daraus, daß genügend Veranlassung ist für den Menschen, wiederum zurückzukehren zum Erdendasein.

Zurückzukehren, warum? Nun, der Mensch hat für sich an dem, was in der geistigen Welt eingeschrieben ist, jetzt dasjenige erlebt, was er in gutem oder schlechtem Sinne im Erdendasein verrichtet hat. Aber tatsächlich ausgleichen kann er ja das, was er im Grunde genommen doch nur durch dieses Erleben kennengelernt hat, nur, wenn er wiederum ins Erdendasein zurückkehrt. Und wirklich, wenn der Mensch – es ist natürlich nur ein vergleichsweiser Ausdruck – an den Gesichtern der geistigen Wesen wahrnimmt, was er für die Welt wert ist, dann bekommt er durch diese Wahrnehmung den genügenden Antrieb, in die physische Welt wiederum zurückzukehren, nachdem er dazu fähig geworden sein wird, um in anderer Weise das Leben zu durchleben, als er es eben durchlebt hat. Nur bleiben ihm manche Unfähigkeiten, es zu durchleben, und erst nach mannigfaltigen Erdenleben kann dieser Ausgleich in Wirklichkeit eintreten.

Schauen wir während des Erdenlebens in uns selber hinein, so treffen wir zunächst auf die Erinnerungen, auf jene Erinnerungen, aus denen wir unser Seelendasein, wenn wir uns von der äußeren Welt abschließen, zunächst aufbauen, jene Erinnerungen, aus denen heraus selbst noch die schöpferische, die künstlerische Phantasie nur schafft. Das ist die erste Form der Erinnerung. Hinter dieser Erinnerung sitzen jene mächtigen Bilder, die unmittelbar nachdem wir durch die Pforte des Todes getreten sind, uns anschaulich werden. Sie werden uns genommen. Sie gehen in die Weiten des Weltenalls hinaus. Wir können uns sagen, wenn wir zurückblicken auf unsere Erinnerungsvorstellungen: Hinter ihnen sitzt das, was sofort, wenn unser Leib von uns weggenommen ist, den Weg in die Weltenweiten hinaus macht. Wir halten es durch unseren Leib zusammen, was eigentlich ideell im Weltenall werden will. Aber während wir durch das Leben gewandelt sind, während von allem uns die Erinnerungen bleiben, haben wir in der Welt etwas zurückgelassen, was nun weiter hinter den Erinnerungen ist, nur eben in der Zeitenfolge. Wir müssen es rücklaufend wieder erleben. Das sitzt als drittes Gebilde hinter der Erinnerng. Zunächst haben wir es mit dem Erinnerungsteppich zu tun; dahinter das, was wir wie ein mächtiges Weltenallbild zusammengerollt haben, denn dasjenige sitzt dahinter, was in die Welt eingeschrieben ist. Und haben wir dieses durchlebt, so sitzen wir erst selber dahinter: geistesnackt vor dem geistigen Weltenall und dieses uns mit seinen Bekleidungen anziehend, wenn wir in dasselbe nun eintreten.

Wir müssen schon auf die Erinnerungen blicken, wenn wir vom vergänglichen Menschenleben allmählich hinauskommen wollen. Die Erinnerungen, die wir während des Erdenlebens haben, sind vergänglich, sie zerstreuen sich in der Welt. Aber hinter den Erinnerungen sitzt schon unser Selbst, sitzt dasjenige, was uns weiter aus der geistigen Welt gegeben wird, damit wir den Weg von der Zeit in die Ewigkeit finden können.

Das Nachterleben und das Leben
nach dem Tod

Ich möchte im Verlaufe dieses kurzen Zyklus einiges von dem vorbringen, was im intensivsten Sinne mit dem Wesen des Menschen zusammenhängt, mit der Schicksalsbildung des Menschen und mit dem, was man nennen kann: Verhältnis des ganzen Menschen zur Weltentwickelung. Und ich will gleich, ich möchte sagen, in die Mitte der Sache hinein mich begeben und darauf aufmerksam machen, daß mit der ganzen wesenhaften Entwickelung des Menschen auch aus dem Bereiche des Erdenlebens nicht nur dasjenige zusammenhängt, was wir beobachten, indem wir an diesem Erdenleben mit unserem gewöhnlichen wachen Bewußtsein teilnehmen, sondern daß mit dem Wesen des Menschen ganz intensiv und innig dasjenige zusammenhängt, was sich für diesen Menschen während des Schlafzustandes vom Einschlafen bis zum Aufwachen abspielt.

Für die äußere Erdenkultur und Erdenzivilisation ist gewiß in erster Linie wichtig und bedeutungsvoll dasjenige, was der Mensch aus seinem wachen Wesen heraus zu denken, zu fühlen, zu vollbringen in der Lage ist. Aber der Mensch würde gar nichts in äußerer Beziehung vermögen, wenn er nicht fortwährend zwischen dem Einschlafen und Aufwachen aus der geistigen Welt heraus seine menschlichen Kräfte erneuert bekäme. Unser geistig-seelisches Wesen oder, wie wir gewohnt worden sind auf anthroposophischem Boden zu sagen, unser astralischer Leib und unser Ich, gehen immer beim Einschlafen aus dem physischen Leibe und dem ätherischen Leibe heraus, sie gehen in die geistige Welt hinein und dringen erst wiederum in den physischen und in den Ätherleib beim Aufwachen ein, so daß wir bei normalen Lebensverhältnissen ein Drittel unseres Erdendaseins in diesem Schlafzustande verbringen.

Wenn wir zurückschauen im Erdendasein, knüpfen wir immer Tag an Tag, lassen in einer solchen bewußten Rückschau dasjenige aus, was wir zwischen dem Einschlafen und Aufwachen durchmachen. Wir überschlagen gewissermaßen dasjenige, was uns, wenn ich mich so ausdrücken darf, in unser Erdenleben herein die Himmel, die göttlichen Welten geben. Und wir nehmen bei einer solchen Rückschau des gewöhnlichen Bewußtseins nur Rücksicht auf dasjenige, was uns die physischen Erdenerlebnisse geben. Aber wenn man sich wirkliche, richtige Vorstellungen verschaffen will über dasjenige, was wir zwischen dem Einschlafen und dem Aufwachen durchleben, dann muß man sich schon herbeilassen, solche Ideen sich zu bilden, die etwas von den Ideen des gewöhnlichen Lebens abweichen. Denn es wäre naiv, wenn man glauben wollte, daß es in den göttlich-geistigen Welten ebenso zugehe wie in den physisch-sinnlichen Welten, in denen wir zwischen dem Aufwachen und dem Einschlafen sind. Wir gehen mit dem Einschlafen in die geistigen Welten zurück, und in den geistigen Welten ist es anders als in der physisch-sinnlichen Welt. Darauf muß man wirklich mit aller Intensität Rücksicht nehmen, wenn man sich Vorstellungen über die übersinnlichen Schicksale des Menschen bilden will.

In den religiösen Urkunden der Menschheit finden sich gar manche merkwürdige Andeutungen, die man erst versteht, wenn man eigentlich dieselben Dinge, die in den religiösen Urkunden gemeint sind, wiederum geisteswissenschaftlich durchdringt. So findet sich eine merkwürdige Stelle in der Bibel, die Sie ja alle kennen, die aber gewöhnlich nicht genügend berücksichtigt wird, die Stelle: «So ihr nicht werdet wie die Kindlein, könnet ihr nicht in die Reiche der Himmel eintreten.» Man legt solche Stellen oftmals recht trivial aus, sie sind aber eigentlich immer außerordentlich tief gemeint. Dann möchte ich Sie noch auf etwas aufmerksam machen, was Ihnen vielleicht schon aufgefallen ist im Laufe Ihrer, sagen wir anthroposophischen Laufbahn.

Diejenige Wissenschaft, aus der heraus geschöpft wird die Erkenntnis über das Geistig-Übersinnliche, habe ich öfter auch wie andere Initiationswissenschaft genannt. Von Initiationswissenschaft redet man, wenn man den Blick zurückwendet in dasjenige, was in den alten Mysterien der Menschheit getrieben worden ist. Von Initiationswissenschaft, von moderner Initiationswissenschaft redet man aber auch wiederum, wenn man von Anthroposophie in einem tieferen Sinn reden will. Initiationswissenschaft deutet gewissermaßen hin auf die Erkenntnis von Anfangszuständen, von Ursprungszuständen. Man will eine Erkenntnis gewinnen über dasjenige, was im Anfange ist, was die Ausgangspunkte gebildet hat. Auch das deutet auf etwas Tieferes hin, was uns heute einmal vor die Seele treten soll.

Wir denken uns, wenn wir, sagen wir, am 16. Mai 1923 abends einschlafen, wir hätten im Schlafzustande bis zum 17. Mai 1923 die Zeit durchgemacht, die jemand auch durchmacht, der, sagen wir, wach bleibt und auf dem Pflaster der Stadt die ganze Nacht spazierengeht. Wir stellen uns ungefähr so vor, daß unser Geistig-Seelisches, unser Ich und unser astralischer Leib, die Nacht durchmacht, nur in einem etwas andern Zustande, wie ein Nachtschwärmer, der in den Straßen von Kristiania herumgeht, diese Nacht durchmacht.

Das ist aber nicht so, sondern wenn wir abends einschlafen, oder auch bei Tag einschlafen – das macht keinen Unterschied, aber ich will nur vom nächtlichen Schlaf zunächst sprechen, den der anständige Mensch durchmacht –, so gehen wir jedesmal in der Zeit bis in denjenigen Abschnitt unseres Lebens zurück, der ganz im Anfange unseres Erdendaseins liegt, ja wir gehen sogar noch jenseits unseres Erdendaseins zurück bis in das vorirdische Leben. In dieselbe Welt gehen wir zurück, aus der wir heruntergestiegen sind, als wir durch die Konzeption, durch die Empfängnis einen Erdenleib bekommen haben. Wir bleiben gar nicht in demselben Zeitpunkte, in dem wir wachend sind, sondern wir machen den ganzen Gang durch die Zeit zurück. Wir sind im Momente des Einschlafens in demselben Zeitpunkte, in dem wir waren, als wir, wenn ich mich so ausdrücken darf, von den Himmeln auf die Erde heruntergestiegen sind. Also wir sind gar nicht, nachdem wir eingeschlafen sind, am 16. Mai 1923, sondern wir sind in dem Zeitpunkte, in dem wir waren, bevor wir heruntergestiegen sind, und noch in der Zeit, an die wir uns nicht mehr erinnern, weil wir uns nur bis zu einem gewissen Punkte unserer Kindheit zurückerinnern. Wir werden jede Nacht geistig-seelisch wiederum Kinder, wenn wir in den richtigen Schlaf hineinkommen. Und so, wie man hier in der physischen Welt einen Weg im Raume macht, der zwei, drei Meilen lang ist, so machen Sie, wenn Sie zwanzig Jahre alt geworden sind, einen Weg durch die Zeit, der zwanzig Jahre dauert, und gehen zurück in Ihren Zustand eigentlich noch, bevor Sie Kind waren, also, sagen wir, wie Sie angefangen haben, Mensch zu sein. Sie gehen zum Ausgangspunkte Ihres Erdenlebens in der Zeit zurück. Also während der physische Leib im Bette liegt und der Ätherleib, sind gar nicht das Ich und der astralische Leib in demselben Zeitpunkte, sondern sind zurückgegangen in der Zeit, sind in einem früheren Zeitpunkte. Nun entsteht die Frage: Wenn wir so jede Nacht zurückgehen bis zu diesem früheren Zeitpunkte, wie ist es denn dann, während wir wachen mit unserem Ich und mit unserem astralischen Leib?

Diese Frage entsteht erst, wenn wir wissen, daß wir in der Nacht zurückgehen. Aber dieses Zurückgehen ist eigentlich auch nur etwas Scheinbares, denn in Wirklichkeit sind wir mit dem Ich und dem astralischen Leibe auch während des Tagwachens nicht herausgekommen aus dem Zustande, in dem wir im vorirdischen Dasein waren.

Sie sehen, wir müssen uns Ideen aneignen, wenn wir die Wahrheit über diese Dinge erkennen wollen, die nicht gewöhnliche Ideen sind. Wir müssen uns die Idee aneignen, daß Ich und astralischer Leib überhaupt unsere Erdenentwickelung zunächst gar nicht mitmachen. Sie bleiben im Grunde zurück, bleiben stehen, wo wir sind, wenn wir uns anschicken, einen physischen und einen Ätherleib zu bekommen. Also auch im Wachen ist unser Ich und unser astralischer Leib im Momente des Anfangs unseres Erdenlebens. Wir durchleben das Erdenleben eigentlich nur mit dem physischen Leib und auf eine eigentümliche Weise mit dem Ätherleib. Richtig durchleben wir das Erdenleben im Raume und in der gewöhnlichen Zeit nur mit unserem physischen

Leibe. Alt wird nur unser physischer Leib, und der Ätherleib verbindet den Anfang mit demjenigen Punkte, in dem wir gerade in irgendeiner Lebensperiode stehen.

Nehmen wir also an, irgend jemand ist geboren worden 1900. Er ist heute dreiundzwanzig Jahre alt. Sein Ich und sein astralischer Leib sind im Grunde genommen in dem Zeitpunkte von 1900 stehengeblieben. Der physische Leib ist dreiundzwanzig Jahre alt geworden, und der Ätherleib verbindet den Zeitpunkt des Eintrittes ins Erdenleben mit dem Zeitpunkte, in dem der Betreffende gegenwärtig ist, so daß wir, wenn wir den Ätherleib nicht hätten, jeden Morgen wiederum aufwachen würden als ganz kleines Kind, das eben zur Welt kommt. Nur dadurch, daß wir in den Ätherleib hineingehen, bevor wir in den physischen Leib hineingehen, passen wir uns an das Alter des physischen Leibes an. Wir müssen uns jeden Morgen erst an das Alter des physischen Leibes anpassen. Der Ätherleib ist der Vermittler zwischen dem Geistig-Seelischen und dem physischen Leibe, und zwar so, daß er das Band über die Jahre hin bildet. Wenn einer schon sechzig Jahre alt geworden ist oder noch älter, so bildet der ätherische Leib das Band zwischen seinem allerersten Auftreten auf der Erde, bei dem er stehengeblieben ist als Ich und als astralischer Leib, und zwischen dem Alter seines physischen Leibes.

Nun werden Sie sagen: Aber wir haben doch unser Ich. Unser Ich ist mit uns alt geworden. Unser astralischer Leib, unser Denken, Fühlen und Wollen sind auch mit uns alt geworden. Wenn einer sechzig Jahre alt geworden ist, so ist doch sein Ich auch sechzig Jahre alt geworden. – Wenn wir in dem Ich, von dem wir täglich reden, unser wahres, unser wirkliches Ich vor uns hätten, dann wäre der Einwand berechtigt. Aber wir haben in dem Ich, von dem wir täglich reden, gar nicht unser wirkliches Ich vor uns, sondern unser wirkliches Ich steht am Ausgangspunkte unseres Erdenlebens. Unser physischer Leib wird, sagen wir sechzig Jahre alt. Er spiegelt zurück, indem durch den Ätherleib die Spiegelung vermittelt wird, immer von dem betreffenden Zeitpunkt, in dem der physische Leib lebt, das Spiegelbild des wahren Ichs. Dieses Spiegelbild des wahren Ichs, das wir in jedem Augenblicke von unserem physischen Leibe zurückbekommen, das in Wahrheit von etwas herrührt, das gar nicht ins Erdendasein mitgegangen ist, sehen wir. Und dieses Spiegelbild nennen wir unser Ich. Dieses Spiegelbild wird natürlich älter, denn es wird dadurch älter, daß der Spiegelapparat, der physische Leib, allmählich nicht mehr so frisch ist, wie er im frühen Kindesalter war, dann zuletzt klapprig wird und so weiter. Aber daß das Ich, das eigentlich nur das Spiegelbild des wahren Ichs ist, sich auch als alt zeigt, kommt nur davon, daß der Spiegelungsapparat nicht mehr so gut ist, wenn wir mit dem physischen Leibe alt geworden sind. Und der Ätherleib ist das, was sich nun von der Gegenwart immer so hindehnt, wie perspektivisch, nach unserem wahren Ich und nach unserem astralischen Leib, die gar nicht in die physische Welt heruntergehen.

Deshalb sehen wir, wie ich das in den öffentlichen Vorträgen jetzt schilderte, dieses ganze Tableau des Ätherleibes oder Zeitleibes. Das ist dasjenige, was sich da ätherisch ausbreitet zwischen unserem gegenwärtigen Augenblick, den nur der physische Leib mitmacht, und unserem Ich, das eigentlich niemals der physischen Erdenwelt vollständig angehört, sondern immer zurückbleibt, wenn wir uns so ausdrücken dürfen, in den Himmelswelten. Es verfließt im Grunde genommen unser Erdenleben so, daß wir mit unserem wahren Ich und mit unserem astralischen Leib bei unserem Erdenanfange stehenbleiben, daß wir eigentlich durch diese beiden Glieder unseres Menschenwesens das Erdenleben initiieren, den Anfang dadurch machen, und daß wir dann durch den Ätherleib immer die Kräftereihe sehen bis zum physischen Leibe, der in der richtigen Weise älter wird. Das ist die richtige, die wahre Vorstellung, welche man haben muß, wenn man in diese Dinge eindringen will.

Nun können Sie sich denken, daß, indem während des Lebens diese Tatsachen vorliegen, die Verhältnisse im Momente des menschlichen Sterbens ganz besondere sein müssen. Den physischen Leib legen wir zunächst mit dem Tode ab. Der physische Leib ist aber derjenige, der uns eigentlich unser Erdenalter gegeben hat. Indem wir diesen physischen Leib ablegen, was bleibt uns denn zunächst? Es bleibt uns zunächst dasjenige, was wir nicht in das Erdenleben hereingetragen haben. Aber erfüllt mit allen Erfahrungen des Erdenlebens haben sich das Ich und der astralische Leib, sie sind gewissermaßen am Ausgangspunkte stehengeblieben. Aber sie haben immer hingesehen auf dasjenige, was ihnen der physische Leib mit Hilfe des Ätherleibes zurückgespiegelt hat. Und so stehen wir, wenn wir durch die Pforte des Todes gehen, am Ausgangspunkt unseres Lebens, aber erfüllt nicht mit demjenigen, was wir in uns getragen haben, als wir hintergestiegen sind aus der geistigen Welt, sondern erfüllt mit demjenigen, was uns immer als Spiegel des Erdenlebens während des Erdenlebens zurückgekommen ist. Mit dem sind wir ganz erfüllt. Das gibt einen besonderen Bewußtseinszustand am Ende des Erdenlebens.

Diesen besonderen Bewußtseinszustand am Ende des Erdenlebens, den versteht man dann, wenn man nun das Augenmerk richtet auf dasjenige, was man als Mensch jede Nacht durchmacht zwischen dem Einschlafen und Aufwachen im Schlafzustande. Kürzer wird es auch durchgemacht, sagen wir bei kleinen Nachmittagsschläfchen und dergleichen, doch die will ich jetzt nicht berücksichtigen.

Wenn man mit imaginativer, inspirierter und intuitiver Erkenntnis ausgerüstet auf dasjenige hinschauen kann, was sonst unbewußt bleibt, was sich mit dem Menschen zwischen dem Einschlafen und Aufwachen vollzieht, dann sieht man, wie jede Nacht der Mensch sein tagwachendes Leben zurücklegt. Ja, es ist so, der Mensch lebt jede Nacht sein tagwachendes Leben zurück, der eine schneller, der andere langsamer, man kann es in fünf Minuten, man kann es in einer Minute zurückleben. Bei diesen Dingen spielen ganz andere Zeitverhältnisse eine Rolle als im gewöhnlichen äußeren Leben des Erdendaseins. Aber nehmen wir die gewöhnliche Nacht, so kann man auf dasjenige mit imaginativer Erkenntnis, mit inspirierter Erkenntnis blicken, was da Ich und astralischer Leib durchleben. Da durchleben sie in der Tat rückwärtslaufend dasjenige, was seit dem letzten Aufwachen in der physischen Welt durchgemacht worden ist. Jede Nacht durchleben wir den Tag, aber in rückwärtiger Ordnung. Jede Nacht durchleben wir dasjenige, was wir zuerst am Abend gemacht und erfahren haben, dann das etwas Frühere, dann das noch etwas Frühere, dann das weiter etwas früher Zurückliegende. In rückwärtiger Folge machen wir in der Nacht die Tageserlebnisse durch, und in der Regel wachen wir dann auf, wenn wir beim Morgen angekommen sind.

Sie können einwenden: Ja, mancher wird doch aufgeweckt durch dieses oder jenes Geräusch. – Da sind eben die Zeitverhältnisse anders. Denken Sie sich, man legt sich als anständiger Mensch, sagen wir um elf Uhr ins Bett, schläft jetzt ruhig bis um drei Uhr, hat da dasjenige durchlebt, was man während des Tagwachens bis um zehn Uhr morgens erlebte, in rückwärtiger Folge zurückerlebt, dann wird man durch irgendeinen Tumult aufgeweckt. Den Rest lebt man noch schnell durch, das kann in wenigen Augenblicken sein während des Aufwachens. Der Rest wird immer schnell ausgelebt in solchen Fällen, sonst dehnt er sich über Stunden aus. Aber die Zeitverhältnisse sind während des Schlafens anders. Die Zeit kann ganz zusammengeschoben werden, so daß man doch sagen kann: Während jeder Schlafensperiode durchlebt der Mensch rückwärtslaufend dasjenige, was er während der letzten Wachensperiode durchgemacht hat. Er erlebt es in einer Art von nicht bloßer Anschauung, sondern er erlebt es so, daß sich nun in dieses Erleben eine vollständig moralische Beurteilung desjenigen hineinmischt, was man da durchlebt hat. Man wird sozusagen sein eigener moralischer Richter bei diesem rückwärtigen Durchleben. Und wenn man fertig ist beim Aufwachen mit diesem Durchleben, dann hat man gewissermaßen über sich als Mensch ein Werturteil gefällt. Man taxiert sich als einen so und so wertigen Menschen jeden Morgen beim Aufwachen, nachdem man dasjenige durchlebt hat, rückwärtslaufend, was man bei Tag vollbracht hat. Damit schildere ich Ihnen zugleich dasjenige, was unbewußt das Geistig-Seelische des Menschen jede Nacht – das heißt aber in einem Drittel des Erdenlebens, wenn es normal verläuft – durchmacht, nur unbewußt eben. Die Seele durchlebt das Leben in umgekehrter Folge noch einmal, nur etwas schneller, weil wir etwa ein Drittel unseres gesamten Erdenlebens nur verschlafen.

Wenn nun der Moment kommt, wo der Mensch durch die Pforte des Todes tritt, trennt sich nach und nach – es dauert ja einige Tage –, nachdem der physische Leib abgelegt ist, das, was ich Ätherleib oder Bildekräfteleib in meinen Schriften genannt habe, von dem Ich und von dem astralischen Leibe. Diese Trennung ist so, daß der Mensch fühlt, indem er durch die Pforte des Todes geschritten ist, wie seine Gedanken, die er bisher nur als etwas angesehen hat, was in ihm selber ist, Realitäten sind, Wirklichkeiten, die sich immer mehr ausbreiten. Der Mensch hat das Gefühl zwei, drei, vier Tage nach dem Tode: Du bestehst eigentlich aus Gedanken, aber diese Gedanken gehen auseinander. – Der Mensch wird als Gedankenwesen immer größer und größer, und endlich löst sich das ganze Gedankenwesen des Menschen in den Kosmos auf. Aber in demselben Maße, in dem sich das Gedankenwesen, das heißt der Ätherleib, in den Kosmos auflöst, konzentriert sich jetzt dasjenige, was auf andere Weise erlebt worden ist als durch das gewöhnliche Bewußtsein.

Eigentlich ist alles das, was wir im Wachzustande gedacht haben, was wir im wachen Zustande vorgestellt haben, drei Tage nach dem Tode verflogen. Das ist schon so. Vor dieser Tatsache muß man die Augen nicht zudrücken. Dasjenige, was der Inhalt des bewußten Erdenlebens ist, ist drei Tage nach dem Tode verflogen. Aber gerade, indem sich dasjenige, was uns so wichtig ist, so wesentlich während des Erdenlebens ist, in drei Tagen verflüchtigt, steigt aus dem Inneren eine Erinnerung an etwas auf, was vorher gar nicht da war, nämlich die Erinnerung an all dasjenige, was wir immer in den Nächten schlafend zwischen Einschlafen und Aufwachen rückläufig durchgemacht haben. Das tagwache Leben verfliegt, und in demselben Maße steigt aus unserem Inneren heraus die Summe der Erlebnisse, die wir während der Nacht durchgemacht haben. Es sind ja auch die Tageserlebnisse, aber in umgekehrter Folge und mit dem moralischen Gefühl in jedem einzelnen Detail verwoben.

Nun erinnern Sie sich, wir stehen noch immer mit dem wirklichen Ich, mit dem wirklichen astralischen Leibe im Anfange des Lebens, aber dasjenige, was wir als Spiegelbilder mit dem physischen Leibe bekommen haben, wenn wir noch so alt geworden sind, das fliegt mit dem Ätherleib fort. Dasjenige, was wir während des Erdenlebens gar nicht angeschaut haben, die nächtlichen Erfahrungen, treten jetzt als ein neuer Inhalt auf. Daher fühlen wir uns nach den drei Tagen, nachdem der Ätherleib fortgegangen ist, erst recht wie am Ende unseres Erdenlebens. Wenn wir also sterben, sagen wir am 16. Mai 1923, so fühlen wir dadurch, daß jetzt wie aus nächtlichem Dunkel all die nächtlichen Erlebnisse aufleben, uns an das Ende unseres Erdenlebens hingetragen, aber zugleich mit der Tendenz zurückzugehen. Und nun durchleben wir die Zeit, die wir immer durchschlafen haben, Nacht für Nacht zurück. Das macht ungefähr ein Drittel des Erdenlebens aus.

Die verschiedenen Religionen schildern es als Fegefeuer oder Kamaloka und so weiter. Wir durchleben unser Erdenleben so, wie wir es unbewußt immer in den Nachtzuständen durchlebt haben, bis wir richtig mit unserem Erleben im Ausgangspunkte des Erdenlebens angekommen sind. Wir müssen wiederum zurückkommen zum Anfange unseres Erdenlebens. Das Rad des Lebens muß sich drehen und muß wiederum zu seinem Ausgangspunkte zurückkommen. So sind die Vorgänge. Drei Tage nach dem Tode haben wir verfliegend die Tageserlebnisse. Ein Drittel unserer irdischen Lebenszeit haben wir rückwärts durchlaufend, eine Zeit, wo wir uns nun eigentlich über unseren Wert als Mensch ganz bewußt klarwerden. Denn dasjenige, was wir unbewußt jede Nacht durchgemacht haben, tritt jetzt bei vollem Bewußtsein auf, nachdem wir den Ätherleib abgelegt haben.

Im gewöhnlichen Leben kann man sich nur vorstellen, daß man Wege macht, die im Raume liegen. Aber der Raum hat keine Bedeutung für das Geistig-Seelische, der Raum hat nur eine Bedeutung für das Physisch-Sinnliche. Und wir müssen uns vorstellen, daß wir, wenn wir im geistig-seelischen Zustande sind, auch in der Zeit Wege machen, daß wir also dasjenige, was wir, ich möchte sagen, als Davonläufer aus den Himmeln mit dem physischen Leibe abgegangen sind, nach dem Tode wiederum zurückgehen müssen. Allerdings, wir gehen es dreimal so schnell zurück, weil es sich durch die Erlebnisse ausgleicht, die wir während der nächtlichen Schlafzustände gehabt haben. So sind wir – Jahrzehnte vielleicht nach unserem Tode – wiederum zum Ausgangspunkte zurückgekommen, aber bereichert jetzt in unserer Seele mit alledem, was wir als Erdenmenschen durchgemacht haben, nicht nur bereichert mit dem, was uns da als eine Erinnerung bleibt. Trotzdem es mit dem Ätherleib fortgegangen ist, bleibt es uns als eine Erinnerung, nicht nur mit dem bereichert, was wir im Erdenbewußtsein durchgemacht haben, sondern auch mit dem bereichert, was wir aus der vollmenschlichen Wesenheit heraus unbewußt während der Schlafzustände über unseren Menschenwert selber urteilen. So ziehen wir, je nachdem wir gelebt haben, nach länger oder kürzerer Zeit, nach Jahrzehnten etwa in die Geistwelt ein, aus der wir herausgeschritten sind, aber nur mit dem Bewußtsein herausgeschritten sind. Eigentlich sind wir am Ausgangspunkt stehengeblieben und haben gewartet, bis sich uns die Erdenlaufbahn des physischen Leibes als erfüllt erweist und wir wiederum zurückkehren können zu demjenigen, was wir vor der Geburt beziehungsweise vor der Empfängnis waren.

Man muß, wenn man diese Dinge schildert, zuerst, namentlich vor der Öffentlichkeit, sie so schildern, daß man nicht gleich die Leute mit diesen ganz anders gearteten Begriffen schockiert. Man kann, ich möchte sagen, bildlich die Sache so schildern, als wenn es eigentlich fortginge nach dem Tode. Aber in Wahrheit ist es ein Zurückgehen, ein Zurückleben nach dem Tode. Es dreht sich in der Tat die Zeit, kommt wiederum zu ihrem Ausgangspunkte zurück. Man könnte sagen: Die göttliche Welt bleibt eigentlich an dem Orte stehen, an dem sie vom Anfange an stand. – Der Mensch macht nur seine Ausläufe, seine Ausgänge aus der Götterwelt. Dann kehrt er wiederum in sie zurück und bringt sich dasjenige, was er sich außerhalb dieser Götterwelt erobert hat, in diese Götterwelt wiederum zurück.

Nun kommt das Leben, das sich dann anschließt. Wenn wir sozusagen wiederum, aber bereichert jetzt um das Erdenleben – nicht nur um das bewußte, sondern auch um das unbewußte Erdenleben – zurückgekommen sind, Kindlein geworden sind, um nun als Kindlein wiederum drinnenzustehen in den Reichen der Himmel, schließt sich dann dasjenige Leben an, das man etwa so schildern könnte, daß man sagt: Der Mensch nimmt jetzt wahr, wie er ist. Geradeso wie er hier zwischen Pflanzen, Steinen, Tieren auf der Erde mit seinem gewöhnlichen Erdenbewußtsein ist, so nimmt der Mensch dann in der Zeit, bei der wir jetzt angekommen sind, wahr. – Ich schildere das nachtodliche Leben. Dann nimmt der Mensch wahr, wie er erstens unter den Menschenseelen ist, die nun nicht auf Erden erleben, sondern in den Himmeln erleben, die also gestorben oder noch nicht geboren sind, aber er nimmt auch wahr zwischen den höheren Hierarchien Angeloi, Archangeloi, Exusiai und so weiter. Sie kennen die Namen und die Bedeutung der Namen aus meiner «Geheimwissenschaft im Umriß». Der Mensch bekommt Erfahrungen in dieser rein geistigen Welt. Wenn ich diese Erfahrungen charakterisieren soll, so muß ich das so tun: Es ist, als ob der Mensch sein eigenes Wesen in den Kosmos nun hineintrüge. Das, was er während des Tagwachens, während des nächtlichen unbewußten Erdenlebens durchgemacht hat, trägt er in den Kosmos hinein, das braucht der Kosmos.

Wir stehen hier als Menschen im Erdenleben, beurteilend dasjenige, was uns als Kosmos umgibt, Sonne und Mond und Sterne, nur vom irdischen Gesichtspunkte aus. Wir rechnen da als Astronomen aus, wie sich die Sterne bewegen, wie sich die Planeten bewegen, wie sie an den Fixsternen vorübergehen und dergleichen. Aber, sehen Sie, mit diesem ganzen astronomisch-wissenschaftlichen Verhalten ist es eigentlich so, wie wenn hier ein Mensch stünde und ein ganz kleines, winziges Wesen diesen Menschen beobachten würde, diesen physischen Menschen meine ich. Ein kleines, winziges Wesen, sagen wir, ein Marienkäferchen würde eine Wissenschaft gründen und würde einen gegenüber dem Marienkäferchen riesigen Menschen beobachten, würde beobachten, wie der zum Leben kommt. Ich nehme an, daß das Marienkäferchen auch eine gewisse Lebenszeit hat. Es würde also beobachten, was da mit diesem Menschen geschieht, würde dann seine Untersuchungen machen nach vorne und nach hinten, aber es würde nicht beachten, daß der Mensch ißt und trinkt, also immer wieder und wieder sein Wesen, sein physisches Wesen erneuern muß, würde glauben, daß dieser Mensch geboren werden kann, von selbst wächst und wiederum von selbst stirbt. Es würde gar nicht beachten, wie da von Tag zu Tag immer die Erneuerung des Stoffwechsels vor sich gehen muß.

So ungefähr benimmt sich der Mensch als Astronom gegenüber der Welt. Er achtet gar nicht darauf, daß diese Welt ein gewaltiger Geistorganismus ist, der Nahrung braucht, sonst wären die Sterne längst im Weltenraum nach allen Richtungen zerstreut worden. Die Planeten wären ihre Bahn gegangen. Dieser Riesenorganismus braucht Nahrung, dasjenige, was er immer wiederum und wiederum aufnehmen muß, damit er richtig fortbestehen kann. Und woher kommt diese Nahrung?

Hier ergeben sich die großen Fragen des Zusammenhanges zwischen dem Menschen und zwischen dem Weltenall. Die irdische Wissenschaft ist so furchtbar richtig, so daß sie alles beweisen kann. Nur sagen eigentlich die Beweise nicht viel. Es glauben die Menschen, wenn sie Anthroposophie hören und diese der gewöhnlichen Wissenschaft in vielen Dingen widerspricht, daß diese gewöhnliche Wissenschaft alles beweisen kann. Das kann sie auch. Das leugnet auch die Anthroposophie nicht. Sie kann alles beweisen. Die Dinge sind nämlich so, daß Beweise für die Wirklichkeit in gewissen Fällen gar nichts besagen können.

Denken Sie sich einmal, ich berechne, wie sich das Herz des Menschen von einem Jahr zum andern in seiner physischen Struktur ändert. Nehmen wir an, das könnte beobachtet werden und wir sagen: Ein Mensch, der im dreiunddreißigsten Lebensjahre angekommen ist, bei dem ist die physische Struktur des Herzens so, im vierunddreißigsten Jahre so, im fünfunddreißigsten Jahre so und so weiter. Ich beobachte durch fünf Jahre und rechne jetzt aus, wie diese physische Struktur des Herzens, sagen wir, dreißig Jahre früher war. Das kann ich ausrechnen. Da ergibt sich mir eine physische Struktur des Herzens. Ich kann auch ausrechnen, wie sie dreihundert Jahre später oder dreihundert Jahre früher ist. Es liegt nur die Kleinigkeit vor, daß vor dreihundert Jahren das Herz noch nicht da war, daß also der ausgerechnete Zustand nicht existiert hat. Richtig errechnet ist er. Beweisen kann man, daß vor dreihundert Jahren das Herz so und so beschaffen war, nur war es noch nicht da. Beweisen kann man, daß nach dreihundert Jahren das Herz so und so beschaffen sein wird, nur wird es nicht mehr da sein. Die Beweise sind unumgänglich richtig.

So kann man es aber heute mit der Geologie machen. Man kann berechnen, wie durch eine gewisse Schichte der Erde sich das und das ergeben hat. Dann kann man ausrechnen, wie das vor zwanzig Millionen Jahren war oder nach zwanzig Millionen Jahren sein wird. Der Beweis klappt furchtbar gut, nur war die Erde noch nicht da vor zwanzig Millionen Jahren. Die Veränderung konnte sich ebenso nicht vollziehen wie mit dem Herzen. Und ebenso wird die Erde nicht mehr da sein nach zwanzig Millionen Jahren. Die Beweise sind absolut tadellos, aber die Wirklichkeit hat gar nichts mit diesen Beweisen zu tun. Sie sehen, wie die Dinge liegen. Die Dinge liegen so, daß die Täuschungsmöglichkeit aus dem physischen Leben die denkbar größte ist. Man muß schon etwas in das geistige Leben eindringen können, wenn man einen Standpunkt gewinnen will, um die physische Welt beurteilen zu können.

Nun gehen wir zu demjenigen zurück, was ich nur durch diese Ausführung von den Beweisen erläutern wollte, welche die Wirklichkeit gar nicht treffen, zu dem zurück, wie der Mensch sich nun, nachdem er in dem Zeitpunkte nach dem Tode angekommen ist, den ich charakterisiert habe, in die Welt der geistigen Tatsachen, geistigen Wesenheiten hineinlebt. Er bringt dasjenige in diese geistige Welt hinein, was er hier auf Erden im Wach- und im Schlafzustande durchgemacht hat.

Das ist die Nahrung des Kosmos, das ist dasjenige, was der Kosmos fortwährend braucht, damit er fortbestehen kann. Was wir Menschen auf Erden in leichten und in harten Schicksalen erleben, das tragen wir einige Zeit nach dem Tode in den Kosmos hinein, und wir fühlen daher als die Ernährung unser menschliches Wesen in den Kosmos aufgehen. Das sind Erfahrungen, die der Mensch zwischen dem Tode und einer neuen Geburt von gewaltiger Größe, von ungeheurer Erhabenheit macht...

Dann tritt derjenige Zeitpunkt ein, wo der Mensch sich nicht mehr als eine Einheit erscheint, sondern wo gewissermaßen der Mensch sich als eine Vielheit erscheint, wo der Mensch sich so erscheint, daß die eine Tugend, die eine Eigenschaft gewissermaßen nach dem einen Stern hin sich bewegt, die andere nach dem andern Stern, wo der Mensch sein Wesen in die ganze Welt verteilt wahrnimmt, und wo er zugleich wahrnimmt, wie die Teile seines Wesens miteinander streiten, miteinander harmonisieren oder disharmonisieren. Der Mensch fühlt, wie dasjenige, was er auf der Erde erlebt hat täglich oder nächtlich, sich in den ganzen Kosmos verteilt. Und geradeso wie während der drei Tage nach dem Tode, wo die Gedanken fortgeflogen sind, also alles dasjenige, was unser Tagesleben war, fortgeflogen ist, und wir uns auf dasjenige konzentrieren, was die nächtlichen Erlebnisse waren, und da bis zum Ausgangspunkte unseres Erdenlebens zurückleben, wie wir uns da festhalten mit den nächtlichen Erlebnissen, so halten wir uns, wenn nun die gesamte Menschheitserfahrung in den Kosmos hinausfliegt, fest in demselben, was wir überhaupt als Menschen einer übersinnlichen Weltenordnung sind.

Jetzt taucht unser wahres Ich aus unserem zerspaltenen, ich möchte sagen aus unserem dionysisch-zerspaltenen Menschen auf. Da taucht nach und nach das Bewußtsein auf: Du bist ja Geist. Du hast nur in einem physischen Leib gewohnt, hast nur dasjenige durchgemacht, was der physische Leib über dich gebracht hat, auch in den nächtlichen Erlebnissen. Du bist ja Geist unter Geistern.

Man tritt jetzt ein in ein geistiges Dasein unter geistigen Wesenheiten, während man dasjenige, was man als Erdenmensch war, zerspalten und zerteilt sieht in den ganzen Kosmos. Was wir auf Erden hier durchmachen, wird in den Kosmos hinaus zerteilt, daß es dem Kosmos Nahrung werden kann, daß der Kosmos weiterbestehen kann, daß der Kosmos neue Antriebe zu seinen Sternenbewegungen und Sternenbeständen erhalten kann. Wie wir unserem Leben die Erdennahrung zuführen müssen, damit wir als physische Menschen zwischen der Geburt und dem Tode leben können, so muß der Kosmos von Menschenerfahrungen leben, diese in sich aufnehmen. Und wir gelangen auf diese Weise dazu, uns immer mehr und mehr als kosmischer Mensch zu fühlen, gewissermaßen unser ganzes Menschenwesen in den Kosmos übergehend zu finden, aber in den geistigen Kosmos übergehend zu finden. Und der Zeitpunkt ist angelangt, wo wir den Übergang zwischen dem Tod und einer neuen Geburt suchen müssen, von dem Kosmoswerden des Menschen zum Menschwerden des Kosmos. Wir sind aufgestiegen, indem wir uns immer kosmischer und kosmischer fühlen. Ein Zeitpunkt kommt – ich habe ihn in meinen Mysterien genannt die große Mitternachtsstunde des Daseins –, wo wir fühlen: Wir müssen wieder Mensch werden. Dasjenige, was wir in den Kosmos hinaustragen, muß uns in anderer Gestalt der Kosmos wieder zurückgeben, damit wir wiederum zur Erde zurückkehren können. Von dieser Rückkehr darf ich Ihnen dann morgen sagen.

Ich wollte Ihnen heute zunächst nur das Menschenwesen schildern, wie es hinausgetragen wird aus dem Erdenleben in die kosmischen Weiten. Wir stehen also jetzt sozusagen zunächst mit einer skizzenhaften Schilderung – sie soll in den nächsten Tagen ausführlicher gegeben werden – mitten drinnen in dem Leben zwischen dem Tode und einer neuen Menschengeburt.

Das Leben nach dem Tode bis zur Wiederverkörperung

Gestern habe ich versucht, ein Bild von den Zuständen zu geben, die der Mensch durchlebt, indem er durch die Pforte des Todes durchgeht und in der geistigen Welt ankommt. Wir wollen uns noch einmal kurz die wesentlichsten Etappen vor die Seele rufen. Zunächst erlebt der Mensch, nachdem er unmittelbar durch die Pforte des Todes hindurchgegangen ist, das Fortgehen seiner Vorstellungswelt. Die Vorstellungen, die Denkkräfte, werden gegenständlich, werden wie wirksame Kräfte, die in die Welt hinaus sich verbreiten, so daß der Mensch von sich fortgehen fühlt zunächst alles dasjenige, was er an Erlebnissen bewußt durchgemacht hat im Erdenleben zwischen Geburt und Tod. Aber während – und das ist etwas, was in wenigen Tagen verläuft – das gedankenmäßig erlebte Erdenleben sich vom Menschen in den weiten Kosmos hinaus entfernt, erhebt sich aus dem Inneren heraus ein Bewußtsein von alledem, was der Mensch in den Schlafzuständen während des Erdenlebens unbewußt durchgemacht hat. Und das gestaltet sich so, daß der Mensch nunmehr zurückgehend in einem Drittel der Zeit sein Erdenleben erlebt.

Während dieser Zeit ist der Mensch eigentlich sehr stark mit sich selbst beschäftigt. Man könnte sagen: Der Mensch hängt während dieser Zeit durchaus noch intensiv mit seinen eigenen Angelegenheiten des Erdenlebens zusammen. Er ist ganz verwoben mit demjenigen, was er, sagen wir während der verschiedenen Nächte, also in seinen Schlafzuständen durchgemacht hat.

Sie können ermessen, wie da der Mensch, da er eigentlich immer seine nächtlichen Erlebnisse durchmacht, auf sich selbst zurückgewiesen ist. Beachten Sie nur das einzige, was während des Erdenlebens aus den Schlafzuständen heraufspielt, die Träume. Diese Träume sind das allerwenigste von dem, was der Mensch im Schlafe erlebt. Aber das andere bleibt eben unbewußt. Die Träume nur spielen bewußt herauf. Aber diese Träume, so interessant, so mannigfaltig, von so buntem Farbenreichtum sie auch sind, man muß doch sagen, sie stellen etwas dar, womit der Mensch ganz allein auf sich angewiesen ist. Denken Sie nur einmal, wenn eine Anzahl von Menschen in demselben Raume schläft, so kann doch jeder seine eigenen Träume haben. Und wenn die Menschen dann sich ihre Träume erzählen, Menschen, die in demselben Raum geschlafen haben, so werden sie sich etwas erzählen, wie wenn sie in ganz verschiedenen Welten gewesen wären. Der Mensch ist während des Schlafes ganz mit sich allein; er hat seine eigene Welt im Schlafe. Und erst dadurch, daß wir unseren Willen in unseren Organismus einschalten, haben wir dieselbe Welt in demselben Raum mit den anderen Menschen zusammen. Würden wir immer schlafen, so hätten wir jeder unsere eigene Welt.

Aber diese eigene Welt, die wir jede Nacht zwischen dem Einschlafen und Aufwachen durchleben, ist die Welt, die wir in einer Zeit, die ein Drittel unseres Lebenslaufes umfaßt, rückwärts in den Jahren nach dem Tode durchleben. Allerdings, wenn wir nichts weiter hätten als diese Welt, so wären wir durch zwei oder drei Jahrzehnte, wenn wir alte Leute geworden sind, nach dem Tode ganz allein mit uns selbst beschäftigt. Das ist aber nicht der Fall. Wir hängen durch dasjenige, was wir da als unsere eigenen Angelegenheiten durchmachen, doch mit der ganzen Welt zusammen, weil in diese Welt, die wir jeder für sich durchmachen, die Verhältnisse zu ja zahlreichen anderen Menschen hereinspielen, zu all denjenigen Menschen, mit denen wir im Leben irgendwie zusammengekommen sind.

Und so kommt es, weil wir von diesem Zustande in der Seelenwelt nach dem Tode herunterschauen auch auf alles dasjenige, was Menschen hier auf Erden durchleben, mit denen wir irgendwie in Beziehung gestanden haben, daß wir mit ihnen durchleben dasjenige, was sich auf der Erdenwelt abspielt. Man kann daher, wenn man versucht, mit den Mitteln, welche die Geisteswissenschaft nach dieser Richtung zur Verfügung stellt, an Verstorbene heranzukommen – das kann man –, schon durchaus wahrnehmen, wie diese Verstorbenen gleich vom Anfang ihres Todeserlebnisses an intensiv durch die anderen Menschen, mit denen sie hier auf Erden gelebt haben und die noch auf Erden da sind, alle Erdenereignisse doch miterleben können. Und so kann man finden, daß Menschen, je nachdem sie diese oder jene Interessen gehabt haben, die sie mit Menschen gemeinsam besprochen haben, die sie mit Menschen gemeinsam in einem Schicksal durchlebt haben, mit all diesen Erdeninteressen verbunden bleiben, sich interessieren für diese Erdeninteressen, ja sogar, weil der physische Leib kein Hindernis mehr bildet, über diese Erdenerlebnisse ein viel lichtvolleres Urteil haben als die Erdenmenschen. Und man kann schon dadurch, daß man ein Verhältnis gewinnt, ein bewußtes Verhältnis zu den Toten, aus dem Urteile der Toten auch über Erdenverhältnisse außerordentlich viel Lichtvolles gewinnen.

Aber noch etwas anderes kommt dabei in Betracht. Man kann sehen, wie innerhalb der Erdenverhältnisse doch wieder gewisse Dinge da sind, die sich in die geistige Welt hinein erhalten, wie also in unsere irdischen Erlebnisse gewissermaßen ein Ewiges hineingemischt ist. Es klingt fast, ich möchte sagen absonderlich, wenn man Schilderungen von dieser Welt gibt. Allein, ich denke, hier spreche ich zumeist zu langjährigen Anthroposophen, und ich darf daher über diese Dinge unbefangen sprechen. Heute noch diese Dinge etwa in der Öffentlichkeit zu besprechen, wäre natürlich ganz deplaciert. Man kann, wenn man die Wege aufsucht, um sich mit Toten zu verständigen, sogar die Möglichkeit finden, in Erdenworten sich mit den Toten zu verständigen, Fragen an sie zu stellen, Antworten zu bekommen. Da zeigt sich das Eigentümliche, daß die Toten zuerst die Fähigkeit verlieren, Substantive in ihrer Sprache zu gebrauchen, während die Verben noch lange im Gebrauch der Toten sind. Und insbesondere sprechen sich die Toten gern durch Empfindungsworte aus, durch all dasjenige, was mit dem Gefühl und dem Gemüte zusammenhängt. Ein Ach!, ein Oh! als Ausdruck der Verwunderung, als Ausdruck des Überraschtseins und dergleichen, ist dasjenige, was vielfach von den Toten in ihrer Sprache geübt wird. Man muß gewissermaßen auch die Sprache der Toten erst erlernen.

Wie sich die Spiritisten das vorstellen, ist das nicht, denn die stellen sich vor, daß sie durch das Medium in der ganz gewöhnlichen irdischen Sprache von den Toten Mitteilungen bekommen können. Man kann es schon der Art ansehen, wie diese Mitteilungen sind, daß es sich da um unterbewußte Zustände der Lebenden handelt, nicht um wirkliche direkte Mitteilungen der Toten bei den Medien. Denn aus der gewöhnlichen Menschensprache wachsen die Toten immer mehr und mehr heraus, und nach Jahren kann man sich mit den Toten überhaupt nurmehr verständigen, wenn man gewissermaßen ihre Sprache sich angeeignet hat, die zumeist darinnen liegt, daß man in einfachen symbolischen Zeichnungen dasjenige andeutet, was man ausdrücken will, und dann auch wiederum in solchen symbolischen Formen, die man natürlich schattenhaft erhält, die Antwort bekommt.

Ich schildere Ihnen dies aus dem Grunde, weil ich Ihnen dadurch andeuten will, daß der Tote, trotzdem er eigentlich in dem Elemente lebt, welches dasjenige des Schlafes ist, trotzdem weite Interessen hat und die Welt schon überschaut. Aber wir können ihm dabei außerordentlich zu Hilfe kommen. Und es ist zum Beispiel ein wesentliches Zuhilfekommen den Toten gegenüber, wenn wir in aller Lebendigkeit an sie denken, wenn wir namentlich solche Gedanken den Toten schicken, welche in einer recht anschaulichen Form dasjenige darstellen, was wir mit den Toten erlebt haben. Abstrakte Vorstellungen verstehen die Toten nicht. Wenn ich aber den Gedanken fasse: Da war die Straße zwischen Kristiania und einem Nachbarort; da gingen wir. Der andere Mensch, der jetzt gestorben ist, der ging neben mir. Ich höre noch heute, wie er dazumal sprach. Den Klang seiner Stimme höre ich. Ich versuche mir zu vergegenwärtigen, was er für Bewegungen mit den Armen machte, was er für Bewegungen mit dem Kopfe machte. – Wenn man sich das so ganz gegenständlich lebhaft vorstellt, was man mit dem Toten zusammen erlebt hat, und dann diese Gedanken zu dem Toten hinschickt, den man sich in einem geläufigen Bilde vor die Seele rückt, dann schwebt oder strömt gewissermaßen ein solcher Gedanke zu dem Toten hin. Und der Tote empfindet das wie ein Fenster, durch das er in die Welt hereinblickt. Dem Toten geht nicht nur das, was wir an ihn als Gedanken richten, dabei auf, sondern eine ganze Welt geht ihm dabei auf. Es ist wie ein Fenster, durch das er in unsere Welt hereinblickt.

Dagegen dasjenige, was in seiner geistigen Umgebung nunmehr liegt, das kann der Tote nur in dem Maße erleben, als er sich schon hier die dem Menschen auf Erden möglichen Gedanken über die geistige Welt gemacht hat. Es gibt so viele Menschen heute, die sagen: Ach, was brauchen wir uns um das Leben nach dem Tode zu kümmern. Wir können es ja abwarten. Wenn wir gestorben sind, werden wir schon sehen, was es da gibt nach dem Tode. – Aber das ist ein ganz unmöglicher Gedanke. Man sieht einfach nichts nach dem Tode, wenn man sich gar keine Gedanken über die geistige Welt im Leben gemacht hat, wenn man bloß materialistisch dahingelebt hat.

Damit habe ich Ihnen angedeutet, wie der Tote in der Zeit lebt, in der er rückwärts sein Leben nach Maßnahme dessen durchlebt, was er immer in den Schlafzuständen durchgemacht hat. In dieser Zeit fühlt sich der Mensch, der also jetzt seinen physischen, seinen Ätherleib verlassen hat, im Bereiche der geistigen Mondenkräfte. Wir müssen uns klar sein, daß alles dasjenige, was Weltenkörper sind, Mond, Sonne, andere Sterne, insofern sie den physischen Augen erscheinen, wirklich nur die physische Ausgestaltung von Geistigem sind.

Wie der einzelne Mensch, der jetzt hier auf dem Stuhl sitzt, nicht bloß das Fleisch und das Blut ist, das wir als Stoff ansehen können, sondern Seele und Geist ist, so lebt im ganzen Weltenall, im ganzen Kosmos überall Seele und Geist, und zwar nicht etwa bloß ein einheitliches seelisch-geistiges Wesen, sondern viele, unendlich viele geistige Wesenheiten. Und so sind mit dem Monde verknüpft, den wir nur äußerlich mit dem physischen Auge als die silberne Scheibe sehen, zahlreiche geistige Wesenheiten. In deren Bereich sind wir, solange wir in der geschilderten Weise unser Erdenleben zurückleben, bis wir wiederum an seinen Ausgangspunkt zurückgekommen sind. Man kann daher sagen, so lange sind wir im Mondenbereiche.

Während wir also in diesem Rückwärtsleben sind, mischt sich allerdings in unser ganzes Leben etwas, was dann einen gewissen Abschluß erlangt, wenn wir aus dem Mondenbereich nach dem Tode hinauskommen. Sogleich, nachdem wir den Ätherleib wenige Tage nach dem Tode in der geschilderten Weise abgestreift haben, macht sich aus diesen nächtlichen Erlebnissen heraus die moralische Beurteilung unseres Menschenwertes geltend. Wir können dann gar nicht anders, als dasjenige, was wir da wiederum zurückleben, moralisch zu beurteilen. Und das ist sehr eigentümlich, wie sich die Dinge nun gestalten.

Hier auf Erden tragen wir einen Leib aus Knochen, aus Muskeln, aus Blutgefäßen und so weiter. Dann, nach dem Tode, bildet sich ein geistiger Leib, der aus unseren moralischen Werten gebildet ist. Ein guter Mensch bekommt einen schönleuchtenden moralischen Leib, ein schlechter einen übelleuchtenden moralischen Leib. Das bildet sich während dieses Rückganges. Und das ist eigentlich nur ein Teil desjenigen, was sich uns angliedert, was jetzt unser – wenn ich mich so ausdrücken darf – Geistleib wird, denn ein Teil dessen, was wir jetzt in der geistigen Welt als einen Geistleib erhalten, bildet sich aus unseren moralischen Werten, ein anderer wird uns einfach aus den Substanzen der geistigen Welt, wenn ich so sagen darf, angekleidet.

Nun müssen wir, wenn wir den Rücklauf vollendet haben, wenn wir also wiederum an dem Ausgangspunkt angekommen sind, jenen Übergang finden, den ich in meiner «Theosophie» mit dem Übergang von der Seelenwelt in das Geisterland angedeutet habe. Aber das ist damit verknüpft, daß wir den Mondenbereich verlassen und innerhalb des Kosmos in den Sonnenbereich einziehen. Wir werden nach und nach mit der allumfassenden Wesenheit alles desjenigen bekannt, was geistig-seelisch im Sonnenbereich lebt. Da müssen wir aufgenommen werden. Ja, da können wir jetzt nicht hinein mit unserem moralischen Leib. Ich werde in den nächsten Tagen davon zu sprechen haben, inwiefern gerade bei diesem Übergang aus dem Mondenbereich in den Sonnenbereich die Christus-Wesenheit für den Menschen eine führende Rolle spielt, die verschieden ist vor dem Mysterium von Golgatha und nach dem Mysterium von Golgatha. Heute wollen wir einmal den Durchgang durch diese Welt mehr objektiv schildern. Wir müssen nämlich dasjenige, was wir uns da angegliedert haben gewissermaßen aus unseren moralischen Werten, im Mondenbereich noch ablegen. Das stellt etwas dar, was wir gewissermaßen als ein Päckchen zurücklassen, damit wir als rein geistige Wesen in den Sonnenbereich nunmehr eintreten können, wo wir die Sonne wirklich sehen, jetzt nicht von der Seite, die sie der Erde zuwendet, sondern von der rückwärtigen Seite, wo wir sie ganz und gar von geistigen Wesenheiten erfüllt sehen, wo wir sie ganz und gar als ein geistiges Reich sehen.

Das ist es nun, wo wir alles dasjenige, was jetzt nicht zu unseren moralischen Werten gehört, sondern zu demjenigen, was die Götter uns auf Erden haben erfahren lassen und was brauchbar ist für das Weltenall, wo wir das dem Weltenall wie eine Nahrung übergeben, so daß der Weltenlauf weitergehen kann. Ja, es ist wirklich so, wenn wir den Weltenlauf – Sie wissen, ich gebrauche das nur als einen Vergleich, ich definiere den Weltenlauf wirklich nicht als Maschine – vergleichsweise wie eine Maschine ansehen würden, so wäre dasjenige, was wir da mitbringen, nachdem wir unser Päckchen im Mondenbereich abgelegt haben, das würde im Sonnenbereich wie ein Heizmaterial sein, das wir dem Lauf des Kosmos reichen, wie das Heizmaterial einer Maschine gereicht wird.

Und so treten wir ein in den Bereich der geistigen Welt. Denn es ist einerlei, ob wir sagen: Wir treten ein in den Sonnenbereich, geistig, oder ob wir sagen: Wir treten ein in die geistige Welt. – Da leben wir nun als Geist unter Geistern, so wie wir hier auf Erden als physischer Mensch unter physischen Wesenheiten der verschiedenen Naturreiche leben. Da leben wir unter denjenigen Wesenheiten, welche ich beschrieben und benannt habe in meiner «Geheimwissenschaft im Umriß». Da leben wir auch unter denjenigen Seelen, die vor uns gestorben sind oder die in der Erwartung sind ihres kommenden Erdenlebens. Wir leben da als Geist unter geistigen Wesenheiten. Diese geistigen Wesenheiten können Wesenheiten der höheren Hierarchien sein, sie können auch entkörperte, in der geistigen Welt lebende Menschen sein. Und die Frage taucht auf: Was tun wir nun? – Wir wachsen jetzt immer mehr und mehr in eine Weltanschauung hinein, die sehr verschieden von der irdischen Weltanschauung ist. Wenn man diese Welt schildert, in die wir hineinwachsen, so klingt es wieder paradox. Allein, was kann man denn anderes erwarten, als daß diese Dinge, die in einer ganz anderen Welt leben, paradox für das irdische Anschauen klingen.

Indem wir da wirklich drinnenleben, Geist unter Geistern, haben wir, so wie wir hier auf Erden vor uns und um uns alles Natürliche haben, so haben wir, wenn wir als Geist unter Geistern zwischen dem Tode und einer neuen Geburt leben, gerade nach und nach alles Menschliche vor uns. Hier stehen wir auf Erden an einem bestimmten Punkte des irdischen Weltenalls. Wir richten den Blick nach allen Seiten hinaus und erblicken das, was außer dem Menschen ist. Dasjenige, was im Menschen ist, erblicken wir gar nicht.

Nun werden Sie sagen: Das ist töricht, was du uns sagst. Nicht gerade jeder Mensch, aber die gelehrten Anatomen, die in den anatomischen Kliniken den Menschen, wenn er gestorben ist, zerschneiden, die Anatomie treiben, kennen ganz gut das Innere des Menschen. – Nichts kennen sie davon! Denn dasjenige, was man auf diese Weise vom Menschen kennenlernt, ist auch nur ein Äußeres. Ob sie schließlich den Menschen von dem Äußeren der Haut aus äußerlich anschauen, oder ob sie ihn von innen äußerlich anschauen, das ist alles dasselbe. Im Inneren der Haut des Menschen ist nicht dasjenige, was die Anatomen auf äußerliche Weise herausbekommen, sondern da sind ganze Welten drinnen. In der menschlichen Lunge, in jedem menschlichen Organ sind ganze Welten im Kleinen zusammengerollt.

Es ist ja wunderbar dasjenige, was wir sehen, wenn wir, sagen wir, eine schöne Landschaft bewundern können. Es ist wunderbar dasjenige, was wir sehen, wenn wir nächtlich den Sternenhimmel in all seiner Pracht bewundern. Aber dasjenige, was im

Menschen drinnen ist, wenn wir den Menschen nicht mit dem physischen Auge des Anatomen anschauen, sondern mit dem geistigen Auge anschauen, wenn wir eine menschliche Lunge, eine menschliche Leber – verzeihen Sie, daß ich alle diese Organe nenne –, wenn wir diese Organe mit geistigem Auge anschauen, so sind das ja Welten, zusammengerollt. Gegenüber aller Pracht und Herrlichkeit der äußeren Flüsse und Berge, der Erdenwelt, gegenüber all dieser äußeren Pracht ist eine viel größere, eine erhabenere Pracht alles dasjenige, was innerhalb der Haut des Menschen auch nur als physische Organisation liegt. Daß das kleiner ist als die scheinbar so große Raumeswelt, das macht es nicht aus. Wenn Sie dasjenige überschauen, was in einem einzigen Lungenbläschen liegt, so ist das großartiger als dasjenige, was in den mächtigen Alpenmassiven liegt. Dasjenige, was innerhalb des Menschen ist, ist nämlich zusammenverdichtet der ganze geistige Kosmos. In der menschlichen Innenorganisation haben wir ein Bild des ganzen Kosmos.

Wir können uns das auch noch etwas anders vorstellen. Stellen Sie sich einmal vor, Sie seien meinetwillen dreißig Jahre alt geworden, blicken in sich hinein, rein seelisch. In der Erinnerung erinnern Sie sich an irgend etwas, was Sie zwischen dem zehnten und zwanzigsten Jahre erlebt haben. Da ist das äußere Erlebnis zum inneren Bild der Seele geworden. Sie überblicken vielleicht in einem Moment weit ausgebreitete Erlebnisse, die Sie durch Jahre durchgemacht haben. Eine Welt ist in dem Bild einer Vorstellung zusammengewoben. Denken Sie nur, was Sie manchmal haben, wenn Sie die kleinen Erinnerungsvorstellungen an weit ausgebreitete Ereignisse, die Sie durchgemacht haben, in Ihrem Seelenleben haben. Das ist das Seelische, das Sie da erleben, von dem, was Sie irdisch durchgemacht haben. Wenn sie ebenso, wie Sie Ihre Erinnerungsvorstellung anschauen, Ihr Gehirn, das Innere Ihres Auges anschauen – das Innere des Auges allein ist ja eine ganze Welt –, wenn Sie ebenso anschauen Ihre Lunge, Ihre anderen Organe, so sind diese nicht jetzt Bilder von Erlebnissen, die Sie durchgemacht haben, sondern sie sind Bilder des ganzen geistigen Kosmos, sie erscheinen nur auf materielle Art.

Wenn der Mensch enträtseln kann, ebenso wie er seine Erinnerungen im Seelenleben enträtseln kann, weil er sie durchlebt hat im irdischen Leben, wenn er ebenso enträtseln kann: Was ist in meinem Gehirn, in meinem Augeninneren, in meinem Lungeninneren enthalten? – dann geht ihm der ganze geistige Kosmos auf, geradeso wie bei den einzelnen Erinnerungsvorstellungen einem irgendeine Erlebnisreihe aufgeht, die man durchgemacht hat. Man ist das verkörperte Weltgedächtnis als Mensch. Das muß man nur ordentlich in Erwägung ziehen, dann wird man verstehen, was es heißt, der Mensch tritt ein, nachdem er nach dem Tode die Zustände durchgemacht hat, die ich bisher geschildert habe, in das Schauen des Menschen selber. Der Mensch ist Geist unter Geistern. Aber dasjenige, was er als seine Welt jetzt erblickt, ist das Wunder der menschlichen Organisation selber als Kosmos, als ganze Welt. Wie hier Berge, Flüsse, Sterne, Wolken unsere Umgebung sind, so ist dann, wenn wir als Geist unter Geistern leben, der Mensch in seiner wunderbaren Organisation unsere Umgebung, unsere Welt. Wir blicken hinaus, wir blicken – wenn ich mich bildhaft ausdrücken darf – in der geistigen Welt links und blicken rechts: wie hier überall Felsen, Flüsse, Berge sind, so ist dort überall Mensch. Der Mensch ist die Welt. Und an dieser Welt, die eigentlich der Mensch ist, sind wir beschäftigt. So wie wir Maschinen bauen, Buchhaltungen anlegen, Röcke machen, Schuhe machen, wie wir hier irgend etwas schreiben auf der Erde, wie wir also dasjenige zusammenweben, was man den Inhalt der Zivilisation, der Kultur nennt, so weben wir dort, aber zusammen mit den Geistern der höheren Hierarchien und mit den entkörperten Menschen, an der Menschheit. Wir weben die Menschheit aus dem Kosmos heraus. Hier auf Erden sind wir fertiger Mensch. Dort legen wir den Geistkeim des Erdenmenschen.

Das ist das große Geheimnis, daß die Himmelsbeschäftigung des Menschen darinnen besteht, den großen Geistkeim für den späteren Erdenmenschen selber zu weben mit den Geistern der höheren Hierarchien zusammen. Und jeder weben wir – aber in riesiger Geistgröße in dem Geistkosmos darinnen – das Gewebe unseres eigenen Erdenmenschen, der wir dann sind, wenn wir wiederum zum Erdenleben heruntersteigen. Unsere Arbeit ist eine mit den Göttern gemeinsam geleistete Arbeit an dem Erdenmenschen.

Wenn wir hier auf Erden von Keim sprechen, so stellen wir uns etwas Kleines vor, das dann groß wird. Wenn wir aber davon sprechen, wie in der geistigen Welt der Keim des physischen Erdenmenschen vorhanden ist, denn der physische Keim, der im Leibe der Mutter gedeiht, ist nur das Abbild dieses Geistkeimes, wenn wir von dem Geistkeim sprechen, so ist der riesig groß, ist der ein Weltenall, und alle anderen Menschen sind in dieses Weltenall verflochten. Man könnte sagen: Alle sind an demselben Ort und doch der Zahl nach voneinander verschieden. – Und dann verkleinert er sich immer mehr. Und wir machen das durch in der Zeit, die wir zwischen dem Tode und einer neuen Geburt durchmachen, daß wir zuerst als Weltenall groß den Geistkeim des Menschen bilden, der wir werden. Dann wird dieser Geistkeim immer kleiner und kleiner, er involviert seine Wesenheit immer mehr und mehr, und er ist es, der dann im Leibe der Mutter sein Abbild schafft.

Es ist ganz falsch, was in dieser Beziehung die materialistische Physiologie glaubt. Die materialistische Physiologie glaubt, der Mensch mit seiner wunderbaren Gestalt, die ich Ihnen eben versuchte skizzenhaft zu schildern, entstünde aus dem bloßen physischen Menschenkeim. Das ist der reine Unsinn. Denn man glaubt gewöhnlich in dieser materialistischen Physiologie, daß der Eikeim die allerkomplizierteste Materie sei. Und die Chemiker, die physiologischen Chemiker denken darüber nach, wie das Molekül oder das Atom immer komplizierter und komplizierter wird, und der Keim endlich ganz etwas Kompliziertes ist. Das ist ja gar nicht wahr. Der Eikeim ist nämlich chaotische Materie. Wenn Materie Keim wird, so löst sie sich gerade als Materie auf, ist vollständig pulverisiert. Darinnen besteht das Wesen des Keims – und des Menschenkeims am allermeisten, des physischen Menschenkeims –, daß er vollständig pulverisierte Materie ist, die gar nichts mehr für sich will. Dadurch, daß er vollständig pulverisierte Materie ist, die gar nichts mehr für sich will, kann der Geistkeim, der lange vorbereitet ist, in diese Materie seinen Einzug halten. Dazu, zu dieser Pulverisierung, wird gerade die physische Keimmaterie durch die Konzeption fähig gemacht. Die physische Materie wird ganz zerstört, damit der geistige Keim sich in sie senken kann, und die physische Materie das Abbild des geistigen Keims, der aus dem Kosmos heraus gewoben wird, werden kann.

Man kann gewiß große Loblieder singen auf all dasjenige, was Menschen auf Erden für die Zivilisation, für die Kultur tun können. Ich werde gewiß nicht gegen diese Loblieder sprechen, sondern erkläre mich von vornherein, insofern diese Loblieder vernünftig sind, mit allem einverstanden. Aber dasjenige, was geleistet wird, ich möchte sagen an Himmelszivilisation zwischen dem Tod und einer neuen Geburt, indem der Menschenleib im Geiste vorbereitet wird, zuerst im Geist gewoben wird, das ist eine viel umfassendere, eine viel erhabenere, eine viel großartigere Arbeit als alle Kulturarbeit auf Erden. Denn es gibt nichts Erhabeneres in der Weltenordnung, als eben gerade aus allen Ingredienzien der Welt den Menschen zu weben. Mit Göttern zusammen wird der Mensch gewoben in der wichtigsten Zeit zwischen dem Tod und einer neuen Geburt.

Und wenn ich gestern sagen mußte: In einem gewissen Sinne ist dasjenige, was wir hier auf Erden an Erfahrungen, an Erlebnissen uns aneignen, eine Nahrung für den Kosmos –, so müssen wir nun sagen: Nachdem wir das, was wir hier in einem Erdenleben als für den Kosmos brauchbar – als Nahrung oder als Heizmaterial – bewahrt haben, an den Kosmos hingegeben haben, da bekommen wir aus der Fülle des Kosmos heraus all diejenigen Substanzen, aus denen wir den neuen Menschen, den wir später beziehen werden, wiederum weben. Da lebt der Mensch, indem er wirklich ganz hingegeben ist an eine geistige Welt, als Geist. Sein ganzes Weben und Wesen ist ein geistiges Arbeiten und ein geistiges Sein. Das dauert eine lange Zeit. Denn wirklich – man muß es immer wieder betonen –, dasjenige zu weben, was der Mensch ist, ist etwas ganz Gewaltiges und Großartiges. Und in alten Mysterien hat man nicht mit Unrecht den menschlichen physischen Leib einen «Tempel der Götter» genannt. Dieses Wort hat schon eine tiefe Bedeutung. Man lernt die ganze tiefe Bedeutung dieses Wortes immer mehr und mehr fühlen, je mehr man Einblick in die ganze Initiationswissenschaft gewinnt, in dasjenige, was als das Leben des Menschen selber zwischen dem Tode und einer neuen Geburt vor sich geht. Da lebt man aber auch so, daß man, ich möchte sagen, unmittelbar ansichtig wird der Geistwesen als Geistwesen. Das dauert längere Zeit. Dann tritt ein anderer Zustand ein.

Dasjenige, was vorher war, war so, daß man die einzelnen Geistwesen als Individualitäten wirklich geschaut hat. Man lernte sozusagen von Angesicht zu Angesicht, indem man mit ihnen arbeitete, die Geistwesen kennen. Dann tritt einmal ein Zustand ein, wo – ich möchte sagen, es ist nur bildlich gesprochen, aber man kann für diese Dinge ja nur Bilder anwenden – diese Geistwesen immer undeutlicher und undeutlicher werden und mehr ein allgemeines Geistgebilde auftritt. Man kann das so aussprechen, daß man sagt: Eine gewisse Zeit zwischen dem Tod und einer neuen Geburt erlebt man so, daß man unmittelbar mit den Geistwesen lebt. Dann kommt eine Zeit, wo man nur in der Offenbarung der Geistwesen lebt, wo sie sich einem offenbaren. – Ich will ein recht triviales Gleichnis gebrauchen. Wenn Sie in der Ferne so eine kleine graue Wolke sehen, so können Sie sie für eine kleine graue Wolke halten, gehen Sie näher hinzu, so entpuppt sie sich Ihnen als ein Mückenschwarm. Sie sehen jetzt jede einzelne Mücke. Hier ist es umgekehrt. Sie nehmen wahr – zuerst als einzelne Individualitäten – die göttlich-geistigen Wesenheiten, mit denen Sie arbeiten. Dann leben Sie sich hinein, so daß Sie die allgemeine Geistigkeit wahrnehmen wie den Mückenschwarm als Wolke, wo die einzelnen Individualitäten mehr verschwinden, und Sie leben dann, ich möchte sagen mehr auf pantheistische Weise in einer allgemeinen geistigen Welt.

Indem Sie jetzt in einer allgemeinen geistigen Welt leben, taucht aber aus Ihrem Inneren ein stärkeres Selbstgefühl auf, als Sie vorher hatten. Vorher waren Sie in Ihrem Selbst so, daß Sie gewissermaßen eins waren mit der geistigen Welt, die Sie in ihren Individualitäten erlebten. Jetzt fühlen Sie die geistige Welt gewissermaßen nur wie eine allgemeine Geistigkeit. Aber Sie fühlen sich stärker. Es erwacht die Intensität des eigenen Selbstgefühls. Und damit tritt langsam und allmählich im Menschen wiederum das Bedürfnis auf nach einem neuen Erdendasein. Mit diesem Erwachen des Selbstgefühls tritt das Bedürfnis auf nach einem neuen Erdendasein. Dieses Bedürfnis muß ich Ihnen so schildern. Durch die ganze Zeit, die ich Ihnen jetzt geschildert habe und die durch Jahrhunderte geht, hat der Mensch eigentlich, nachdem er die erste Zeit durchgemacht hat, wo er noch immer mit der Erde zusammenhängt, von da ab, wo er an seinen Ausgangspunkt wieder zurückgekommen ist, im Grunde genommen hauptsächlich nur die Interessen für die geistige Welt. Er webt in der Weise, wie ich es Ihnen geschildert habe, an dem Menschen im Großen. Er hat Interesse hauptsächlich für die geistige Welt.

In dem Moment, wo die geistige Welt gewissermaßen in ihren Individualitäten ineinander verschwimmt und der Mensch die geistige Welt im allgemeinen wahrnimmt, erwacht in ihm das Interesse für die Erdenwelt wiederum. Dieses Interesse für die Erdenwelt tritt in einer ganz besonderen Weise ein. Es tritt nämlich in bestimmter Weise, in konkreter Weise auf. Man fängt an, ein Interesse zu bekommen an ganz bestimmten Menschen, die da unten auf der Erde sind, und wiederum an deren Kindern und an deren Kindern wiederum. Während man früher nur ein Himmelsinteresse hat, bekommt man jetzt ein merkwürdiges Interesse, wenn die geistige Welt zur Offenbarung wird, an gewissen Generationenfolgen. Das sind die Generationenfolgen, an deren Ende dann die eigenen Eltern stehen, die einen gebären werden, wenn man wiederum herabsteigt zur Erde. Aber man bekommt schon lange vorher für die Voreltern Interesse. Man verfolgt die Generationenreihe bis zu den Eltern hinunter, und zwar verfolgt man sie nicht bloß im Zeitenverlaufe, sondern wenn dieser Zustand der Offenbarung zuerst eintritt, da sieht man schon wie prophetisch die ganze Generationenreihe vor sich. Da sieht man durch die Generationen, durch die Menschenfolge Urururgroßvater, Ururgroßvater, Urgroßvater, Großvater und so weiter, man sieht den Weg, den man auf die Erde hinunter machen wird, in Menschengenerationen vor sich. Nachdem man zuerst in den Kosmos hineingewachsen ist, wächst man später in die reale, in die konkrete Menschengeschichte hinein. Und dann kommt der Zeitpunkt, wo man wiederum aus dem Sonnenbereich allmählich herauskommt. Man bleibt natürlich immer im Sonnenbereiche drinnen, aber das deutliche, klare, bewußte Verhältnis verdunkelt sich, und man zieht wieder in den Mondenbereich ein. Und jetzt findet man im Mondenbereich das Päckchen, das man abgelegt hat – ich kann es nicht anders als mit diesem Bild bezeichnen –, dasjenige, was die moralische Wertigkeit darstellt. Die muß man jetzt aufnehmen.

Wir werden in den nächsten Tagen sehen, wie da wiederum der Christus-Impuls eine sehr bedeutsame Rolle spielt. Man muß das Schicksalspäckchen sich einverleiben. Aber indem man sich dieses Schicksalspäckchen einverleibt, indem man den Mondenbereich betritt, geht einem, während das Selbstgefühl immer stärker und stärker geworden ist, während man immer mehr und mehr innerlich Seele geworden ist, das Gewebe, das man zu seinem physischen Leibe gewoben hat, allmählich verloren. Der Geistkeim, den man selbst gewoben hat, geht einem verloren, geht einem in dem Moment verloren, wo auf der Erde die Konzeption für den körperlichen Keim eintritt, den man auf Erden anzunehmen hat.

Nun ist man aber noch selber in der geistigen Welt. Der Geistkeim des physischen Leibes ist schon hinuntergegangen, man ist selber in der geistigen Welt. Da tritt eine starke Entbehrung ein, ein starkes Entbehrungsgefühl. Man hat seinen Geistkeim des physischen Leibes verloren. Der ist schon unten. Der ist am Ende der Generationenreihe angekommen, die man gesehen hat. Man ist noch oben. Gewaltig macht sich da die Entbehrung geltend. Und diese Entbehrung, die zieht jetzt aus aller Welt die geeigneten Ingredienzien des Weltenäthers zusammen. Nachdem man schon den Geistkeim des physischen Leibes auf die

Erde hinuntergeschickt hat und als Seele, als Ich und als astralischer Leib, zurückgeblieben ist, zieht man aus dem Weltenäther Äthersubstanz zusammen und bildet den eigenen Ätherleib. Und mit diesem eigenen Ätherleib, den man gebildet hat, vereinigt man sich dann etwa in der dritten Woche, nachdem die Befruchtung auf Erden eingetreten ist, und vereinigt sich mit dem leiblichen Keim, der sich nach dem Geistkeim in der geschilderten Weise gebildet hat.

Aber ehe man sich mit seinem eigenen Leibeskeim vereinigt, bildet man sich noch seinen Ätherleib in der Weise, wie ich es geschildert habe. Und in diesen Ätherleib hinein ist verwoben das Päckchen, von dem ich gesprochen habe, das die moralische Wertigkeit enthält. Das verwebt man jetzt in sein Ich, in seinen astralischen Leib, aber auch noch in den ätherischen Leib hinein. Das bringt man dann mit dem physischen Leib zusammen. Und so ist es, daß man sein Karma mit auf die Erde trägt. Das hat man zuerst im Mondenbereich zurückgelassen, denn man würde einen schlechten, einen verdorbenen physischen Leib ausgebildet haben, wenn man das in den Sonnenbereich mitgenommen hätte. Der physische Leib des Menschen wird individuell erst dadurch, daß der Ätherleib ihn durchzieht. Der physische Leib eines jeden Menschen würde gleich dem physischen Leib eines anderen Menschen sein, denn in der geistigen Welt weben sich die Menschen schlechthin gleiche Geistkeime für ihren physischen Leib. Individuell werden wir eben nach unserem Karma, nach dem, wie wir unser Päckchen in den Ätherleib hineinverweben müssen, der dann schon, während wir noch im embryonalen Zustand sind, individuell unseren physischen Leib gestaltet, konstituiert, durchdringt.

Ich werde in den nächsten Tagen natürlich noch manches hinzufügen müssen zu dem, was ich Ihnen skizzenhaft über den Durchgang des Menschen zwischen dem Tod und einer neuen Geburt geschildert habe. Aber Sie haben gesehen, daß der Mensch da reiche Erlebnisse durchmacht, daß da die große Erfahrung eintritt, wie wir zuerst aufgehen in den Kosmos, wie wir aus dem Kosmos heraus wiederum die Menschlichkeit bilden, um zu einem neuen Erdenleben zu kommen.

Es sind im wesentlichen drei Dinge, die wir da durchmachen. Erstens leben wir als Geistseele unter Geistseelen. Es ist ein wirkliches Miterleben der geistigen Welt. Zweitens leben wir in der Offenbarung der geistigen Welt. Die Individualitäten der einzelnen geistigen Wesenheiten sind gewissermaßen verschwommen, die geistige Welt offenbart sich uns als ein Ganzes. Wir nähern uns wiederum dem Mondenbereich, da aber erwacht unser Selbstgefühl, das schon die Vorbereitung für das irdische Selbstgefühl ist. Während wir in der geistigen Welt als ein geistiges Selbst bewußt werden, nicht nach der Erde begehren, fangen wir jetzt während der Offenbarungszeit an, nach der Erde zu begehren, ein starkes, schon nach der Erde geneigtes Selbstgefühl zu entwickeln. Und das dritte ist dann, wenn wir in den Mondenbereich eingetreten sind, wenn wir unseren Geistkeim abgegeben haben an die physische Welt, daß wir die Äthermaterie aus allen Himmeln zusammenziehen zum eigenen Ätherleib. Drei aufeinanderfolgende Stadien: wirkliches Leben mit der geistigen Welt; Leben, indem man sich selber schon als ein egoistisches Ich fühlt, in den Offenbarungen der geistigen Welt; Leben im Zusammenziehen des Weltenäthers.

Davon kommen dann, wenn der Mensch in seinen physischen Leib eingezogen ist, die Abbilder zustande. Diese Abbilder stellen sich als etwas höchst Überraschendes heraus. Wir sehen das Kind. Wir sehen es in seinem physischen Leibe vor uns. Es entwickelt sich. Es ist ja das Wunderbarste, was wir sehen können in der physischen Welt, diese Entwicklung des Kindes. Wir sehen, wie es zuerst kriecht, wie es sich in die Gleichgewichtslage gegenüber der Welt versetzt. Wir nehmen das Gehenlernen wahr. Es ist ungeheuer viel mit diesem Gehenlernen verknüpft. Es ist ein ganzes Sich-Hineinbegeben in die Gleichgewichtslage der Welt. Es ist ein wirkliches Sich-Hineinversetzen des ganzen Kosmos in die drei Raumesrichtungen der Welt. Wie da das Kind eben erst die richtige menschliche Gleichgewichtslage innerhalb der Welt findet, das ist das erste Wunderbare.

Das ist ein irdisches anspruchsloses Abbild desjenigen, was der Mensch in langen Jahrhunderten durchgemacht hat, indem er als Geist unter Geistern lebte. Da bekommt man eine große Ehrfurcht vor der Welt, wenn man die Welt so betrachtet, daß man das Kind sieht, wie es zuerst ungeschickt mit den Gliedern in aller Welt herumfuchtelt, wie das nach und nach verständig wird. Ja, das ist die Nachwirkung der Bewegungen, die wir als Geistwesen unter Geistwesen durch Jahrhunderte ausgeführt haben. Es ist wirklich etwas Wunderbares, in den einzelnen Bewegungen des Kindes, in dem Aufsuchen der Gleichgewichtslage die irdischen Nachwirkungen der himmlischen Bewegungen, die rein geistig ausgeführt werden als Geist unter Geistern, wieder zu sehen. So geschieht es ja regelmäßig beim Kinde. Wenn es anders geschieht, ist es etwas abnorm. Es kann auch eintreten, aber eigentlich sollte das Kind zuerst gehen lernen, zuerst sich ins Gleichgewicht bringen lernen und dann sprechen.

Und nun lebt sich das Kind mit der Sprache nachahmend ein in die Umgebung. Aber mit jedem Laute, mit jeder Wortbildung, die sich in dem Kind ausbildet, haben wir einen anspruchslosen irdischen Anklang jenes Erlebnisses, das wir haben, wenn das Erleben des Geistigen Offenbarung wird, gewissermaßen sich zu einem einheitlichen Nebel zusammenbildet. Da wird aus den einzelnen Wesen der Welt, die wir vorher individuell erlebt haben, der Weltenlogos. Dieser Nebel ist ja der Weltenlogos. Und wenn aus dem Kinde heraus Wort für Wort kommt, so ist das das ausgesprochene irdische Nachbild jenes wunderbaren Weltentableaus, das der Mensch in der Offenbarungszeit durchmacht, bevor er wiederum in den Mondenbereich eintritt.

Und dann, wenn das Kind, nachdem es gehen und sprechen gelernt hat, die Gedanken allmählich entwickelt – denn das dritte sollte erst das Denkenlernen bei der regelmäßigen menschlichen Entwicklung sein –, da ist das ein Nachbild jener Verrichtungen, die der Mensch vollzogen hat, indem er den Weltenäther aus allen Weltengebieten zum eigenen Ätherleib zusammengeformt hat.

So schauen wir das Kind an, wie es in die Welt hereingetreten ist. Und in dieser Stufenfolge der drei anspruchslosen Verrich-

tungen, die es sich aneignet, in ein dynamisch-statisches Verhältnis zur Welt zu kommen, Gleichgewicht zu erhalten, was wir
Gehenlernen nennen, Sprechenlernen, Denkenlernen, sehen wir
die ganz zusammengefalteten, irdisch anspruchslosen Nachbil-
der desjenigen, was ins gewaltige Kosmische auseinandergerollt
die Zustände darstellt, die zwischen dem Tode und einer neuen
Geburt durchgemacht werden.

Erst dadurch, daß wir dieses geistige Leben zwischen dem
Tode und einer neuen Geburt kennenlernen, lernen wir auch
kennen jenes Geheimnisvolle, das sich herausarbeitet aus dem
tiefsten Inneren des Menschen, wenn das Kind zuerst ganz un-
differenziert zur Welt kommt und immer differenzierter und differenzierter wird. So lernen wir die Welt begreifen als eine
Offenbarung des Göttlichen, wenn wir in jedem einzelnen hindeuten können, wie es eine Offenbarung des Göttlichen ist.

Einiges über die Technik des Karma im Leben nach dem Tod

Dasjenige, was wir heute betrachten wollen, das wird sich beziehen auf mancherlei, was schon öfters besprochen worden ist; aber von einem neuen Gesichtspunkt aus wollen wir Bekanntes besprechen, weil die geistigen Welten uns nur völlig verständlich werden können, wenn wir sie wirklich von den verschiedensten Standpunkten aus betrachten. Das Leben zwischen dem Tod und einer neuen Geburt ist in der mannigfaltigsten Weise beschrieben worden. Wir wollen es heute so betrachten, daß wir berücksichtigen können mancherlei von dem, womit ich mich gerade in den letzten Monaten neuerdings auf dem Gebiet der Geistesforschung zu beschäftigen hatte.

Wir wissen ja, daß wir unmittelbar, nachdem wir durchschritten haben die Pforte des Todes, das sogenannte Kamaloka durchmachen, das heißt jene Zeit, in der wir noch enger zusammenhängen mit unserem Fühlen, unseren Affekten, mit all unserm Seelenleben unserer letzten Erdenverkörperung. Allmählich befreien wir uns von diesem Zusammenhang. Wir haben ja nicht mehr den physischen Leib, nachdem wir durch die Pforte des Todes geschritten sind. Aber wenn wir auch den physischen und den Ätherleib abgelegt haben, unser Astralleib hat alle Eigentümlichkeiten, die er hier auf Erden hatte; und diese Eigentümlichkeiten, die dieser Astralleib hat, weil er in einem physischen Leib gewirkt hat, die muß er ablegen. Dazu braucht er eine gewisse Zeit, und das ist die Kamalokazeit. Nach dieser Kamalokazeit durchlebt er dasjenige, was wir die geistige Welt oder das Devachan genannt haben.[3a] Wir haben es in unseren Schriften mehr, man möchte sagen, nach dem charakterisiert, was der Mensch erlebt durch die verschiedenen Elemente, die sich um ihn herum ausbreiten. Wir wollen jetzt von einer anderen Seite die Zeit zwischen Tod und neuer Geburt betrachten. Und zwar wollen wir dies zunächst einmal im allgemeinen charakterisieren.

Wenn der Mensch durch die Pforte des Todes durchgegangen ist, so erlebt er das Folgende: Während wir hier auf der Erde sind, können wir sagen, wir sind an einem bestimmten Ort eingeschlossen, nämlich in unserer Haut, und außerhalb ist der Raum mit den anderen Dingen und Wesenheiten. So ist es aber nicht nach dem Tod; sondern nach dem Tod ist es so, daß wir uns zunächst mit unserer ganzen Wesenheit ausdehnen, daß wir in unserem Erfühlen immer größer und größer werden. Dieses Gefühl: Ich bin in meiner Haut, und da draußen ist der Raum mit den Dingen – das ist eine Erfahrung, die wir nach dem Tod nicht haben. Nach dem Tod sind wir in den Dingen und Wesenheiten drinnen, wir dehnen uns aus über den Raum, der für uns in Betracht kommt. Während der Kamalokazeit dehnen wir uns fortwährend aus, und wenn die Kamalokazeit zu Ende ist, sind wir so groß, wie der Raum innerhalb des Mond-Umkreises ist. Also tatsächlich wir wachsen, wir dehnen uns aus über den Raum. Das Im-Raum-Sein, das Dasein im Raum hat nach dem Tode eine ganz andere Bedeutung als hier im physischen Leben. Tatsächlich ist es in gewisser Weise so, daß wir in der Kamalokazeit in dem Raum sind, den der Mond umläuft. Jede einzelne Seele ist da, so daß alle Seelen, die gleichzeitig im Kamaloka sind, den Raum ausfüllen, den die Mondbahn umgrenzt. Sie stecken alle ineinander. Und doch ist dieses Ineinanderstecken keineswegs ein Beisammensein, sondern das Sichbeisammen-Fühlen, das Miteinandersein hängt von ganz anderem ab als von dem Ausfüllen eines gemeinschaftlichen Raumes. Da können zwei Seelen nach dem Tod in demselben Raume sein und können tatsächlich unendlich fern voneinander sein, das heißt ihr Erleben ist so, daß sie gar nichts voneinander zu wissen brauchen, während andere Seelen ebenfalls in demselben Raum sind, aber sich familiär fühlen, sich beisammen fühlen, miteinander sich erleben. Da hängt alles von innerlichen Verhältnissen ab, nicht von äußerlich räumlichen Zusammenhängen.

Und in den nächsten Zeiten, wenn Kamaloka zu Ende ist, lebt

sich der Mensch noch in größere Räume ein. Immer weiter dehnt er sich aus. Wenn der Mensch so weit sich ausgedehnt hat, daß Kamaloka zu Ende geht und er sozusagen ausgedehnt ist über einen Himmelsraum, der so groß ist, daß die Mondbahn ihn begrenzen würde, dann ist innerhalb dieses ausgedehnten Raumes, den der Mensch zu durchmessen hat nach dem Tode innerhalb der Kamalokazeit, da ist zurückgeblieben – wie vom Menschen abgestreift – alles dasjenige, was der Mensch jemals während seines Erdenlebens so begangen hat, daß es ausdrückt seinen rechten Hang zum Erdenleben, seine Sehnsucht, seine Leidenschaft zum Erdenleben. Alles das muß der Mensch durchmachen, aber alles das muß er auch zurücklassen in der Mondsphäre oder im Kamaloka. Wenn der Mensch also weiterlebt nach dem Tode und sich später zurückerinnert an diese Mondensphäre, so wird er da eingeschrieben finden alles, was er hier hatte an sinnlichen Affekten und Leidenschaften, an all das, was im Seelenleben sich entfaltet, wegen dessen er sich sympathisch zur Körperlichkeit hingezogen fühlt. Das alles läßt er zurück in der Mondensphäre. Da bleibt es; der Mensch kann es nicht so schnell wieder ausstreichen. Der Mensch nimmt es auch mit als Kraft, aber es bleibt in der Mondensphäre eingeschrieben. So daß sozusagen unser Schuldkonto, eines jeden Menschen Schuldkonto in der Mondensphäre eingeschrieben bleibt.

Dann dehnen wir uns weiter aus. Wenn wir uns weiter ausdehnen, kommen wir in eine zweite Region, die der Okkultismus die Merkursphäre nennt. Es ist hier nicht möglich, genauer einzugehen auf eine Zeichnung der Sache, aber wir wollen einmal zunächst diese Dinge so betrachten ohne Zeichnung. Die Merkursphäre ist eine Sphäre, die größer ist als die Mondsphäre. Wenn wir uns in diese Sphäre hineinleben wollen nach dem Tod, so tun wir das als Menschen in der verschiedensten Weise. Der eine Mensch – das kann man genau untersuchen mit den entsprechenden Mitteln der Geisteswissenschaft –, der eine Mensch, der unmoralisch oder moralisch niedrig gestimmt war, lebt sich in diese Merkursphäre in ganz anderer Weise ein als der Mensch, der moralisch gestimmt ist. Der erstere kann in dieser Merkursphäre, das heißt in der Zeit, die nach der Kamalokazeit kommt in der Art, wie wir es früher gesagt haben, nicht diejenigen Menschen finden, welche mit ihm oder vor ihm oder bald nach ihm ebenfalls den physischen Plan verlassen haben und auch in der geistigen Welt sind. Also er lebt sich so in die geistige Welt hinein, daß er diejenigen, die ihm lieb waren, mit denen er zusammen sein möchte, doch nicht finden kann. Er wird ein Einsiedler der geistigen Welt, der Merkursphäre, der hier auf Erden unmoralisch gestimmte Mensch. Der moralisch gestimmte Mensch wird aber das, was man nennen kann ein geselliges Wesen. Er findet dort vor allen Dingen diejenigen Menschen, die ihm auf Erden nahegestanden haben als Seelenwesen.

Davon hängt es ab, ob wir mit jemand zusammen sind; nicht vom Räumlichen, denn wir füllen alle denselben Raum aus, sondern von dem, wie wir gestimmt sind. Einsiedler werden wir, trotzdem wir denselben Raum ausfüllen wie die anderen, und Einsiedler bleiben wir, denn wir finden nicht den Weg zu den anderen, trotzdem wir in demselben Raum sind. Einsiedler werden wir, wenn wir unmoralische Gesinnung hineinbringen; gesellige Wesen werden wir, wenn wir moralische Stimmung hineinbringen. Im Kamaloka, in der Mondensphäre finden wir andere Schwierigkeiten in bezug auf das Gesellige; aber im allgemeinen darf man sich vorstellen, daß auch da der Mensch, je nach Beschaffenheit seiner Seele, ein Einsiedler oder ein geselliges Wesen werden kann. Derjenige, der ein ausgesprochener Egoist war auf der Erde, der eigentlich nur die Befriedigung seiner Begierden und Leidenschaften kennt, wird in der Mondsphäre nicht leicht die Wesen finden können, die ihm auf der Erde nahegestanden haben. Der Mensch aber, der leidenschaftlich, wenn auch nur sinnlich leidenschaftlich noch etwas geliebt hat, was außer ihm steht, der wird immerhin in der Kamalokazeit kein ganz einsames Wesen sein, sondern er wird andere Wesen finden, die ihm nahegestanden haben. Aber im allgemeinen ist es in diesen zwei Sphären nicht möglich, andere Menschenwesen zu finden als solche, die uns schon auf der Erde nahegestanden haben. Die anderen bleiben uns unbekannt. Also die Bedingung sozusagen, daß wir mit anderen Menschen zusammenkommen, ist die, daß wir auf Erden mit ihnen zusammen waren. Ob wir zusammenkommen, das hängt vom Moralischen ab. Aber auch moralische Bestrebungen können uns nicht viel über jenes Gebiet hinaus fördern, das zu jenen Menschen führt, denen wir schon auf Erden nahegestanden haben. Die Beziehungen zu diesen Menschen, die wir da nach dem Tod treffen, haben das Eigentümliche, daß sie nach dem Tod nicht geändert werden können.

Das müssen wir uns so vorstellen: Hier im Leben haben wir jederzeit die Möglichkeit, die Lebensverhältnisse, die Lebensbeziehungen zu ändern. Nehmen wir einmal an: einen Menschen haben wir durch eine gewisse Zeit nicht so geliebt, wie er es verdient hätte. In dem Augenblick, wo wir dieses einsehen, wo wir zur Besinnung kommen, können wir die richtige Liebe eintreten lassen, wenn wir stark genug sind. Diese Möglichkeit fehlt uns nach dem Tode. Wenn wir nach dem Tode einen Menschen antreffen, dem wir auf der Erde zu wenig Liebe oder ungerechtfertigte Liebe entgegengebracht haben, so sehen wir das zwar, wir nehmen die Sache viel genauer wahr als hier auf der Erde; aber wir können nichts daran ändern. Es muß so bleiben. Das eben ist das Eigentümliche, daß die Lebensbeziehungen eine gewisse Konstanz haben. Dadurch, daß sie etwas Bleibendes werden, bildet sich in unserer Seele die Kraft aus, durch welche sich das Karma ordnet. Wenn wir also einen Menschen fünfzehn Jahre lang zu wenig geliebt haben, so sehen wir dies ein; und während wir es durchleben, bilden wir die Kraft aus, wenn wir wieder inkarniert werden auf der Erde, dieses anders zu machen; dadurch bilden wir die Kraft und den Willen zum karmischen Ausgleich aus. Das ist die Technik des Karma. Vor allen Dingen müssen wir uns über eins klar sein. In den ersten Zeiten nach dem Tod, also während der Mond- und der Merkurzeit, und auch noch während der nächsten Zeit, die gleich charakterisiert werden soll, da leben wir in der geistigen Welt so, daß unser Leben abhängt von der Art, wie wir hier auf Erden, in der physischen Welt gelebt haben; aber so, daß nicht nur in Betracht kommt unser Bewußtsein, wie wir es auf Erden haben, sondern daß auch in Betracht kommt unser Unterbewußtsein. So wie wir hier auf der Erde leben normal, im Wachzustande, so leben wir in unserem Ich. Unter unserem Ich-Bewußtsein ist das astrale Bewußtsein, das Unterbewußtsein. Und das wirkt zuweilen auf Erden ganz anders, ohne daß der Mensch es weiß, als das Oberbewußtsein, das Ich-Bewußtsein.

Nehmen wir das nächstliegende Beispiel. Zwei Menschen leben hier in den besten Freundschaftsverhältnissen. Da kommt es häufig vor, der eine bekommt eine gewisse Estimation für die Geisteswissenschaft, der andere, der mit ihm lebt, während ihm vorher die Geisteswissenschaft gleichgültig war, bekommt jetzt einen besonderen Haß darauf. Dieser Haß braucht nicht in der ganzen Seele zu sein, es kann durchaus so sein, daß er nur im Ich-Bewußtsein ist, nicht im astralen Bewußtsein. Im Astralbewußtsein kann der Mensch, der sich immer mehr in den wütenden Haß hineinredet, sie eigentlich lieben und nach ihr verlangen, ohne daß er es weiß. Das ist durchaus möglich. Solche Widersprüche gibt es in der menschlichen Natur. Untersucht man sein Astralbewußtsein, sein Unterbewußtsein, so lebt vielleicht gerade da eine ihm selbst verborgene Sympathie mit der Sache, die er in seinem Oberbewußtsein haßt. Nach dem Tod zeigt sich das besonders bedeutsam; denn nach dem Tod wird der Mensch in dieser Beziehung wahr. Einer, der hier auf Erden sich eingeredet hat, noch so sehr Geisteswissenschaften zu hassen, aber im Unterbewußtsein sie liebt, und der während seines ganzen Lebens abgewiesen hat, was damit zusammenhing, der hat oft die brennendste Liebe nach dieser Geisteswissenschaft. Das kann einen tiefen Schmerz in seinem Kamaloka-Leben bedeuten, daß er nichts weiß und also keine Gedanken der Erinnerung hat. Denn in der ersten Zeit nach dem Tod lebt man vorzugsweise von Erinnerungen. So daß der Mensch nach dem Tod nicht bloß von dem abhängt, was ihn quält oder auch, was ihm Freude macht, von dem, was in seinem Ich-Bewußtsein lebt, sondern daß er auch abhängt von dem, was in seinem Unterbewußtsein sich entwickelt hat. Da wird der Mensch durchaus wahr in dieser Beziehung.

Und hier haben wir einen der Punkte, wo wir sehen können, wie Geisteswissenschaft wirklich berufen ist, wenn sie richtig verstanden wird, in das ganze menschliche Leben fruchtbringend einzugreifen. Sehen Sie, der Mensch, der durch die Pforte des Todes geschritten ist, kann nichts ändern in den Beziehungen zu den Wesen, die um ihn sind, und die andern auch nicht, die um ihn sind. Da ist Unveränderlichkeit der Verhältnisse eingetreten. Aber wo noch Veränderlichkeit eintreten kann, das ist auf dem Gebiet der Beziehungen zwischen den Gestorbenen und den noch Lebenden. Die Lebenden, die noch hier sind auf dem physischen Plan, sind sozusagen, wenn sie in irgendeiner Weise zusammengehangen haben, also beide, sie und der jetzt Verstorbene, hier gewesen sind, die Lebenden sind die einzigen, die etwas lindern können den Schmerz, die etwas stillen können die Qual derjenigen, die durch die Pforte des Todes gegangen sind. Und fruchtbar hat sich in einer großen Anzahl von Fällen erwiesen, was man nennen kann gerade für diesen Fall: das Vorlesen den Toten. Es hat sich wirklich das bewährt: da ist jemand gestorben; hier im Leben hat er sich aus irgendeinem Grund, aus dem, der genannt worden ist, oder aus anderen Gründen, nicht mit Geisteswissenschaft befaßt. Derjenige, der zurückgeblieben ist, kann aus der Geisteswissenschaft heraus wissen, daß der Verstorbene ein brennendes Interesse für Geisteswissenschaft haben kann. Wenn der Zurückgebliebene nun Gedanken innerlich durchnimmt mit ihm, als wenn der Tote ihm gegenüberstehen würde, mit dem Gedanken, als ob der Tote vor ihm stehen würde, so ist das für den Toten eine große Wohltat. Wir können tatsächlich dem Toten vorlesen. Das überbrückt sozusagen die Kluft, die besteht zwischen den Lebenden und den Toten. Bedenken Sie, wenn die zwei Welten, die durch die materialistische Gesinnung der Menschen so geschieden sind – die Welt des physischen Planes und die spirituelle Welt, die der Mensch durchläuft zwischen Tod und neuer Geburt –, bedenken Sie, wie dies unmittelbar ins Leben eingreift, wenn diese zwei Welten zusammengeführt werden! Wenn Geisteswissenschaft nicht Theorie bleibt, sondern unmittelbarer Lebensimpuls wird, also das, was

Geisteswissenschaft eben sein soll, dann gibt es keine Trennung, sondern unmittelbare Kommunikation. Das Vorlesen den Toten ist einer von den Fällen, in denen wir in unmittelbare Beziehung zu den Toten treten können, in denen wir ihnen helfen können. Derjenige, der Geisteswissenschaft gemieden hat, bleibt immer in der Qual, nach ihr zu verlangen, wenn wir ihm hier nicht helfen. Aber wir können ihm auch von hier helfen, wenn er überhaupt ein solches Verlangen hat. So kann der Lebendige dem Toten helfen.

In gewisser Weise ist es wiederum auch möglich, daß der Tote für den Lebenden vernehmlich wird, obwohl die Lebenden heute wenig tun, um mit den Toten in Verbindung zu kommen. Aber da wird Geisteswissenschaft unmittelbar eingreifen in das menschliche Leben, wird ein wirkliches Lebenselixier werden. Wenn man begreifen will, wie die Toten auf die Lebenden wirken können, müssen wir vielleicht von folgender Betrachtung ausgehen.

Was weiß der Mensch überhaupt von der Welt? Außerordentlich wenig wissen wir, wenn wir hier auf dem physischen Plan in bloßem Wachzustande die Dinge betrachten. Der Mensch weiß dasjenige, was sich vor seinen Sinnen abspielt und was er aus dem, was sich da abspielt, mit seinem Verstande machen kann. Alles übrige weiß er nicht. Meistens glaubt er, daß sich sonst nichts ergeben könnte, als was er durch die physischen Sinne beobachten kann. Aber es gibt sehr vieles, was nicht geschieht und doch außerordentlich bedeutsam ist. Was heißt das?

Wir wollen einmal annehmen, wir seien gewöhnt, jeden Tag um acht Uhr morgens in unser Geschäft zu gehen. Einmal aber verspäten wir uns gerade um fünf Minuten. Es geschieht weiter nichts, als daß wir um fünf Minuten zu spät kommen. Aber wir können vielleicht bei genauer Erwägung, wenn wir alle Verhältnisse ins Auge fassen, dazu kommen, zu erfahren, daß just an dem Tag, wenn wir zur rechten Zeit gegangen wären, wir hätten überfahren werden müssen; das heißt, wenn wir zur rechten Zeit ausgegangen wären, würden wir nicht mehr leben. Oder, was auch möglich ist, was vorgekommen ist, daß jemand durch einen

Freund abgehalten worden ist, eine Reise auf der Titanic zu machen.[4] Er kann sagen: Wäre er damals gefahren, so wäre er zugrunde gegangen! Daß das karmisch so bedingt war, ist eine andere Sache. Aber denken Sie einmal, wenn Sie das Leben so betrachten, wieviel Sie vom Leben wissen. Wenn nichts von dem geschehen ist, was hätte geschehen können, so wissen Sie es nur nicht. Die unendlichen Möglichkeiten, die da bestehen in der Welt der Wirklichkeiten, die beachtet der Mensch nicht. Sie können sagen: Das ist gewiß nicht bedeutsam! Für die äußeren Verhältnisse ist es nicht bedeutsam; bedeutsamer ist es, daß wir nicht zugrunde gegangen sind. Aber ich möchte darauf aufmerksam machen, daß wir hätten wissen können: die Wahrscheinlichkeit war groß, daß wir hätten zugrunde gehen können, wenn wir zum Beispiel einen von einer Katastrophe betroffenen Zug nicht versäumt hätten. Man könnte sich alle möglichen Fälle aufzählen, die aber im kleinen immer wieder vorkommen. Gewiß, für den äußeren Lauf der Dinge brauchen wir nur zu wissen, was wir beobachten können. Aber nehmen wir an, wir wissen genau, daß etwas hätte geschehen können, wenn wir den Zug nicht versäumt hätten. Dann macht ein solches Erlebnis einen Eindruck auf unser Gemüt, und wir sagen: Wie bin ich da bewahrt worden durch ein gütiges Geschick auf sonderbare Weise! Denken Sie sich alle diese Dinge, die der Möglichkeit nach an den Menschen herantreten. Unendlich viel reicher wäre das Seelenleben – und wie reich wäre es, wenn der Mensch das alles wissen könnte, während er jetzt nur das armselige Leben des Geschehenen ins Auge faßt –, wenn er alles das wissen könnte, was so hereinspielt in das Leben, ohne daß es wirklich geschieht.

Es ist, wie wenn Sie den Blick hinwenden auf das Getreidefeld und da die Ähren betrachten, die vielen Weizenkörner, von denen diejenigen, die wieder ausgesät werden, eine verhältnismäßig geringe Anzahl ausmachen, unzählige aber werden keine neuen Halme mit Ähren, sondern gehen einen anderen Weg. Das, was möglich ist mit uns, verhält sich zu dem, was wirklich wird, so wie die vielen Weizenkörner, die nicht wieder zu Ähren werden, zu denen, die Ähren werden. Es ist so in Wirklichkeit;

denn das, was im Leben möglich ist, ist ungeheuer reich. Und diejenigen Momente, wo besonders wichtige Dinge in der Welt des Möglichen mit uns vorgehen, das sind die günstigen Momente, wo die Toten uns nahetreten können. Nehmen wir an, daß jemand fünf Minuten zu früh weggeht und dadurch vor dem Zutodefallen bewahrt geblieben ist in dem Moment, wo er von einem Unglück erreicht worden wäre oder auch von etwas Freudigem erreicht wird, das uns auf diese Weise entgangen ist. In diesem Moment ist es, wo hereinwehen kann in das Leben wie in einem Traumbilde dasjenige, was die Toten uns selber mitteilen. Aber der Mensch lebt grob. Er kümmert sich nur um das Grobe, nicht um die Feinheiten des Lebens, die in dieses Leben hereinspielen und vorgehen. In dieser Beziehung wird durch die Geisteswissenschaft das Gefühl und die Empfindung verfeinert. Dann wird der Mensch diejenigen in das Leben hereinragen fühlen, die da tot sind, und er wird Zusammenhang haben mit ihnen. Die Kluft zwischen Lebendigen und Toten wird überbrückt werden durch die Geisteswissenschaft, die wirklich ein Lebenselixier wird.

Die nächste Sphäre, also die nächste Zeit nach dem Tod ist die sogenannte Venus-Sphäre. In dieser Venus-Sphäre werden wir Einsiedler, wenn wir hier unreligiös gestimmt waren. Gesellige Wesen werden wir durch religiöse Stimmung, die wir mitbringen. Je nachdem wir in der Lage waren zu fühlen hier in der physischen Welt unsere Hingabe an den heiligen Geist, finden wir alle diejenigen, die die gleiche Stimmung dem Geist-Göttlichen gegenüber haben. In dieser Venus-Sphäre sind die Menschen gruppiert nach Religions- und Weltanschauungs-Verhältnissen. Hier auf Erden ist es noch so, daß sowohl religiöses Streben als auch religiöses Erleben den Ausschlag geben. In der Venus-Sphäre ist die Gruppierung lediglich nach Religions- und Weltanschauungs-Bekenntnissen. Diejenigen, welche die gleiche Weltanschauung haben, sind in großen, mächtigen Gemeinden in der Venus-Sphäre; sie sind nicht Einsiedler. Einsiedler sind diejenigen, die gar keine religiösen Empfindungen und Impulse entwickeln können. Also diejenigen, die wir in unserer

Zeit Monisten, Materialisten nennen, werden nicht zu geselligen, sondern zu einsamen Wesen werden; jeder wird wie in einem eigenen Käfig die Venus-Sphäre zubringen, und ein Monistenbund ist in dieser Sphäre ganz unmöglich, weil durch das, was das monistische Glaubensbekenntnis ist, der Mensch zur Einsamkeit verurteilt wird. Das ist eine Tatsache, nicht etwa nur Ausgedachtes, daß jeder in einen eigenen Käfig gesperrt ist. Das ist dazu da, um die Seele zu erziehen für die Wirklichkeit gegenüber der Phantasterei des Monismus, die sie sich hier angeeignet hat. Im ganzen kann man sagen: Zusammenkommen kann man mit denjenigen, die mit uns gleicher Weltanschauung, gleichen Glaubens sind. Schwer verständlich sind uns andere Bekenntnisse in der Venus-Sphäre.

Dann kommt die Sonnensphäre. Das ist die nächstfolgende Zeit. In der Sonnensphäre kann uns nur noch dasjenige helfen, was die verschiedenen Bekenntnisse ausgleicht, was die Brücke bilden kann von einem Religionsbekenntnis zum anderen. Nun ja, in bezug auf dieses Brückebilden von einem Bekenntnis zum anderen haben die Menschen so ihre eigenen Anschauungen und können nicht leicht begreifen, wie man finden kann ein wirkliches Verständnis auch des anders Denkenden und anders Fühlenden. Theoretisch ist ja dieses Verständnis vielfach gefordert worden; wenn die Forderung aber praktisch werden soll, da wird die Sache gleich anders.

Dann kann man die Erfahrung machen, daß mancher, der der Hindu-Religion angehört, zwar von dem gemeinsamen Wesenskern aller Religionen redet, aber er meint mit gemeinsamem Wesenskern nur das, was in der Hindu- oder Buddha-Religion enthalten ist. Die Bekenner reden von der Hindu- und der Buddha-Religion in besonderen Egoismen, und wenn sie davon reden, sind sie im Gruppenegoismus befangen. – Man könnte da eine schöne Legende vom Gruppenegoismus einfügen, die sich bei den Esten findet.

Die Esten haben eine sehr schöne Legende über die Entstehung der Sprachen: Gott wollte den Menschen die Sprache gewähren durch das Feuer. Da soll ein großes Feuer angemacht worden sein, und durch das eigentümliche Tönen des Feuers, dem die Menschen zuhören sollten, und durch das, was sie da als Laute hören würden, sollte die Sprache werden. So rief die Gottheit die Völker der Erde zusammen, auf daß die Völker ihre Sprachen lernen könnten. Aber bevor die anderen hergerufen wurden, nahm Gott die Esten vor, und ihnen lehrte er die göttlich-geistige Sprache, also eine höhere Sprache. Dann kamen erst die anderen heran, und die durften dem Feuer zuhören, und da sie hörten, wie das Feuer brannte, da lernten sie die Töne verstehen. Die einzelnen Völker, die die Esten besonders gern hatten, die kamen zuerst, als das Feuer noch ziemlich stark brannte. Als das Feuer schon ziemlich gegen das Ende ging, kamen die Deutschen, denn die Esten lieben die Deutschen nicht besonders. Und da konnte man hören aus dem schon zerprasselnden Feuer: «Deitsch, peitsch, deitsch, peitsch.» Dann kamen die Lappen, die die Esten gar nicht lieben, und da hörte man nur noch: «Lappen latschen.» Und da hier das Feuer nur bloß noch Asche war, brachten die Lappen die allerschlechteste Sprache heraus, weil die Esten mit den Lappen in Todfeindschaft lebten. – So sieht man, wie die Esten alles, was sie an Gruppenegoismus haben, da zum Ausdruck bringen.

So ähnlich sind die meisten Völker, wenn sie davon sprechen, daß sie zu dem Wesenskern in den verschiedenen Religionsgemeinschaften vordringen wollen. Und da muß tatsächlich gesagt werden, daß in dieser Beziehung das Christentum unbedingt anders ist als die anderen Bekenntnisse. Wenn es zum Beispiel im Abendland geradeso wäre wie in der Hindu-Religion, so würde der alte Wotan als Nationalgott immer noch herrschend sein. Aber das Abendland hat nicht einen herrschenden Gott genommen, der innerhalb des Abendlandes zu finden war, sondern einen, der außerhalb zu finden ist. Das ist ein wesentlicher Unterschied gegenüber dem Hinduismus und dem Buddhismus. So ist in vieler Beziehung das abendländische Christentum nicht durchsetzt von religiösem Egoismus, es ist religiös viel selbstloser als die morgenländischen Religionen. Deshalb ist die richtige Erkenntnis und Empfindung des Christus-Impulses auch dasjenige, was den Menschen in ein richtiges Verhältnis bringt zu den Mitmenschen, gleichgültig welches innere Bekenntnisleben sie haben.

In der Sonnensphäre zwischen Tod und neuer Geburt heißt es wirklich, das Verständnis dessen zu haben, was uns ermöglicht, nicht nur mit Menschen des gleichen Bekenntnisses, sondern mit allen Menschen sozusagen in ein Verhältnis zu kommen, weil dieses Christentum niemals, wenn wir es so weit fassen, daß wir es mit der alttestamentlichen Religion zusammenhängend betrachten, Einseitigkeit lehrt. Auf eines ist aufmerksam gemacht worden, was im höchsten Grade bedeutsam und notwendig ist zu erkennen: Es wird Ihnen erinnerlich sein, daß eines der schönsten Worte des Neuen Testamentes, das der Christus sagt, an das Alte Testament erinnert, das Wort: «Ihr seid Götter.» Christus weist die Menschen darauf hin, daß in jedem Menscheninnern ein göttlicher Kern lebt, ein Gott: Ihr seid alle Götter. Ihr kommt Göttern gleich. – Eine hohe Lehre des Christus ist es, den Menschen hinzuweisen auf seine göttliche Natur, darauf, daß er sein kann wie Gott. Du kannst sein wie Gott, eine wunderbare, groß und tief zum Herzen gehende Lehre des Christus! Ein anderes Wesen hat dieselben Worte vorgetragen, und es gehört zum Christus-Bekenntnis, daß ein anderes Wesen dasselbe vorgebracht hat. Luzifer, im Beginn des Alten Testaments, trat an den Menschen heran, und die Versuchung besteht darin, daß er den Ausgangspunkt nimmt von den Worten: «Ihr werdet sein wie Gott.» Das gleiche Wort sagt Luzifer am Ausgangspunkt der Versuchung im Paradies, und wiederum sagt es der Christus Jesus, ganz dasselbe Wort! Wir berühren hier einen der tiefsten, bedeutungsvollsten Punkte des Christus-Bekenntnisses, den Punkt, wo sozusagen mit dem Finger darauf hingedeutet wird, daß es nicht bloß auf den Inhalt irgendwelcher Worte ankommt, sondern daß es darauf ankommt, welches Wesen im Weltenzusammenhang irgendein Wort ausspricht. Deshalb mußte auch im letzten Mysterienspiel gezeigt werden [5]: Es kann dieselben Sätze Luzifer sagen, und sie sind etwas ganz anderes, als wenn Ahriman sie sagt, und etwas anderes, wenn Christus sie sagt. Da berühren wir ein tiefes Geheimnis des Weltendaseins, und es ist wichtig, daß wir uns ein Verständnis aneignen für dasjenige, was gerade durch dieses «Ihr seid Götter», «Ihr werdet sein wie Gott» das eine Mal aus dem Munde des Christus, das andere Mal aus dem Munde des Luzifer ausgesprochen ist.

Das muß durchaus in Betracht gezogen werden, daß wir zwischen Tod und neuer Geburt auch eben einmal in der Sonnensphäre leben werden und in dieser Sonnensphäre ein ganz gründliches Verständnis des Christus-Impulses nötig haben. Dieses müssen wir von der Erde mitbringen; denn der Christus ist einmal auf der Sonne gewesen, aber er ist, wie wir gehört haben, von der Sonne heruntergekommen und hat sich jetzt mit der Erde vereinigt. Mithin müssen wir ihn hinauftragen bis in die Sonnenzeit und dann können wir mit dem Christus-Impuls ein geselliges Wesen sein, können ihn in der Sonnensphäre verstehen.

Aber wir müssen unterscheiden lernen, und das lernen wir jetzt nur durch die Anthroposophie, zwischen Christus und Luzifer. Denn dasjenige, was wir von der Erde mitbringen in unserm Christus-Verständnis, das führt uns allerdings bis zur Sonne hinauf und ist innerhalb der Sonnensphäre sozusagen ein Führer von Menschenseele zu Menschenseele ohne Unterschied von Glaube und Bekenntnis; aber ein anderes Wesen begegnet uns in der Sonnensphäre, das dieselben Worte spricht, die im Grunde genommen denselben Inhalt haben: Luzifer ist dieses Wesen. Und dieses Verständnis müssen wir erworben haben für den Unterschied zwischen Christus und Luzifer, denn Luzifer muß uns nun begleiten durch die weiteren Sphären zwischen Tod und neuer Geburt.

Sehen Sie, so durchleben wir eine Mond-, Merkur-, Venus- und Sonnensphäre. In jeder dieser Sphären erreichen wir zunächst dasjenige, was wir in bezug auf die innere Kraft mit uns gebracht haben. In der Mondsphäre die Affekte: Triebe, Leidenschaften, sinnliche Liebe verbinden uns mit dieser Sphäre. In der Merkursphäre erreicht uns alles, was wir an moralischen Unvollkommenheiten haben, in der Venus-Sphäre, was wir an religiösen Unvollkommenheiten haben, in der Sonnensphäre, was uns trennt von all dem, was «menschlich» heißt.

Jetzt also gehen wir in die andern Sphären, die der Okkultist als die Mars-, die Jupiter-, die Saturnsphäre kennt. Da ist Luzifer unser Führer, da treten wir ein in eine Welt, die uns mit neuen Kräften befruchtet. So wie wir hier die Erde unter uns haben, so haben wir da den Kosmos innerhalb der Sonne unter uns. Wir wachsen hinein in die göttlich-geistigen Welten, und während wir hineinwachsen in diese göttlich-geistigen Welten, müssen wir dasjenige im Gedächtnis behalten, was wir mitgebracht haben von dem Christus-Impuls. Den können wir nur auf der Erde erwerben, und je stärker wir ihn erworben haben, desto weiter können wir ihn hinaustragen in den Kosmos. Da tritt dann Luzifer an uns heran. Der führt uns in die Welt, in die wir hinaus müssen, damit wir für eine neue Inkarnation vorbereitet werden. Und dasjenige, was wir nicht entbehren können, damit Luzifer uns nicht gefährlich werde, das ist das Verständnis des Christus-Impulses, dasjenige, was wir gehört haben von Christus während der Erdenzeit. Der Luzifer kommt schon an uns heran in der Zeit zwischen Tod und Geburt, aber den Christus müssen wir aufgenommen haben während der Erdenzeit. Dann wachsen wir hinein in die andern Sphären, die außerhalb der Sonne sind. Wir werden immer größer und größer sozusagen, wir haben unter uns die Sonne und über uns den ganzen großen, mächtigen Sternenhimmel. In den großen Weltenraum hinein wachsen wir, in den Kosmos hinaus bis zu gewissen Grenzen. Und während wir hinauswachsen, wirken die kosmischen Kräfte aus allen Sternen auf uns. Wir nehmen aus der ganzen mächtigen Sternenwelt die Kräfte auf in unser mächtig ausgedehntes Wesen.

Bis zu einer Grenze kommen wir. Dann ziehen wir uns wiederum zusammen und treten wieder in dasjenige ein, was wir durchgemacht haben. Wir kommen durch die Sonnen-, Venus-, Merkur-, Mondensphäre, bis wir wiederum der Erde nahe kommen, und bis dasjenige, was in den Weltenraum hinausgetragen war, sich wiederum zusammenzieht zu einem Keim, der in einer Menschenmutter zu einem neuen Menschen sich bildet. Das geschieht dann wiederum, wenn der Mensch sich hinausgedehnt hat in die fernen Weltenräume und da aufgenommen hat die kosmischen Kräfte.

Das ist das Geheimnis vom Menschsein nach dem Tode, zwischen Tod und neuer Geburt. Nachdem der Mensch durch die Pforte des Todes gegangen war, ist er von dem kleinen Raum der Erde ausgehend immer größer und größer geworden, ist bis zur Mond-, Merkur-, Venus-, Sonnen-, Mars-, Jupiter-, Saturnsphäre hinausgewachsen. Da sind wir in den Weltenraum hinausgewachsen; gleichsam eine Riesenkugel werden wir als Geisteswesen. Dann, nachdem wir als Seele aufgenommen haben die Kräfte des Universums, der Sterne, ziehen wir uns wieder zusammen, und dann haben wir die Kräfte der Sternenwelt in uns. Da haben wir eine Erklärung der Geistesforschung dafür, daß in dieser unserer zusammengepreßten Gehirnmasse ein Abdruck des ganzen Sternenhimmels zu finden ist. Tatsächlich birgt unser Gehirn ein bedeutungsvolles Geheimnis.

Und noch ein Geheimnis liegt hierin: der Mensch hat sich also zusammengezogen, hat sich inkarniert in einem physischen Leibe, in den er durch ein Elternpaar gekommen ist. So weit ist der Mensch gelangt, denn da hat er eingeschrieben, während er sich ausgedehnt hat im Weltenraum, alles dasjenige, was seine Eigenschaften waren. Wenn wir auf der Erde stehen und in den Sternenhimmel hinausblicken, so sind da nicht bloß Sterne, sondern da sind unsere Eigenschaften aus den früheren Inkarnationen. Wenn wir zum Beispiel in früheren Inkarnationen ehrgeizig waren, so steht dieser Ehrgeiz in der Sternenwelt geschrieben. Er ist eingeschrieben in der Akasha-Chronik, und wenn Sie hier auf Erden an einem bestimmten Punkte stehen, kommt der Ehrgeiz mit dem betreffenden Planeten in dieser oder jener Lage zu Ihnen; er macht seinen Einfluß geltend. Und das ist deren Moral, daß die Astrologen nicht bloß Sterne und Sternwirkungen sehen, sondern daß sie sagen: Da steht Ihre Eitelkeit, Ihr Ehrgeiz, Ihr Unmoralisches, Ihre Trägheit; und da wirkt jetzt etwas, was Sie in die Sterne eingeschrieben haben, in gewisser Weise aus der Sternenwelt wieder herunter und bedingt Ihr Schicksal. Darum schreiben wir dasjenige, was in unserer Seele ist, ein in den großen Raum, und da wirkt es von dem Raume auf uns zurück, während wir hier auf Erden sind, während wir hier auf Erden wandeln zwischen Geburt und Tod. Diese Dinge gehen uns ungeheuer nahe, wenn wir sie wirklich verstehen, und sie erklären uns so manches.

Sehen Sie, ich habe mich im Leben viel mit Homer beschäftigt, aber als ich gerade im letzten Spätsommer die Aufgabe hatte, diese Verhältnisse zwischen Tod und Neugeburt zu untersuchen und auf den Standpunkt kam, daß unveränderlich bleiben die Verhältnisse von einem Tod zur nächsten Geburt, da mußte ich mir bei einer Stelle sagen: die Griechen nennen ihn den Blinden, weil er ein großer Seher war. Er sagt: das Leben nach dem Tode geschehe an dem Orte, wo es keine Veränderung gibt. Ein wunderbar treffendes Wort. Man lernt dieses Wort erst verstehen, wenn man es aus den okkulten Geheimnissen heraus tut. Und je weiter man in diesem innern Ringen vorwärtskommt, desto mehr wird es klar, daß die antiken Dichter die allergrößten Seher waren und in ihre Werke manches hineingeheimnißt haben, zu dessen Verständnis vieles notwendig ist.

Da will ich einer Sache Erwähnung tun, die mir im Frühherbst passiert ist und die recht bezeichnend ist. Ich wehrte mich anfangs dagegen, weil sie ganz überraschend ist. Aber es ist einer jener Fälle, wo die Objektivität siegt.

In Florenz gibt es ein Grabmal von *Michelangelo* für Lorenzo und Giuliano Medici. Da sind diese beiden Brüder abgebildet und dabei sind vier allegorische Figuren. Diese Figuren sind sehr bekannt. Aber daß da etwas nicht ganz stimmte mit dieser Gruppe, das hat sich mir gleich ergeben, als ich sie das erste Mal sah. Es war mir gleich klar, daß der, der als Giuliano beschrieben ist, der Lorenzo ist und umgekehrt. Es ist offenbar: man hat sie, da die Figuren abgenommen werden können, bei irgendeiner Gelegenheit verwechselt und das nicht beachtet. Daher beschreibt man als Giuliano den Lorenzo und umgekehrt. Aber worauf es jetzt hier ankommt, das sind die vier allegorischen Figuren.

Wenn man ausgeht von der Betrachtung der Figur der «Nacht», dieser wunderbaren «Nacht», ja, solange man bei der Meinung bleibt, man habe es mit einer Allegorie zu tun, kommt man nicht zurecht. Wenn man aber das, was man über den menschlichen Ätherleib weiß, in seiner vollen Tätigkeit sich so vorstellt, daß man fragt: Wenn der Astralleib und das Ich frei sind und der Ätherleib die ihm am allermeisten entsprechende Geste suchen würde, was würde für eine Geste herauskommen?, so erhält man die Antwort: Eine solche Geste würde da herauskommen, wie Michelangelo sie der «Nacht» gegeben hat. Wirklich, diese Nacht ist so gebildet, daß sie den wunderbarsten Ausdruck gibt für den freien, unabhängigen Ätherleib, der sich in der Physiognomie des physischen Leibes ausdrückt, wenn Astralleib und Ich außerhalb sind. Diese Figur ist nicht eine Allegorie, sondern tatsächlich der Mensch, geschildert im Zusammenhang mit physischem und Ätherleib, wenn Astralleib und Ich heraus sind. Da versteht man die Figur in dieser Haltung, die der historisch treueste Ausdruck des Ätherleibes in seiner Lebendigkeit ist.

Und wenn man davon ausgeht, dann bekommt man in der «Tag»-Figur das groteske Urteil: Wenn das Ich am stärksten tätig ist, wenn es am wenigsten vom Astral-, Äther- und physischen Leibe beeinflußt ist, kommt diese eigentümliche Wendung, diese Geste heraus, die Michelangelo der «Tag»-Figur gegeben hat. Wenn der Astralleib für sich tätig ist, ohne von physischem, Ätherleib und Ich abhängig zu sein, dann kommt die Geste der «Morgen»-Figur heraus, und für den physischen Leib, der unabhängig von den andern drei Gliedern sich betätigt, kommt die Geste der «Abenddämmerung» heraus.

Ich sträubte mich lange gegen diese Erkenntnis, ich hielt sie im Anfang für toll; aber je mehr man darauf eingeht, desto mehr zwingt einen das, was man sieht in dieser in die Steine hineingegossenen Schrift, zur Erkenntnis dieser Wahrheit. Nicht als ob Michelangelo dies gewußt hätte; aber in sein intuitives Schaffen drang es herein. Da versteht man auch, was die Legende bedeutet, die erzählt, daß wenn Michelangelo allein in seiner Werkstatt war, die Figur der «Nacht» Leben bekam, so daß sie herumging. Es ist eben eine besondere Illustration zu der Tatsache, daß man es mit dem Ätherleib zu tun hat. Überall herein wirkt das Spirituelle, sowohl in der Menschheitsentwicklung als auch in der Kunst und so fort. Man lernt das Sinnliche wirklich erst verstehen, wenn man die Art versteht, wie das Spirituelle in die sinnliche Wirklichkeit hereinwirkt.

Es gibt einen Ausspruch von *Kant,* der sehr schön ist. Kant sagt: Zwei Dinge sind es, die ganz besonderen Eindruck auf mich gemacht haben: der bestirnte Himmel über mir und das moralische Gesetz in mir. – Es macht ganz besonderen Eindruck, wenn man nun darauf kommt, daß beides dasselbe ist. Denn zwischen Tod und Geburt sind wir ausgegossen über den Sternenraum und nehmen seine Kräfte in uns herein, und wenn wir im physischen Leibe sind, dann sind diese Kräfte, die wir aufgenommen haben, in uns als unsere moralischen Impulse wirksam. Wenn wir da stehen und den Sternenhimmel betrachten, können wir sagen: Was da draußen an Kräften lebt und webt im Weltenraum, darin leben und weben wir in der Zeit zwischen Tod und neuer Geburt. Und das ist jetzt das richtunggebende Gesetz unseres moralischen Lebens. So sind der Sternenhimmel draußen und das moralische Gesetz in uns ein und dieselbe Wirklichkeit, nur zwei Seiten dieser Wirklichkeit. Den gestirnten Himmel durchleben wir zwischen Tod und neuer Geburt, das moralische Gesetz zwischen Geburt und Tod.

Wenn wir dies erfassen, dann wird Geisteswissenschaft unmittelbar zur Andacht, wie zu einem gewaltigen Gebet; denn was ist ein Gebet anderes als dasjenige, was unsere Seele mit dem Göttlich-Geistigen, das die Welt durchwebt, verbindet.

Dieses Gebet ist das, was ein Gebet heute sein kann. Wir müssen es uns erobern, indem wir die Sinnenwelt durchleben. Indem wir dieses bewußt anstreben, wird ganz selbständig das, was wir wissen können, zu einem Gebet. Da wird spirituelle Erkenntnis unmittelbar Gefühl und Erlebnis und Empfindung. Und das soll sie werden. Dann mag sie noch so sehr mit Begriffen und Ideen arbeiten: Ideen und Begriffe werden zuletzt gebetsartige reine

Empfindungen, reines Fühlen. Das aber ist es, was unsere Zeit braucht. Unsere Zeit braucht das unmittelbare Herausleben aus der Betrachtung zum Erleben des Kosmos, da wo die Betrachtung selber wie ein Gebet wird. Während die Betrachtung der äußeren physischen Welt immer trockener, immer gelehrtenhafter wird, immer abstrakter wird, wird die Betrachtung des geistigen Lebens immer herzlicher gestimmt, immer tiefer, wird geradezu immer gebetartiger, und das nicht durch eine einseitige Sentimentalität, sondern durch ihre eigene Natur. Dann wird der Mensch nicht bloß aus abstrakten Ideen heraus wissen, er habe das Göttliche, was den Weltenraum durchwebt und durchlebt, in sich; sondern er wird wissen, indem er weiterschreitet in der Erkenntnis, daß er es wirklich erlebt hat in dem Leben zwischen dem letzten Tod und der neuen Geburt. Er wird wissen: was er da durchlebt hat, das hat er jetzt in sich als die Reichtümer seines Lebens.

Das sind solche Betrachtungen, die gerade zusammenhängen mit erst neuerdings gemachten Forschungen, die uns aber unsere eigene Entwicklung verständlich machen können. Dann wird sich Geisteswissenschaft einmal zu einem wirklich geistig-spirituellen Lebenssaft umwandeln können. Von diesen Dingen soll in Zukunft noch öfter gesprochen werden.

Inneres Erleben nach dem Tod

Wenn man an das Geheimnis des Todes herantritt, dann muß man sich vor allen Dingen immer gegenwärtig halten, wie es auch gestern wieder betont worden ist, daß zur Charakteristik der geistigen Welten schon notwendig ist, den Sinn, der in unseren gewöhnlichen, für die physische Welt zugeschnittenen Worten liegt, zu wandeln. Denn der Tote, der sogenannte Tote, tritt ein in die geistige Welt, und wie wir ja schon wiederholt angedeutet haben, ist es eben in der geistigen Welt von Grund aus anders als in der physischen Welt.

Nicht nur nach geisteswissenschaftlichen Einsichten, sondern schon in Gemäßheit der gewöhnlichen physischen Vernunft kann gedacht werden, daß beim Eintreten in die geistige Welt durch die Pforte des Todes das erste für den Toten ist: das Lösen des physischen Leibes von dem, was innerhalb dieses physischen Leibes seine andere Menschenwesenheit ist. Das ist ja natürlich eine ganz triviale Wahrheit. Wir wollen nun heute in dem Sinne, wie das für die Geisteswissenschaft erforschbar ist, auf die Vorgänge, die in Betracht kommen beim Beschreiben der Pforte des Todes und dem weiteren Verfolg des Weges zwischen dem Tod und einer neuen Geburt, auf die inneren Erlebnisse des Toten hinschauen.

Für den Menschen, der hier im physischen Leben zurückbleibt, ist es ja so, daß er die Empfindung hat, dasjenige, was so in der physischen Leibeshülle eingeschlossen ist, verlasse den oder die Zurückbleibenden, der Tote gehe fort in eine andere Welt. Die Wahrnehmung, die der Tote – wie gesagt, nach dem, was für die Geisteswissenschaft erforschbar ist – zunächst hat, ist die, daß er seinerseits verlassen wird von den Erdenbewohnern und auch von seinem physischen Leibe, von dem, was das Werkzeug war für seine Wahrnehmung, für sein Denken und Fühlen und seine Willensfähigkeit zwischen Geburt und Tod. Diese also, die um ihn waren, die mit ihm verbunden waren, gehen von ihm weg: das ist seine erste Wahrnehmung. Diese Wahrnehmung ist zunächst verknüpft mit den Vorgängen, die wir oft beschrieben haben: daß die Erde selber in einem gewissen Sinne weggehe, so daß sie die physische Leibeshülle von dem durch die Pforte des Todes Gehenden wegnimmt. Es ist durchaus so, als ob gewissermaßen der Tote das Gefühl bekäme, er bleibe hinter einer Bewegung zurück, die er eigentlich hier auf der Erde gar nicht wahrgenommen hat, er bleibe hinter der eigenen Bewegung der Erde zurück; die Erde gehe von ihm fort und mit der Erde alles dasjenige, was ihn auf der Erde umgeben hat. Und er werde nun einer ganz anderen Welt eingegliedert, aber einer Welt, durch die er nunmehr etwas wahrnimmt, was ihm vorher ganz verborgen war, durch die er wahrnimmt, daß dasjenige, was ihm als Leibeshülle gegeben war, gebunden ist an die Erde, auch an die Bewegungen der Erde. Er hat so gewissermaßen das Gefühl – obwohl das recht ungenau ausgedrückt ist –, er könne den Weg nicht mehr mitmachen, den die Erde und ihre Geister machen; daher verlassen sie ihn. Er bleibe in einer gewissen größeren Ruhelage zurück, er gliedere sich gewissermaßen einer ruhigeren Welt ein.

Auf diese Wahrnehmung des Verlassenwerdens, namentlich auch von der physischen Leibeshülle, von alledem, was man von Menschen erfahren hat, was man mit den Menschen erlebt hat zwischen Geburt und Tod, gründet sich nun für den Toten gar mancherlei. Der Besitz seiner physischen Leibeshülle war ihm etwas Selbstverständliches während des Erdenlebens. Daher ist das, was er jetzt wahrnimmt, etwas ganz Neues, und wir werden sehen, wie verschieden diese Wahrnehmungen sind, je nachdem man eines sogenannten natürlichen Todes durch Krankheit oder Altersauflösung stirbt, oder eines gewaltsamen Todes, zum Beispiel eines solchen Todes, den jetzt viele Tausende sterben müssen.

Diese Wahrnehmung, von demjenigen verlassen zu werden, was einem selbstverständlich als Eigentum gehörte, bedingt, daß etwas ganz Neues im Seelenleben auftritt. Es bedeutet, daß etwas im Seelenleben auftritt, was man eben nicht hat kennenlernen können, solange man im Leibe weilte. Das erste, was da im Seelenleben auftritt, ist, ich möchte sagen, das umgekehrte Gefühl gegenüber dem Leben. Hier auf der Erde hat man das Gefühl, daß einem das Leben von außen gegeben ist, daß man lebt durch die Lebenskräfte, die einem vom Äußeren der Erde gegeben sind. Nun geht sozusagen die Erde mit dem, was sie einem gegeben hat, fort und sogleich tritt durch dieses Verlassenwerden das Gefühl auf, daß von innen heraus nunmehr die Kraft des Belebens sprudelt. Das erste also ist die Wahrnehmung des Sich-Belebens. Es ist der Übergang zu einer gewissen Aktivität, während man bisher in der Passivität verharrt hat: Du belebst dasjenige, was du nun bist. Du bist in dir selber. Was du bisher Welt nanntest, das ist von dir fortgegangen. Das, in dem du jetzt lebst, indem du es aber ganz ausfüllst, das erzeugt in sich selber die Kraft des Belebens, das belebt sich. – Und im Konkreten ist das so, daß sich eben das ergibt, was ich oftmals das Lebenspanorama genannt habe, das flutende Leben in alledem, was man zwischen Geburt und Tod erlebt hat. Die Bilder dieses Lebens treten ja vor die Seele. Es steigt gleichsam aus dem Punkte, in dem man selber ist, wie ein mächtiger, sich erzeugender Traum das ganze letzte Leben zwischen Geburt und Tod auf. Aber Kraft braucht dieses Bild, damit es nicht ein Traum sei. Es wäre wie ein dahinflutender Traum, wenn man nicht dadurch, daß man dieses Bewußtsein errungen hat: die eigene Leibeshülle löst sich los von dem Geistig-Seelischen –, die Kraft des Belebens bekommen hätte. Der Traum belebt sich. Es wird, was sonst nur flutende, dunkle Traumesbilderwelt wäre, von demselben Punkte aus belebt, es wird lebendige Welt, lebendiges Lebenspanorama. Man ist selber Quell des Belebens für das, was also als Traum auftaucht. Das ist ja das unmittelbare Erleben nach dem Tode.

Das alles ist so, während der Mensch noch kaum das Bewußtsein hat, er sei aus seinem früheren Bewußtsein heraus, sondern als habe sich nur in ihm etwas geregt wie aus dem Mittelpunkt seines Wesens, das sich ausbreitet und dem entflieht jenes Leben, dem er sich bis nun passiv hingegeben hat. Was man nicht gewußt hat zwischen Geburt und Tod: daß Gedanken, die sonst bloß wie ein Ich-Traum auf und ab wogen, leben, das weiß man jetzt. Und man lebt sich nun aus dem früher fremden Leben heraus in dieses Eigenleben hinein. Man erlebt, was es bedeutet, daß das, was bisher mehr äußerlich mit einem verbunden war, das Innerste ergreift. Was bisher eben nicht Leben, sondern Bild des Lebens war, ergreift das Vorstellen, das Denken. Und während man sich in diese Vorstellung hineinfindet, geht allmählich eine weitere auf. Das ist diese, die man nennen könnte: ein Sich-Hineinleben in ein Durchtönen des Lebenspanoramas mit dem Weltenall. – Mehr im allgemeinen habe ich diese Dinge schon beschrieben. Man muß sie aber immer genauer betrachten, damit man hinter die Geheimnisse der Welt kommt.

Zuerst belebt sich gewissermaßen der innerste Lebenstraum, wird selbst ein lebendes Universum, ein lebender Kosmos. Dann füllt er sich gleichsam aus mit dem, was man nennen kann: Es durchtönt die Sphärenmusik des Weltenalls diesen Lebenstraum. Man erlebt, wie das, was man selber war zwischen Geburt und Tod als ein Ausschnitt aus dem Kosmos, nunmehr aufgenommen wird von dem Kosmos, wie sich das eingliedert demjenigen, was jetzt nicht irdisch ist. Denn das Irdische hat man durchgemacht zwischen Geburt und Tod. Und dann ist das Nächste, daß man fühlt, wie intim der Kosmos dasjenige durchzieht, was man so als ein Ausschnitt war. Man hat das Gefühl, wie wenn ein inneres Licht aufginge und dasjenige erhellte, was man war. Das alles aber strömt und tönt sozusagen in das Lebenspanorama hinein. Dann löst sich der Ätherleib ab – denn diese Vorgänge geschehen ja alle, solange der Mensch mit dem Ätherleibe verbunden ist –, und es geschieht das, was man nennt die Loslösung des Ätherleibes.

Nun ist dieses, was man da erlebt, dieses Wahrnehmen des Lebenspanoramas, dieses Auskleiden des Lebenspanoramas mit den tönenden und leuchtenden Substanzen des Kosmos, ähnlich dem Sich-Eingliedern des physischen Leibes in die menschliche Wesenheit, wenn man durch die Geburt ins Dasein tritt. Wie da sozusagen die menschliche Substanz, die einem von der Erde gegeben ist, sich in das menschliche Seelenwesen hineingliedert, so gliedert sich nach dem Durchschreiten der Todespforte hinein das Kosmische, das Allmäßige. Dieses Erleben, das da beschrieben worden ist, es ist nötig. Und wenn man wirklich geisteswissenschaftlich das Leben zwischen Tod und neuer Geburt verfolgt, dann bemerkt man, welche Bedeutung für dieses ganze Leben zwischen Tod und neuer Geburt dieses erste Durchleben nach dem Durchschreiten der Todespforte hat. Hier im physischen Erdenleben – das müssen wir uns ganz klarmachen, ich habe es öfters betont – haben wir unser Ich-Bewußtsein dadurch, daß wir eben in dem physischen Leibe leben. Ich betone ausdrücklich: das Ich-Bewußtsein, nicht das Ich. Unser Ich ist uns ja zugeteilt von den Geistern der Form, das ist etwas anderes. Aber unser Ich-Bewußtsein haben wir dadurch, daß wir im physischen Leibe untergetaucht sind. Dieses Ich-Bewußtsein im wachen Erdenzustand müssen wir uns nur seinem Wesen nach ganz klarmachen. Sie können es sich am besten so klarmachen: Denken Sie sich, Sie bewegen sich durch einen Raum. Zunächst spüren Sie nichts; jetzt stoßen Sie an etwas. Die Außenwelt stößt an Sie, aber Sie werden *sich* gewahr. Sie werden den Stoß, den Ihnen die Außenwelt versetzt, in sich gewahr, Sie werden sich an der Außenwelt gewahr, Sie spüren sich, der an die Außenwelt anstößt.

In der Tat haben wir unser Ich-Bewußtsein in der physischen Welt dadurch, daß wir überall an die Außenwelt stoßen. Natürlich nicht nur mit dem Tastsinn, sondern wenn wir die Augen aufmachen, stoßen wir auch an, das heißt, wir stoßen auf das äußere Licht; wenn Töne an unser Ohr dringen, so werden wir uns gewahr, indem unser Gehör an die Töne anstößt.

So aber werden wir uns auch selbst gewahr dadurch, daß wir jeden Morgen aus der geistigen Welt herauskommen und untertauchen in die physische Welt. Dieses Untertauchen in unseren physischen Leib, das heißt dieses Zusammenstoßen unseres Ich und Astralleibes mit dem Ätherleibe und physischen Leibe, das erzeugt unser Ich-Bewußtsein. Daher in der Regel das Fehlen des Ich-Bewußtseins in der Traumeswelt: weil wir zum Ich-Bewußtsein eben dieses Zusammenstoßen mit dem physischen Leibe und dem Ätherleibe brauchen.

Zum klaren, deutlichen, wachen Ich-Bewußtsein brauchen wir dieses Zusammenstoßen. Nun ist dem, der durch die Pforte des Todes gegangen ist, der äußere physische Leib genommen. Auf dieselbe Weise, wie zwischen Geburt und Tod, kann er das Ich-Bewußtsein nicht erzeugen. Er würde ohne Bewußtsein seines Ich den Weg zwischen dem Tode und einer neuen Geburt schreiten müssen, wenn nicht dieses Ich-Bewußtsein nun auf einem anderen Wege erzeugt würde. Dieser andere Weg ist der, daß alles dasjenige, was wir nun unmittelbar im Ätherleibe durchleben, nachdem wir durch die Pforte des Todes geschritten sind, die ganze Zeit über zwischen dem Tod und einer neuen Geburt bestehen bleibt.

Auch in dieser Beziehung ist das Erleben in der geistigen Welt zwischen dem Tod und einer neuen Geburt entgegengesetzt dem physischen Erleben hier zwischen Geburt und Tod. Hier in der physischen Welt kann sich im normalen Bewußtsein keiner des Momentes seiner Geburt erinnern; das Erinnern setzt erst später ein. An sein Geborenwerden erinnert sich der Mensch nicht, das steht sozusagen in einer größeren zeitlichen Ferne, als der Erinnerungsweg rückwärts durchmachen kann. Das aber, was der Mensch innerlich jetzt erlebt von der anderen Seite des Todes aus, das bleibt das ganze Leben hindurch zwischen dem Tod und einer neuen Geburt für die Seele bestehen. Das Todeserlebnis, das bleibt ebenso gewiß bestehen, wie das Geburtserlebnis verschwindet, wenn der Mensch in die physische Welt eintritt. Zu seiner Geburt sieht der physische Mensch nicht zurück in der physischen Welt, auf den Tod sieht er zurück in der ganzen Zeit zwischen dem Tod und einer neuen Geburt. Dieses Zurückschauen, dieses Treffen auf das Todeserlebnis, das ist es, was das Ich-Bewußtsein erzeugt zwischen dem Tode und einer neuen Geburt, dem verdanken wir es.

Der Anblick des Todes ist ja nur von der Seite des physischen Erlebens aus gesehen, wenn überhaupt, etwas Schreckliches.

Nur da hat er Grausen und Schrecken, wenn man ihn von dieser Seite aus sieht. Der Tote sieht ihn aber von der anderen Seite. Und von dieser Seite aus gesehen, hat das Wissen wirklich nichts Furchtbares, daß gewissermaßen der Moment des Todes bleibend ist für das ganze Leben zwischen Tod und neuer Geburt. Denn wenn er auch Vernichtung ist, angesehen von dieser physischen Seite des Lebens, so ist er das Herrlichste, das Größte, das Schönste, das Erhabenste, was immerfort gesehen werden kann von der anderen Seite des Lebens aus. Da bezeugt er fortwährend den Sieg des Geistes über die Materie, die selbstschöpferische Lebenskraft des Geistes. In diesem Erfühlen der selbstschöpferischen Lebenskraft des Geistes ist das Ich-Bewußtsein vorhanden in den geistigen Welten.

In den geistigen Welten hat man also dieses Ich-Bewußtsein gerade dadurch, daß man fortwährend sich innerlich selbst erzeugt, daß man niemals an ein bestehendes Sein appelliert, sondern immer sich selbst erzeugt, und in diesem Selbst-Erzeugen gewissermaßen sich berührt rückwärts hin nach dem Momente, da der Tod eingetreten ist. Also wir können auch angeben, auf welche Weise das Ich-Bewußtsein, das Selbst-Bewußtsein in der Zeit zwischen Tod und neuer Geburt erzeugt wird. Diese große Bedeutung der Geburt des Ich-Bewußtseins hat dieses Erleben in der ersten Zeit nach dem Tode. Und natürlich ist gerade dieses erste Erlebnis auch verschieden, je nachdem der Mensch, sagen wir, ein höheres Alter erreicht, dann auf naturgemäße Weise durch die Pforte des Todes geht, oder vielleicht im zartesten Kindesalter schon dahingerafft wird, oder in der Blüte seiner Jahre. Und von einer ganz besonderen Bedeutung in bezug auf den Unterschied auf diesem Gebiet ist annähernd – natürlich nicht pedantisch genau – das fünfunddreißigste Lebensjahr. Was jetzt in so tausendfältiger Weise stattfindet, daß junge Leute in der Blüte ihres Lebens durch die Pforte des Todes schreiten: es wird sich uns morgen zeigen, wie sich das noch weiter modifiziert dadurch, daß der Tod von außen an sie herantritt. Aber wenn ein Mensch überhaupt jung durch die Pforte des Todes schreitet, dann ist das Erblicken dieses geschilderten Lebenstableaus mit seinen belebenden Vorgängen schon anders, als wenn man etwa nach dem fünfunddreißigsten Lebensjahr durch die Pforte des Todes schreitet.

Man kann etwa so sagen – obwohl es natürlich schwierig ist, für diese Verhältnisse die richtigen Worte zu finden –, jemand, der in jugendlichem Alter dahinstirbt, der hat das Gefühl: Das Traumbild deines Lebens taucht auf, du belebst es aus dem Mittelpunkt deines Lebens heraus. Aber indem du deine eigenen belebenden Kräfte ausgießest über dieses Lebenstableau, steht hinter diesem Lebenstableau noch etwas wie ein Rest aus der Welt, aus der du herausgeschritten bist, indem du durch die Geburt gegangen bist.

Stirbt ein Kind, dann ist das Lebenstableau ja außerordentlich kurz. Wenn zum Beispiel ein sechsjähriges Kind stirbt, so ist das Lebenstableau noch wenig inhaltsreich. Dafür tritt aber gewissermaßen hinter diesem Tableau, dasselbe hereinschattierend, von hinten noch vieles von dem auf, was vor der Geburt durchlebt wurde in der geistigen Welt, oder, wie man auch in der deutschen Sprache früher gesagt hat – *Goethe* hat den Ausdruck gebraucht[6] –, bevor man «jung geworden» ist. Ein schöner Ausdruck, der jetzt verlorengegangen ist. Und wenn ein Kind stirbt, das noch keine Rückerinnerung besitzt, bei dem noch nicht der Zeitpunkt eingetreten ist, bis zu dem man sich zurückerinnert, so hat es eigentlich noch nicht ein solches Lebenstableau, in welchem es sich so unmittalbar darinnen fühlt, wie der Mensch sich drinnen fühlt, wenn er später stirbt; sondern es tritt durch das ganze Lebenstableau heraus, bloß ein wenig modifiziert, dasjenige, was es um sich gehabt hat vor der Geburt. Man kann sagen: Dieses Erschauen bestimmter Reste der geistigen Welt, die man vor der Geburt durchlebt hat, verliert sich erst für die Rückschau nach dem Tode, wenn man das fünfunddreißigste Lebensjahr durchschritten hat.

Man soll niemals – dieses sei in Einschaltung gesagt – in die Versuchung kommen, ich betone das ausdrücklich, sich dem gar nicht ungefährlichen Gedanken hinzugeben, was nun für einen Menschen besser sein könnte: vor dem fünfunddreißigsten Lebensjahr zu sterben, oder nach dem fünfunddreißigsten Lebens- jahr zu sterben und dasjenige durchzuleben, was wir noch be- schreiben werden. Diesen Gedanken soll man nicht nachgehen, man soll sie nicht hegen, sondern man soll erwägen: *Wann* man durch die Pforte des Todes schreitet, das soll man im strengsten Sinne des Wortes einzig und allein dem Karma überlassen.

Aber diese Dinge verstehen, das ist wichtig. Stirbt man nach dem fünfunddreißigsten Lebensjahr, dann ist allerdings nicht die Möglichkeit gegeben, etwas von dem Reste des der Geburt vor- angehenden geistigen Lebens noch zu schauen. Das ist abgedun- kelt. Aber das Lebenstableau tritt dennoch auf. Nur hat man ein starkes Gefühl, daß man von innen heraus es erzeugt, daß man es gewissermaßen selber spinnt; aber es wird durchbelebt, dieses Gespinst. Dadurch unterscheiden sich ganz wesentlich das Ster- ben vor dem fünfunddreißigsten Jahr und das Sterben nach dem fünfunddreißigsten Jahr in bezug auf das Lebenstableau. Das vorfünfunddreißigjährige Lebenstableau hat noch viel mehr den Charakter, daß es wie von außen an einen herankommt, wie aus einer geistigen Welt heraus, und man ihm nur entgegenschiebt dasjenige, was man selber erlebt hat. Das nachfünfunddreißig- jährige Lebenstableau ist so, daß einem eigentlich von außen ent- gegenkommt zuerst mehr ein Leeres, ein Verdunkeltes, und daß man diesem Dunkel entgegenbringt, was man sich im Leben er- worben hat. Aber es entzündet sich dadurch nicht minder leben- dig. Es ist das innere Erleben modifiziert dadurch, daß man es das eine Mal so wie das Herankommen einer Fata Morgana hat, der man entgegengeht, während das andere Mal der Mensch seine Welt in die Welt des Kosmos hineinträgt. Das alles hat für das Leben eine große Bedeutung, wie wir morgen noch sehen werden. Dieser karmische Vorgang, daß uns unser physischer Leib in einem bestimmten Alter des physischen Lebens entrissen wird, hat eine große Bedeutung für die Art des Lebens nach dem Tode. Aber das hängt innig zusammen mit unserem ganzen Karma.

Dann kommt die Zeit, in der wir das Gefühl haben: Jetzt bist du eigentlich erst draußen, aus dem Irdischen heraus. – Wenn man grob sprechen würde, so könnte man so sagen: Unmittelbar beim Durchschreiten der Pforte des Todes hat man das Gefühl, der irdische Leib geht von einem fort. Die Freunde, die Menschen, mit denen man zusammen war, gehen von einem fort. Die Erlebnisse, die man mit ihnen hatte, gehen von einem fort. Man ist für eine Weile mit sich allein, allein mit dem, was man erlebt hat. Natürlich ist da alles in dem Lebenstraum drinnen, was man mit den Menschen erlebt hat; man beschaut es als das, was die Menschen in einen eingegraben haben, aber so, daß man die Tage über in sich lebt und in sich den Lebenstraum belebt. Man hat da den Eindruck, auch die Erde gehe von einem fort, aber man lebe noch durchaus in derselben Sphäre, in der sich die Erde befindet, in der Sphäre, die noch zur Erde gehört. – Und das Ablegen des Ätherleibes erlebt man eigentlich auch so, daß man das Gefühl hat: Jetzt bist du nicht nur aus der Erde und ihrer Substanz heraus, sondern auch aus dem, was die unmittelbarste Umgebung der Erde ist, aus dem Licht; du bist auch aus dem fort, was auf der Erde als dichte Substantialität die Sphärenmusik unhörbar macht. Du bist – das ist der letzte Eindruck vielleicht, der sehr bedeutsam ist, der dann etwas Bleibendes ist –, du bist fort aus der Gewohnheit, gewissermaßen dich und deine Umgebung beleuchten zu lassen von äußerem Licht. – Ich bemerke einschaltungsweise: Die dümmste Vorstellung haben diejenigen, die glauben, wenn man von der Erde zur Sonne wegfliegen würde, so würde man immerfort durch Licht fliegen. Diese phantastische Vorstellung haben gegenwärtig die materialistischen Physiker. Der Glaube, daß die Sonne in der Weise, wie man es in der Physik beschreibt, Licht verbreite, daß durch den Weltenraum das Licht gehe und auf die Erde falle, das ist einer der ärgsten Aberglauben. Man merkt das nach dem Tode dadurch, daß man, sich von dem Ätherleib frei wissend, die Erfahrung macht, daß nur in dem Gebiet, das zur Erde gehört, das ist, was wir als Sonnenlicht hier im physischen Leben haben. Man hat die Wahrnehmung: Jetzt stört dich dieses Licht nicht mehr. Jetzt ist es die innere Erzeugung des Lichtes, die sich ausbreitet in dem erst Durchtönten. Das innere Licht kann nun wirksam werden, weil das äußere Licht das innere nicht mehr stört.

Und nun beginnt eben mit dem Ablegen des Ätherleibes der Eintritt in jene Welt, die so oft die Kamalokawelt genannt wird. Wir wollen sie die Seelenwelt nennen, denn nachdem zuerst die innere Belebekraft aufgetreten ist, erlebt man dann etwas wie inneres Durchtönen dessen, was man ist, da man nun mit sich allein ist. Und nach dem inneren Durchleuchten tritt nun das auf, was wie ein inneres Durchwärmen sich ausnimmt. Hier auf der Erde hat man das Durchwärmen, indem man Wärme von außen empfängt und darauf angewiesen sich fühlt im physischen Leibe. Und nun tritt das innere Durchwärmen auf, und dieses Durchwärmen ist so, daß man nun wieder fühlt: Du bist jetzt imstande, in dem Elemente, in dem du lebst, die Empfindung in dir selbst hervorzurufen, die du früher auch hattest, aber in der Form: Wärme wirkt auf dich. – Das durchzieht das Lebenstableau mit Wärme. Dadurch tritt man in ein völlig neues Element ein. Man hat das Gefühl, daß der Ätherleib einen nun verläßt. Und das ist eben der Eintritt in die Welt, die mit vollem Bedacht in meinem Buche «Theosophie» die Welt der Begierdenglut genannt worden ist, weil die Wärme, die von innen auftritt, zugleich Begierde ist, sich erzeugende, fließende Begierde, Empfinden des Wollenselementes. Und in sie mischt sich schon hinein dasjenige, was uns jetzt für eine gewisse längere Zeit bleibt: das Erleben der Seelenwelt, die ich ja öfters geschildert habe – wir können diese Dinge nur nach und nach genauer schildern – als ein Zurückerleben des Lebens. Man schreitet von dem Erleben des Todes zurück gegen die Geburt hin. Und nun erlebt man alles das von der anderen Seite wieder, was man hier im physischen Leben durchlebt hat. Aber nicht so durchlebt man es, wie man es hier in der physischen Welt durchlebt hat, sondern man erlebt es auf moralische Weise. Wenn man, sagen wir an einem gewissen Zeitpunkt zwischen Geburt und Tod jemandem eine Verletzung zugefügt hat, so hat man dazumal in sich dasjenige gespürt, was man getan hat, nicht aber das Leid, das der andere empfunden hat. Jetzt erlebt man dieselbe Sache wieder, aber nicht das, was man selber an Zorn oder Antipathie in sich durchlebt hat, sondern so, wie der andere es erlebt hat. Man breitet sein eigenes Erleben, wenn ich mich so ausdrücken will, auf die Wirkungen seiner Taten aus, die da waren zwischen Geburt und Tod. Man lebt sich in alle Wirkungen der Taten hinein.

Das ist gewissermaßen die Grundlage des Lebens zwischen dem Tod und einer neuen Geburt, daß man sich während des Erlebens in der Seelenwelt nach und nach in das, was man bewirkt hat zwischen Geburt und Tod, hineinlebt, daß man in dieses allmählich untertaucht. Wirklich so, wie man nach und nach hier von Kindheit auf sich in die Natur hineinlebte, wie man lernte, die Natur wahrzunehmen, die Natur zu verstehen, so lebt man sich in der Zeit nach dem Tode in die Wirkungen seiner eigenen Taten, in die Wirkung seiner eigenen Gedanken und Worte, kurz in die gesamte Welt der Wirkungen hinein; man strömt sich aus in die Welt der Wirkungen. Gewiß tauchen aus diesem Untergrund schon geistige Wesen nach und nach auf: die Wesen der höheren Hierarchien, die Wesen der Elementarwelt. So wie wir hier nicht bloß die Natur erleben, sondern Tiere, Pflanzen, Mineralien auftauchen auf dem Boden der Natur, so tauchen auf innerhalb dieses Zurückerlebens, wo wir uns in die Wirkungen unserer Taten hineinleben – denn das ist eigentlich dann der Grundboden unserer Welt –, die geistigen Wesen in der geistigen Welt. Da kommen uns dann auch entgegen, wie in der physischen Welt die physischen Wesen, unter den geistigen Wesenheiten der Elementarreiche und der höheren Hierarchien die Seelen, die mit uns in Zusammenhang gestanden haben, die Seelen, die schon früher verstorben und in der geistigen Welt sind, oder die Seelen, die noch im physischen Leibe verkörpert sind, mit denen wir hier Zusammenhang gehabt haben. Mit alledem belebt sich dieser Grundboden des nachtodlichen Seins, dieses Sich-Auflösen in die Welt seiner eigenen Taten.

Und da ist in einer gewissen Weise wahrzunehmen, daß ein Unterschied besteht zwischen dem Wahrnehmen einer Seele, die noch auf Erden weilt, und einer Seele, die auch schon durch die Pforte des Todes gegangen ist. Der Tote weiß natürlich, ob er es mit der einen oder mit der anderen Seele zu tun hat. Wenn er es mit einer Seele zu tun hat, die noch im irdischen Leibe weilt, dann hat der Tote das Gefühl, daß diese Seele mehr wie von außen an ihn herandringe, daß sich das Bild, die Imagination selber formt. Bei einer Seele, die auch schon zu den entkörperten gehört, ist ein viel aktiveres Erleben da. Da hat man das Gefühl, daß die Seele an einen herankommt, daß man aber das Bild für diese Seele formen muß. Der Tote kommt mit seiner Wesenheit an einen heran, sein Bild muß man selber formen; der noch Lebende bringt einem sein Bild heran, wenn man auf ihn hinunterschaut.

Und nun durchlebt man also in einer gewissen Weise mit moralischer Betonung dasjenige, was man seine Taten nennen kann, das heißt die Wirkungen desjenigen, was man getan, gedacht, gewollt hat. Da taucht man unter, da lebt man sich hinein. Und in einer ganz bestimmten Weise taucht man ein, nämlich so, daß man eben zum Beispiel das Erleben hat: Du hast jemanden verletzt, jetzt erlebst du, was der andere erlebt hat durch die Verletzung! – Das ist wirklich jetzt eigenes Erleben, was der andere hier in der physischen Welt erlebt hat. Das macht man durch. Und indem man es durchmacht, taucht ganz wie durch innere, elementare Notwendigkeit in einem die Kraft auf: Das mußt du ausgleichen, das mußt du gutmachen! – Es ist wirklich so, daß Sie den Vergleich gebrauchen können: Eine Stechmücke fliegt Ihnen entgegen, Sie schließen die Augen. Sie führen eine Tätigkeit aus unter einem Eindruck. – Nach dem Tode erleben Sie das, was irgend etwas, das Sie begangen haben, bewirkt hat; dann antworten Sie in sich selber in dem Erzeugen der Kraft, das auszugleichen, also das auszugleichen, was der andere durch die Verletzung erlitten hat. Das heißt, indem Sie das durchleben, rückläufig im Seelenland erleben, nehmen Sie in sich auf die Kraft, in diesem Menschen, der das durch Sie erlitten hat, das wiederum wegzuschaffen. Damit ist der Wunsch erzeugt, mit ihm zusammenzusein im Erdenleben, um das, was man ihm erwiesen hat, wiederum auszugleichen. Da erzeugen sich während dieses Rückerlebens die ganzen Kräfte zum Karma, zum ausgleichenden Karma. Die nimmt man da auf.

Also schon in diesen ersten Jahren oder Jahrzehnten nach dem

Durchgang durch die Todespforte erzeugt man das Ausleben des Karma. Und so wahr, als im Keime eine wachsende Kraft ist, die später erst in der Blüte sich auslebt, so wahr ist, daß jetzt schon, in der Zeit nach dem Durchschreiten der Todespforte, in dem Toten die Kraft als Wurzelkraft besteht, die dann bleibt fürs ganze Leben zwischen dem Tod und einer neuen Geburt, und die im neuen Erdenleben oder in späteren Erdenleben sich auslebt als karmischer Ausgleich dessen, was man verübt hat. So erzeugt sich der Wille, der dann unbewußter Wille zum Karma wird.

Und nun kann man noch etwas näher betrachten, was wichtig ist für die Erkenntnis dieses Bildes des Lebens zwischen dem Tode und einer neuen Geburt. Man kann es betrachten, wenn man noch einmal einen Blick wirft auf Wechselwirkungen zwischen den Verhältnissen des irdischen Lebens hier, die uns in ihrer äußeren Erscheinung gut bekannt sind, und über die wir manche Betrachtung angestellt haben ihrem inneren Geheimnisse nach, wenn wir auf die Wechselwirkung blicken zwischen wachem Tagesleben und nächtlichem Schlafesleben.

Wir wollen heute von einem gewissen Punkte aus noch einmal auf dieses Wachen und diesen Schlaf sehen. Äußerlich betrachtet besteht ja der Schlaf darin, daß wir mit unserem Ich und Astralleibe außerhalb des physischen und des Ätherleibes sind. Das Schlafesleben bleibt zunächst, wenn es nicht auf eine gewisse Art vom Traumesleben durchsetzt ist, unbewußt, doch bedeutet dies nicht Untätigkeit. Im Gegenteil, dieses Schlafesleben ist ein innerlich viel tätigeres Seelenleben – wenn es auch zunächst während des normalen Erdenlebens unbewußt bleibt – als das wache Seelenleben. Das wache Seelenleben ist nur deshalb so intensiv, weil die Tätigkeit des Ich und des Astralleibes an dem Ätherleibe und physischen Leibe einen Widerstand erfährt, und in diesem gegenseitigen Sich-Stoßen von Ich und Astralleib einerseits und physischem und Ätherleib andererseits etwas entwickelt wird wie fortwährende Stöße und Gegenstöße. Dieses ist es, was uns als waches Tagesleben erscheint, während wir im normalen Erdenleben noch nicht in der Lage sind, die fortwährende, aber intensive Tätigkeit des Nachtlebens zum Bewußtsein zu bringen. Dieses stößt nicht an den physischen und Ätherleib, daher wird es nicht bewußt. Aber an sich ist das Tagesleben schwächer; es wird nur bewußt dadurch, daß es fortwährend antrommelt an Ätherleib und physischen Leib. Dieses Antrommeln nimmt man wahr, während die intensivere Tätigkeit des Schlafeslebens ins Unbestimmte hinausgeht, nicht antrommeln kann an irgend etwas, und dadurch unbewußt bleibt.

Aber womit beschäftigt sich der Mensch während dieses Schlafeslebens? Wenn Träume auftreten im normalen Leben, so sind diese Träume ja nicht die wirkliche Tätigkeit während des Schlafeslebens, sondern sie sind eigentlich eine Verbildlichung der Tätigkeit durch die Erinnerungen des gewöhnlichen Lebens. Die Bilder des Traumlebens entstehen dadurch, daß das Leben seinen Teppich breitet über die eigentliche innere Tätigkeit; und dadurch wird mancherlei wahrgenommen im Traumesleben. Da sind das Ich und der Astralleib in einer lebendigen Tätigkeit; wenn sich das berührt mit dem Ätherleibe und der Mensch anstößt an den Ätherleib, dann entsteht der Traum. Aber der Traum benützt aus dem Ätherleib heraus die physischen Lebenserinnerungen, um die unsichtbar bleibende Tätigkeit des Ich und des Astralleibes sichtbar zu machen. Hinter den Traum kommt man daher nur, wenn man diese Bilder in bezug auf ihren Charakterablauf nimmt, wenn man also diese Bilder verstehen lernt. Träume müssen erst in der richtigen Weise gelesen werden, es muß erst die richtige Auslegekunst dazukommen. Dann weisen sie allerdings in diese bedeutungsvollste Wirklichkeit hinein, die vom Ich und vom Astralleib im Schlafe ausgeführt wird. Diese Tätigkeit also, die da der Mensch ausführt, enthüllt sich dann der ernsten und würdigen Geistesforschung.

Worin besteht nun diese Tätigkeit vom Einschlafen bis zum Aufwachen? Sie besteht darin, daß man in viel intensiverer Weise innerlich die Tageserlebnisse noch einmal durchlebt, daß man gewissermaßen zum Selbstbeurteiler wird der Tageserlebnisse. Es ist trivial ausgedrückt, aber tief innerlich wahr: man lebt in dem normalen Bewußtsein in den Tag hinein, man läßt die Ereignisse, die um einen sich abspielen, abfluten. In der Nacht aber nimmt man ichlich und in dem Astralleib – ichlich und seelisch – die Tagesereignisse viel ernster, viel bedeutungsvoller. Man wägt sie, prüft sie in bezug auf ihren Weltenwert. Man beschäftigt sich damit, was sie für eine Bedeutung haben im ganzen Weltenzusammenhang. Eine ungeheure innerliche Gründlichkeit in der Lebensbetrachtung ist ausgegossen über die Tätigkeit vom Einschlafen bis zum Aufwachen; nur bleibt sie eben im normalen Leben unbewußt. Alles dies, was da der Mensch wie ein nochmaliges Durchleben des Tageslebens jede Nacht durchmacht, das hat eine große Bedeutung als Vorbereitung für das Leben nach dem Durchschreiten der Pforte des Todes.

Betrachten Sie doch einmal mit den Mitteln der gewöhnlichen physischen Betrachtung dieses fortlaufende Leben zwischen Geburt und Tod. Man sagt natürlich nur, man erinnere sich bis zu einem gewissen Zeitpunkt zurück in diesem Leben. In Wahrheit erinnert man sich nicht an das ganze Leben zurück, sondern man erinnert sich am Abend an das, was bis zum Morgen geht. Dann reißt die Erinnerung ab. Dann kommt erst wiederum der vorhergehende Tag, dann wieder die Nacht, an die man sich nicht erinnert. So erinnert man sich zurück, aber es ist gleichsam Kettenglied an Kettenglied, ein weißes und ein schwarzes Glied. An die Nacht erinnert man sich nicht in dem Leben zwischen Geburt und Tod. Das Eigentümliche ist nun, daß man sich gerade erinnert in dieser Zeit, in der man im Seelenlande lebt, an die Art, wie man nun in den Nächten, Nacht für Nacht zurückgehend, die Tageserlebnisse durchlebt hat. Hier im physischen Leben erinnert man sich an seine Tage; im Seelenland erinnert man sich an dasselbe, aber man erinnert sich, wie man die Tage durchwirkt und durchlebt hat in den Nächten. Man schreitet seine Nächte zurück. Dadurch blicken Sie hinein in die ganze Art des Erlebens im Seelenlande.

Wenn Sie sich das im einzelnen klarmachen, ist es so: Sie haben einen Menschen getroffen an einem bestimmten Tage des Lebens, Sie haben mit ihm dieses oder jenes erlebt. Sie erleben es nicht nur mit ihm am Tage, sondern auch in der Nacht noch einmal, auch in den folgenden Nächten; dann ist es eine Art von

Reminiszenz. Sie erleben es da innerlich im Ich und Astralleib. Alles, was Sie hier erlebt haben im Tagesbewußtsein, erleben Sie wiederum im Nachtbewußtsein. Und so wie Sie es im Nachtbewußtsein erlebt haben, so gibt es Ihnen die Handhabe für das, wie Sie es in der Seelenwelt brauchen. Sie erleben Ihre Nächte zurück. Das ist eine sehr bedeutungsvolle Wahrheit der Geistesforschung, und man kann durch eine solche Sache immer wiederum der Tatsache gedenken, daß das Forschen im Geistigen nicht so ist, wie viele glauben. Viele glauben, daß wenn man einmal die geistige Welt betreten hat, dann kenne der Geistesforscher auf einmal die ganze geistige Welt und wisse über alles Bescheid. Dieser Glaube ist ebenso naiv, wie es naiv ist zu glauben, daß einer, der über einen Teil der Erde gegangen ist, die ganze Erde kennt. Stücke der Erde kennt er ganz gut, aber von anderen Stücken der Erde weiß er nichts. Ebensowenig braucht einer, der die geistige Welt an irgendeinem Punkte kennt, alles von der geistigen Welt zu wissen. Das ist Gegenstand einer langsamen Forschung. Daher ist es so schwierig, über die Geisteswissenschaft zu sprechen, weil man immer wieder diesem Vorurteil begegnet. Wenn geisteswissenschaftliche Vorträge gehalten werden, dann verlangen die Leute in der Fragenbeantwortung, daß über alle Dinge Auskunft gegeben werde. Solche Fragen sind ebenso zu beurteilen, wie wenn irgend jemand zum Beispiel eine bestimmte Anzahl von Mineralien, von Pflanzen kennengelernt hätte, und man würde ihn dann über die Geheimnisse der Tierwelt fragen und sagen: Er kennt das eine, da muß er auch das andere kennen!

Es ist durchaus so, daß alle Einzelheiten der geistigen Welt erst erarbeitet werden müssen. Und vor allem muß man warten können, bis sich einem die eine oder die andere Sache ergibt. Nun haben Sie ersehen können, daß ich in meiner «Geheimwissenschaft im Umriß» und «Theosophie» gesprochen habe über die ungefähre Länge des sogenannten Kamalokalebens, des Lebens in der Seelenwelt.[7] Von einem gewissen Gesichtspunkte aus kann man das auch durchaus so sagen, wie es da geschehen ist. Aber nun kommt der Geistesforscher in einen bestimmten

Zusammenhang, der sich wirklich vergleichen läßt mit dem Bereisen von Ländern. Man kommt von einem Ort zum anderen, und so kommt man hier von einem Gebiet zum anderen. So kann der Geistesforscher zu einem anderen Gesichtspunkte kommen; und diesem Gesichtspunkt ergibt sich auf die Frage: Womit beschäftigt sich die Tätigkeit des Ich und des Astralleibes in der Nacht? – als Antwort: Die Erlebnisse der Nacht können so betrachtet werden, daß sie eine nochmalige Verarbeitung der Tageserlebnisse sind. – Die Frage kann sich aufwerfen: Wie nimmt sich da das Leben in der Seelenwelt aus, wenn man weiß, die Nächte werden durchlebt in der Seelenwelt? – Ich habe angegeben, daß das Leben in der Seelenwelt ungefähr ein Drittel ausmacht des letzten Erdenlebens. Wenn man die Nächte durchlebt, wie lange wird das Leben in der Seelenwelt dauern? Nun, man durchschläft ungefähr ein Drittel seines Lebens hier auf der Erde; einige Leute verschlafen mehr, andere weniger, aber ungefähr ein Drittel des Erdenlebens verschläft man.

So sind die ungeheuer bedeutungsvollen Eindrücke, die man haben kann in bezug auf die Bewahrheitung der Geisteswissenschaft. Denn so ist es ja in der Geisteswissenschaft: Da wird einem einmal von einem gewissen Gesichtspunkte aus etwas gegeben, von dem aus man hineinschaut in die geistige Welt. Da ergibt sich eine Wahrheit. Es könnte sie einer bezweifeln, diese Wahrheit. Nun geht man von einem anderen Gesichtspunkte aus und kommt zu derselben Wahrheit, so wie es jetzt mit dem Durchleben der Nächte der Fall ist. Das ergibt die Bewahrheitung. Das ist ein wichtiges Kriterium, dieses innerliche Zusammenstimmen. Und das werden Sie überall in der Geisteswissenschaft, da wo sie ernst und würdig betrieben wird, finden: daß von verschiedenen Gesichtspunkten aus dieselbe Sache gesucht wird, und daß sich dieselbe Wahrheit ergibt von diesen verschiedenen Gesichtspunkten aus. Wenn die Menschen einmal ein Gefühl dafür bekommen, welcher Wahrheitswert in dieser Art und Weise liegt, der geistigen Wahrheit sich zu nähern und diese geistige Wahrheit dann zu finden, so werden sie auch empfinden, wie ungeheuer viel wahrer dasjenige ist, was auf diesem Gebiete erforscht werden kann, als alles das, was in der physischen Welt erforscht werden kann.

Das ist das Wesentliche, das Wichtige, daß wir hier im physischen Erdenleben ein Gedächtnis haben für dasjenige, was im tagwachen Bewußtsein erfahren ist, und daß wir in der Zeit, in der wir durch die Seelenwelt gehen, ein Erinnerungsvermögen haben für das, was in den Nächten weitergearbeitet wird auf Grundlage dessen, was das tagwache Bewußtsein erlebt.

Damit wir recht fruchtbar uns den bedeutungsvollen Wahrheiten nahen können, die wir morgen noch abzuhandeln haben, wollen wir uns eines in die Erinnerung rufen, was ich auch hier schon in einem anderen Zusammenhange mit Bezug auf die großen Ereignisse unserer Zeit erwähnt habe: Wenn der Mensch so durch die Pforte des Todes geht, daß sein Leben gewissermaßen von außen abgerissen ist, überhaupt wenn er in jugendlichem Alter dahinstirbt, dann tritt, nachdem er durch die Pforte des Todes gegangen ist, nach kurzer Zeit auch die Trennung vom Ätherleibe ein. Aber dieser Ätherleib hätte ja in sich die Kraft, den Rest des Lebens noch zu versorgen mit äußeren Lebenskräften. Normal bekommt der Mensch an Kräften des Ätherleibes dasjenige mit, was ihn bis ins hohe Alter mit Lebenskräften versorgen kann. Reißt nun das Leben ab, dann bleiben doch diese Kräfte. Im abgelegten Ätherleibe sind diese Kräfte auch vorhanden. Und geradeso wie in der physischen Welt nichts verlorengeht an Kräften, sondern nur verwandelt wird, so gehen auch diese Kräfte nicht verloren, sondern sie bleiben vorhanden. Wenden Sie das konkret an, dann werden Sie sich sagen: Wenn der Mensch im jugendlichen, im blühenden Alter hinstirbt, hinterläßt er der Welt das, was er noch an Lebenskräften in seinem Ätherleibe hat, die er selber hätte verbrauchen können. – Stellen Sie es sich noch konkreter vor. Nehmen Sie einen Menschen an, der, sagen wir, im fünfundzwanzigsten Lebensjahre durch eine Kugel getroffen worden ist: er hinterläßt der Welt an Lebensätherkräften das, was er hätte aufbrauchen können vom sechsundzwanzigsten Lebensjahre ab für den Rest eines langen Lebens. Das bleibt, das ist eine Gabe, die der Tote überläßt der geistigen Lebensatmosphäre, in der wir sind. Von diesen Kräften bleiben wir umgeben. Und in diesen Kräften stecken die Opfergesinnungen, von denen der also Geendete seine Ätherkräfte durchzogen hat. Das bleibt. Und die Nachkommenden wissen gar nicht, wie sie in den von den Vorfahren auf diese Weise hinterlassenen Kräften eigentlich leben, wie sie von denen umgeben sind, und wie unsere geistige Lebensluft davon durchtränkt ist. Sie achten nicht auf das, was zurückbleibt von den Hingegangenen in einer solchen Zeit, wo in verhältnismäßig kurzer Zeitspanne so viele noch lebensbrauchbare Ätherleiber der geistigen Erdenatmosphäre übergeben werden.

Über das Ereignis des Todes und Tatsachen der nachtodlichen Zeit

Wir leben in einer Zeit, in welcher wir an den Tod, das Hindurchgehen der Menschen durch die Todespforte, an dieses bedeutsame Lebensereignis des Menschen, täglich oder stündlich gemahnt werden. Denn ein Lebensereignis wird der Tod für den Menschen im wahren Sinne des Wortes nur durch die Geisteswissenschaft, die dem Menschen zeigt, wie in seinem Inneren jene ewigen Kräfte wirken, die durch Geburten und Tode hindurchgehen und die sich für die Zeit zwischen Geburt und Tod die eine Art des Daseins, eine besondere Form des Daseins schaffen, um nach dem Durchgehen durch die Todespforte eine andere Daseinsform anzunehmen. So wird der Tod gewissermaßen aus dem abstrakten Lebensende, das er allein sein kann für die materialistische Weltanschauung, durch die Geisteswissenschaft ein Ereignis, wenn auch ein tief schwerwiegendes, im umfassenden Leben des Menschen. Und auch innerhalb unserer Reihen selber, in erster Linie durch die gegenwärtigen geschichtlichen Ereignisse, dann aber auch durch Gründe außerhalb derselben, sind liebe Freunde durch die Todespforte gegangen, so daß es vielleicht gerade in der Gegenwart besonders angemessen erscheint, über das Ereignis des Todes und diejenigen Tatsachen des menschlichen Lebens, die sich an den Tod anreihen, in unserer heutigen Betrachtung einiges zu geben.

Allerdings, immer wieder und wiederum sind in unseren geisteswissenschaftlichen Betrachtungen Auseinandersetzungen aufgetaucht über das Leben zwischen dem Tode und einer neuen Geburt, und wir haben gerade über diesen Gegenstand schon viele Anhaltspunkte gewonnen. Allein, Sie wissen ja wohl aus dem bisherigen Verlauf der Geisteswissenschaft, daß immer alles nur gegeben werden kann von einem gewissen Gesichtspunkt aus, und daß wir im Grunde die Dinge nur immer genauer und genauer dadurch kennenlernen können, daß sie uns von verschiedenen Gesichtspunkten aus beleuchtet sind. So werde ich denn zu demjenigen, was wir schon wissen, heute über das angeregte Thema einiges hinzufügen, das uns für unsere Gesamtweltauffassung nützlich sein kann.

Wir betrachten – und das ist zunächst gut – den Menschen geisteswissenschaftlich so, wie er als Ausdruck seiner Gesamtwesenheit hier in der physischen Welt vor uns steht. Wir müssen zunächst von dem ausgehen, was uns der Mensch in der physischen Welt darbietet, und daher habe ich auch immer wieder und wiederum darauf aufmerksam gemacht, wie wir gewissermaßen etwas wie eine leitende Übersicht bekommen über den Gesamtmenschen, wenn wir ihn so betrachten, daß wir zugrunde legen zunächst den physischen Leib, den wir von außen durch Sinnesbetrachtung, durch die wissenschaftliche Zergliederung des sinnlich Betrachteten hier in der physischen Welt kennenlernen. Wir legen dann denjenigen Leib oder diejenige Organisationsform zugrunde, welche wir als den ätherischen Leib bezeichnen, der ja schon einen übersinnlichen Charakter hat, der also mit den gewöhnlichen Sinnesorganen nicht betrachtet werden kann – auch mit dem Verstand nicht, der an das Gehirn gebunden ist – und der daher der gewöhnlichen Wissenschaft bereits unzugänglich ist. Dieser ätherische Leib ist aber immerhin ein Gebilde, von dem man sagen kann, daß auch Geister wie *Immanuel Hermann Fichte,* der Sohn des großen *Johann Gottlieb Fichte,* dann *Troxler* und andere davon gewußt haben. Dieser ätherische Leib ist etwas im Menschen, welches zwar nur in imaginativer Erkenntnis aufgefaßt werden kann, weil es übersinnlich ist, was aber doch für die übersinnliche Erkenntnis eben äußerlich angeschaut werden kann, so wie für die sinnliche Erkenntnis der sinnliche physische Leib äußerlich angeschaut werden kann.

Wir steigen dann in der Betrachtung auf zu dem astralischen Leib. Der astralische Leib ist nun nicht etwas, was so äußerlich sinnlich angeschaut werden kann wie der physische Leib durch die äußeren Sinne, wie der ätherische Leib durch den inneren Sinn, sondern der astralische Leib ist so etwas, was nur innerlich erlebt werden kann, worinnen man selber sein muß, um es zu erleben, und ebenso das vierte Glied, das wir zunächst hier in der physischen Welt zu erfassen haben, das Ich. Aus diesen vier Gliedern der menschlichen Natur bauen wir uns den Gesamtmenschen auf. Wir wissen aber auch aus den bisherigen Betrachtungen, daß dasjenige, was wir eigentlich den physischen Leib des Menschen nennen, etwas sehr Kompliziertes ist, daß sich dieser physische Leib des Menschen aufbaut in einem langen Werdegang durch Saturn-, Sonnen-, Mondenzeit hindurch, daß auch schon mitgewirkt hat das Erdenwerden von dem Urbeginne des Erdendaseins bis in unsere Zeit. Ein komplizierter Entwicklungsgang hat unseren physischen Leib aufgebaut. Von dem, was da eigentlich in dem physischen Leibe lebt, bietet sich der Betrachtung, die dem Menschen in der physischen Welt zunächst zugänglich ist, auch für die gewöhnliche Wissenschaft eigentlich nur die Außenseite dar. Man könnte sagen, das gewöhnliche physische Anschauen und die physische Wissenschaft, wie sie hier in der Welt leben, die kennen von dem physischen Leibe nur so viel, als ein Mensch von einem Hause kennt, der außen um das Haus herumgeht und niemals in das Innere gekommen ist, niemals kennengelernt hat, was im Inneren des Hauses ist und welche Menschen im Hause leben. Nur wird selbstverständlich derjenige, der im materialistischen Sinne auf dem Boden der äußeren Wissenschaft steht, sagen: Oh, wir kennen sehr gut dieses Innere des physischen Leibes! Wir kennen, weil wir oftmals das Gehirn geschaut haben innerhalb der Gehirnwände, weil wir den Magen, das Herz geschaut haben bei der Leichensezierung, wir kennen ja dieses Innere! – Aber dieses Innere, das so von außen gesehen werden kann, das Räumlich-Innere, das ist nicht dasjenige, was hier gemeint ist, wenn von dem Inneren gesprochen wird. Dieses Räumlich-Innere ist auch nur ein Äußeres; dieses Räumlich-Innere ist sogar beim physischen Menschenleib viel äußerlicher als das wirkliche Räumlich-Äußerliche. Das ist allerdings sonderbar, wenn ich das sage. Aber Sie wissen ja aus den bisherigen Beschreibungen unserer Geisteswissenschaft, daß unsere Sinnesorgane schon während der Saturnzeit aufgebaut worden sind, und die tragen wir an der Außenseite unseres Leibes, an der räumlichen Außenseite. Die sind aus viel geistigeren Kräften aufgebaut als zum Beispiel unser Magen oder dasjenige, was innerlich im räumlichen Sinne ist. Dasjenige, was innerlich ist, ist aus den ungeistigsten Kräften aufgebaut. Und so sonderbar es klingt, so muß doch einmal darauf aufmerksam gemacht werden, daß der Mensch sich eigentlich verkehrt ausspricht über sich. Es ist das ja natürlich, weil wir hier auf dem physischen Plan leben – aber verkehrt spricht er sich aus. Er müßte eigentlich dasjenige, was die Haut im Gesichte ist, das Innere nennen und seinen Magen das Äußere. Da würde man der Wirklichkeit viel näherkommen! Man würde der Wirklichkeit näherkommen, wenn man sagen würde, wir essen von innen nach außen, wir schicken die Speisen von innen nach außen, indem wir sie in den Magen schikken, als jetzt, wo wir sagen: von außen nach innen; denn je weiter unsere Organe an der Oberfläche liegen, von desto geistigeren Kräften rühren sie her, und von um so ungeistigeren Kräften rühren sie her, je mehr sie in unserem räumlichen Inneren liegen.

Sie können das sogar aus den bisherigen Schilderungen der Geisteswissenschaft leicht einsehen. Wenn Sie sich genau erinnern an dasjenige, was in der bisherigen Schilderung der Geisteswissenschaft vorgebracht worden ist, so werden Sie wissen, daß während der Mondenentwicklung sich etwas abspaltet und bei der Erdenentwicklung wieder abspaltet und hinausgeht aus der Saturn-, Sonnen- und Mondenentwicklung in den Weltenraum. Bei dieser Abspaltung ist nämlich etwas Merkwürdiges geschehen: Wir sind gewendet worden, richtig so gewendet worden, wie ein Handschuh umgedreht, umgewendet wird, das Innere nach außen und das Äußere nach innen. Dasjenige, was sich heute als Gesicht nach außen wendet, war wirklich während der Saturn- und Sonnenzeit – in der ersten Anlage natürlich – nach innen gewendet, und auch noch während eines Teiles der Mondenzeit; und die Anlagen zu unseren heutigen inneren Organen wurden während des Mondendaseins noch so gebildet, daß sie von außen gebildet wurden. Wir sind seit jener Zeit wirklich umgewendet wie ein Rock. Heute tut man das nicht mehr so viel, Röcke wenden, aber man hat es in früheren Zeiten getan, als man die Röcke noch länger tragen konnte. Heute ist das ja nicht mehr üblich. Wenn wir von unserem physischen Leib sprechen, müssen wir uns also bewußt werden, daß an ihm vieles Übersinnliche ist, daß seine ganze Bauart übersinnlich ist, daß er aus dem Übersinnlichen heraus gebaut ist und uns nur seine Außenseite zuwendet, wenn wir das betrachten als Ganzes.

Wenn wir nun an den Ätherleib kommen, so ist dieser überhaupt nicht mehr für die physisch-sinnliche Betrachtung sichtbar; aber um so wichtiger wird dieser Ätherleib dann, wenn der Mensch durch die Pforte des Todes gegangen ist. Da ist zunächst in der Zeit, in die wir eintreten in den ersten Tagen, dieser Ätherleib von einer ganz besonderen Wichtigkeit. Aber auch in bezug auf den physischen Leib müssen wir noch lernen umzudenken, richtig lernen umzudenken, wenn wir in dem rechten Maße das ins Auge fassen wollen, was uns nach dem Durchgang durch die Todespforte erwartet. Sie wissen ja, denn das kann noch von der physischen Welt aus beobachtet werden, beim Durchgang durch die Todespforte legt der Mensch seinen physischen Leib, wie man sagt, ab. Er wird übergeben durch Verwesung oder Verbrennung – die beiden Prozesse unterscheiden sich nur durch Zeitlänge – dem Element der Erde. Nun könnte es scheinen, als ob für den, der nun durch die Todespforte gegangen ist, dieser physische Leib als solcher einfach abgetan wäre. Das ist aber nicht der Fall. Der Erde können wir von unserem physischen Leib nämlich nur dasjenige übergeben, was von der Erde selber stammt. Nicht können wir der Erde übergeben von unserem physischen Leib dasjenige, was von dem alten Mondendasein herrührt, was von dem alten Sonnendasein herrührt, von dem alten Saturndasein herrührt. Dasjenige, was von dem alten Saturndasein herrührt, von dem Sonnendasein und vom Mondendasein, ja sogar von einem großen Teil des Erdendaseins noch, das sind übersinnliche Kräfte. Und diese übersinnlichen Kräfte, die in unserem physischen Leib drinnenstecken, von denen sich uns eben nur in der sinnlichen Anschauung, wie ich eben auseinandergesetzt habe, die Außenseite zeigt, diese übersinnlichen Kräfte, wohin kommen denn die, wenn wir durch die Todespforte hindurchgegangen sind? – Von unserem physischen Leib, von diesem wunderbarsten Gebilde, das überhaupt in der Welt vorhanden ist zunächst als Gebilde, von unserem physischen Leib wird, wie gesagt, nur dasjenige, was ihm die Erde gegeben hat, der Erde zurückgegeben. Das andere, wo ist es denn, wenn wir durch die Todespforte geschritten sind? – Das andere zieht sich zurück von dem, was in die Erde gleichsam hineinsinkt durch Verwesung oder Verbrennung; das andere wird aufgenommen in das ganze Universum. Und wenn Sie alles, alles, was Sie ahnen können im Umkreis der Erde, mit sämtlichen Planeten und Fixsternen denken, und wenn Sie das möglichst geistig denken, so werden Sie in diesem also geistig Gedachten den Ort haben, wo das Geistige von uns ist. Denn nur ein Stück dieses Geistigen wird abgetrennt, das in Wärme lebt, und das bei der Erde verbleibt. Wärme, unsere innere Wärme, unsere Eigenwärme wird abgetrennt, bleibt bei der Erde. Aber alles dasjenige, was sonst geistig ist am physischen Leib, das wird hinausgetragen in den ganzen Weltenraum, in den ganzen Kosmos.

Wenn wir nun als Mensch unseren physischen Leib verlassen, wohinein gehen wir denn, in was tauchen wir denn eigentlich unter? Wir tauchen wie in Blitzesschnelligkeit mit unserem Tode in das unter, was aus all den übersinnlichen Kräften unseren physischen Leib bildet. Sie können sich ganz ruhig vorstellen, daß alle die Baukräfte, die seit der Saturnzeit an Ihrem physischen Leib gewirkt haben, sich ins Unendliche ausdehnen und Ihnen den Ort bereiten, in dem Sie leben zwischen dem Tod und einer neuen Geburt. Alles das ist, möchte ich sagen, nur zusammengezogen in dem Raum, der von unserer Haut eingeschlossen ist zwischen der Geburt und dem Tode.

Wenn wir nun außerhalb des physischen Leibes sind, dann machen wir vor allen Dingen eine Erfahrung, die für das ganze nachfolgende Leben zwischen dem Tod und einer neuen Geburt wichtig ist. Ich habe sie schon öfters angedeutet. Diese Erfahrung ist von entgegengesetzter Natur wie die entsprechende Erfahrung hier im Leben des physischen Planes. Hier im Leben des physischen Planes, da können wir mit dem gewöhnlichen sinnlichen Erkennen, das wir haben, nicht zurückbleiben bis zu der Stunde unserer Geburt. Kein Mensch kann seine eigene Geburt erinnern, kann zurückschauen. Er weiß nur, daß er geboren ist, erstens deshalb, weil man es ihm vielleicht gesagt hat, und zweitens, weil er es daraus schließt, daß alle Menschen, die noch später die Erde betreten haben als er, auch geboren sind; aber eine wirkliche Erfahrung von seiner eigenen Geburt kann der Mensch nicht haben.

Gerade umgekehrt ist es mit der entsprechenden Erfahrung nach dem Tode. Während niemals die unmittelbare Anschauung unserer Geburt vor unserer Seele stehen kann in dem physischen Leben, steht im ganzen Leben zwischen dem Tode und einer neuen Geburt der Moment des Todes, wenn der Mensch nur hinschaut auf ihn geistig, vor der Seele. Nur müssen wir uns allerdings klar sein, daß dieser Moment des Todes dann von der anderen Seite gesehen wird. Wenn der Tod etwas Schreckhaftes haben kann, so ist es nur deshalb, weil er hier gesehen wird als eine Auflösung gewissermaßen, als ein Ende. Von der anderen Seite, von der geistigen Seite her, wenn zurückgeschaut wird zum Moment des Todes, erscheint der Tod immerfort als der Sieg des Geistes, als das Heraus-sich-Winden des Geistes aus dem Physischen. Da erscheint er als das größte, herrlichste, als das bedeutsamste Ereignis. Und außerdem entzündet sich an diesem Ereignisse dasjenige, was unser Ich-Bewußtsein nach dem Tode ist. Wir haben in der ganzen Zeit zwischen dem Tode und einer neuen Geburt nicht nur in ähnlichem, sondern sogar in einem viel höheren Sinne ein Ich-Bewußtsein als hier im physischen Leben. Aber dieses Ich-Bewußtsein würden wir nicht haben, wenn wir nicht immerfort zurückblicken könnten, sehen würden, aber von der anderen Seite, von der geistigen Seite, diesen Moment, in dem wir uns herausgerungen haben mit unserem Geistigen aus dem Physischen. Daß wir ein Ich sind, wissen wir nur dadurch, daß wir wissen: Wir sind gestorben, wir haben unser Geistiges aus unserem Physischen herausgelöst. In dem Augenblicke, wo wir jenseits der Pforte des Todes nicht hinschauen auf den Moment des Todes, da ist es für dieses Ich-Bewußtsein nach dem Tode so, wie es für das physische Ich-Bewußtsein hier im Schlafe ist. Wie man im Schlafe nichts weiß von dem physischen Ich-Bewußtsein, so weiß man nach dem Tode nichts von sich, wenn man nicht vor Augen hat diesen Moment des Sterbens. Man hat ihn als einen der herrlichsten, als einen der erhabensten Augenblicke vor sich.

Sie sehen, schon in diesem Falle müssen wir uns damit bekanntmachen, eine eigentlich geistige Welt ganz anders zu denken als hier die sinnlich-physische Welt. Wenn man in bequemer Weise nur bei den Begriffen bleiben will, die man hier für die physisch-sinnliche Welt hat, so kann man gar nicht das Geistige irgendwie genauer erfassen. Denn das Wichtigste nach dem Tode ist, daß der Moment des Sterbens von der anderen Seite angesehen wird. Dadurch eben entzündet sich unser Ich-Bewußtsein auf der anderen Seite. Wir haben gewissermaßen hier in der physischen Welt die eine Seite des Ich-Bewußtseins; nach dem Tode haben wir die andere Seite des Ich-Bewußtseins. Ich habe vorhin auseinandergesetzt, wo eigentlich das Übersinnliche unseres physischen Leibes ist nach dem Tode, wo wir es zu suchen haben. In der ganzen Welt, so weit wir sie nur ahnen können, haben wir dieses Physische als Kräfteverhältnis, als Kräfteorganismus, als Kräftekosmos zu suchen. Dieses Physische bereitet uns den Ort, durch den wir durchzugehen haben zwischen dem Tod und einer neuen Geburt.

Es ist also dasjenige, was wir hier in unserem physischen Körper, in diesem verhältnismäßig zur Gesamtwelt kleinen Körper eingeschlossen haben in unserer Haut, wirklich ein Mikrokosmos, wirklich eine ganze Welt. Sie ist wirklich nur zusammengerollt – möchte ich sagen, wenn ich trivial sprechen darf –, sie rollt sich dann auf und erfüllt die Welt mit Ausnahme eines kleinen Raumes, der immer leer bleibt. Wenn wir zwischen dem Tode und einer neuen Geburt leben, sind wir eigentlich mit dem, was hier unserem physischen Leib als übersinnliche Kräfte zugrunde liegt, überall in der Welt, nur an einem einzigen Ort nicht, der bleibt leer. Das ist der Raum, den wir hier in der physischen Welt einnehmen innerhalb unserer Haut. Und immer blicken wir auf diese Leere. Wir schauen uns dann von außen an und schauen in eine Hohlheit hinein. Das, in was wir hineinschauen, bleibt leer, aber es bleibt so leer, daß wir davon eine Grundempfindung haben. Dieses Hinschauen ist nicht ein abstraktes Hinschauen, wie man hier auf dem physischen Plan hinstiert auf irgendwelche Dinge, sondern dieses Hinschauen ist verbunden mit einer mächtigen inneren Lebenserfahrung, mit einem mächtigen Erlebnis. Es ist verbunden damit, daß in uns durch die Anschauung dieser Leere aufsteigt eine Empfindung, die uns nun begleitet durch unser ganzes Leben zwischen dem Tode und einer neuen Geburt, die viel von dem ausmacht, was wir überhaupt dieses jenseitige Leben nennen. Es ist die Empfindung: Da ist etwas in der Welt, das muß immer wieder und wiederum von dir ausgefüllt werden. – Und man erlangt dann die Empfindung: Man ist in der Welt zu etwas da, wozu man nur selber da sein kann. Man empfindet seinen Platz in der Welt. Man empfindet, daß man ein Baustein ist in der Welt, ohne den die Welt nicht sein könnte. Das ist die Anschauung dieser Leere. Das Darinnenstehen als etwas, was zu der Welt gehört, das überkommt einen dadurch, daß man auf eine Leere hinschaut.

Das alles hängt nun zusammen mit dem, was aus unserem physischen Leib dann wird. Nun werden wir aus den elementareren Darstellungen gewissermaßen nur immer schematisch darlegen können dasjenige, was wirklich in der geistigen Welt die Bilder braucht für das Wirkliche. Aber wir müssen diese Bilder erst haben, um nach und nach uns zu Vorstellungen aufzuschwingen, die mehr in das Wirkliche der geistigen Welt eindringen.

Wir wissen, daß wir dann durch Tage eine Art Rückerinnerung haben. Aber diese Rückerinnerung wird doch nur im uneigentlichen Sinne – obwohl mit Recht, aber im uneigentlichen Sinne – Rückerinnerung genannt, denn durch einige Tage haben wir etwas wie ein Tableau, wie ein Panorama, das gewoben ist aus alldem, was wir im eben verflossenen Leben erlebt haben. Aber wir haben es nicht so wie eine gewöhnliche Erinnerung innerhalb des physischen Leibes. Eine Erinnerung des physischen Leibes ist so, daß wir sie zeitlich heraufholen aus dem Gedächtnisse. Eine solches Gedächtnis ist eine Kraft, die an den physischen Leib gebunden ist, ein Gedachtes, wo man so zeitlich heraufholt die Erinnerungen. Diese Rückerinnerung nach dem Tode, die ist so, daß, wie in einem Panorama, gleichzeitig alles, was sich im Leben abgespielt hat, in Imaginationen um uns herum ist. Wir leben durch Tage innerhalb unseres, man kann nur sagen Erlebens. In mächtigen Bildern ist gleichzeitig das Ereignis da, welches wir eben noch erlebt haben in den letzten Zeiten vor unserem Tode, und gleichzeitig ist dasjenige da, was wir erlebt haben in der Kindheit. Ein Lebenspanorama, ein Lebensbild, welches dasjenige, was sonst in der Zeit nacheinander gefolgt ist, in einem Gewebe uns darstellt, das aus Äther geflochten ist. Das alles, was wir da sehen, lebt im Äther.

Vor allen Dingen empfinden wir dasjenige, was da um uns herum ist, als lebendig. Es lebt und webt alles darinnen. Dann empfinden wir es als geistig tönend, als geistig leuchtend und auch als geistig wärmend. Dieses Lebenstableau schwindet, wie wir wissen, schon nach Tagen. Aber wodurch endet es denn eigentlich, und was ist dieses Lebenstableau?

Ja, wenn man dieses Lebenstableau untersucht auf das hin, was es eigentlich ist, so muß man sagen: Es ist hineinverwoben alles das, was wir im Leben erlebt haben. Aber wie erlebt? – Indem wir dabei gedacht haben! Also alles das, was wir denkend, vorstellend erlebten, das steckt dadrinnen. Sagen wir, um auf etwas Konkretes einzugehen, wir haben im Leben mit einem anderen Menschen zusammengelebt, wir haben mit dem anderen Menschen gesprochen. Indem wir mit ihm gesprochen haben, haben sich seine Gedanken unseren Gedanken mitgeteilt. Wir haben Liebe von ihm empfangen, wir haben seine ganze Seele auf uns wirken lassen, all das innerlich durchlebt. Wir leben ja mit, wenn wir mit einem anderen Menschen leben. Er lebt und wir leben, und wir erleben etwas an ihm. Das, was wir an ihm erleben, das erscheint uns jetzt in dieses ätherische Lebenstableau hineinverwoben. Es ist dasselbe, an das wir uns erinnern. Denken Sie sich einmal den Moment, wo Sie vor zehn, zwanzig Jahren mit irgend jemand anderem etwas erlebt haben. Denken Sie sich, Sie erinnern sich daran, und Sie erinnern sich nicht so, wie man sich gewöhnlich im Leben erinnert, daß alles grau in grau verschwimmt, sondern Sie erinnerten sich so daran, daß die Erinnerung in Ihnen so lebendig wäre, wie das Erlebnis selber war, daß der Freund so vor Ihnen steht, wie er damals gestanden hat während des Erlebnisses. Im Leben hier sind wir oftmals recht traumhaft. Dasjenige, was wir herzhaft erleben auf dem physischen Plan, stumpft sich ab, das lähmt sich herab. Wenn wir durch die Pforte des Todes gegangen sind und es im Lebenstableau haben, da ist es nicht so herabgelähmt, da ist es mit all der Frische und Herzhaftigkeit vorhanden, in denen es vorhanden war während des Lebens. So webt es sich hinein in dieses Lebenstableau, so erleben wir es selber dann durch Tage.

Wie wir den Eindruck haben in bezug auf die physische Welt, daß unser physischer Leib von uns abfällt, so haben wir dann nach Tagen den Eindruck, daß zwar von uns auch abgefallen ist unser ätherischer Leib, aber dieser unser ätherischer Leib ist eigentlich nicht so abgefallen wie unser physischer Leib, sondern er ist einverwoben dem ganzen Universum, der ganzen Welt. Er ist dadrinnen, er hat dadrinnen seine Eindrücke gemacht während der Tage, während wir das Lebenstableau erleben. Und dasjenige, was wir so als Lebenstableau haben, das ist übergegangen in die äußere Welt, das lebt um uns herum, ist von der Welt aufgenommen.

Wir machen dabei während dieser Tage wiederum eine wichtige, eine eindringliche Erfahrung. Denn dasjenige, was wir nach dem Tode erleben, sind nicht nur Erlebnisse, die so wie Erinnerungen an das Erdenleben sind, sondern es sind durchaus Stücke für neue Erlebnisse. Das ist ja selbst ein neues Erlebnis, wie wir zu unserem Ich kommen, indem wir zurückschauen zu dem Tode, denn so etwas können wir mit den Erdensinnen hier nicht erleben. Das erschließt sich nur dem initiierten Erkennen. Aber auch, was wir während der Tage erleben, indem wir dieses Lebenstableau, dieses von uns sich ablösende und dem Universum sich einwebende Ätherweben um uns herum haben, auch das, was wir da erleben, ist etwas erschütternd Erhabenes, etwas ganz Gewaltiges für die Menschenseele.

Hier im physischen Leben, ja, da stehen wir der Welt gegenüber, diesem mineralischen, diesem pflanzlichen, diesem tierischen, diesem menschlichen Reich. Wir erleben an diesen das, was unsere Sinne erleben können, was unser an das Gehirn gebundener Verstand an den Sinneserlebnissen haben kann, was unser an unser Gefäßsystem gebundenes Gemüt erleben kann, das alles erleben wir hier. Und wir Menschen sind eigentlich hier zwischen Geburt und Tod, von einem höheren Gesichtspunkt aufgefaßt, außerordentlich große – verzeihen Sie den Ausdruck –, außerordentlich große «Tröpfe», Riesentröpfe. Fürchterlich dumm sind wir vor der Weisheit der großen Welt, wenn wir glauben, damit sei es abgetan, daß wir hier etwas erleben in der beschriebenen Weise und dann dieses, was wir hier erleben, in unseren Erinnerungen tragen und als Mensch es uns angeeignet haben. Das glauben wir so. Aber während wir erleben, während wir uns unsere Vorstellungen, unsere Gemütsempfindungen bilden in dem Erleben, arbeitet in diesem unserem Erlebeprozeß, in diesem Vorgang die ganze Welt der Hierarchien. Die lebt und webt darinnen. Wenn Sie einem Menschen gegenübertreten und ihm in die Augen schauen, in Ihrem Blick und in dem, was sein Blick Ihnen entgegensendet, leben die Geister der Hierarchien darinnen, leben die Hierarchien, lebt die Arbeit der Hierarchien. Auch das, was wir erleben, bietet uns nur die Außenseite, denn in diesem Erleben arbeiten die Götter darinnen. Und während wir glauben, wir leben nur für uns, arbeiten sich die Götter durch unser Erleben etwas aus, wodurch sie etwas haben, was sie jetzt der Welt einweben können. Wir haben Gedanken gefaßt, wir haben Gemütserlebnisse gehabt – die Götter nehmen sie und teilen sie ihrer Welt mit. Und nachdem wir gestorben sind, wissen wir, daß wir gelebt haben deshalb, damit die Götter dieses Gewebe spinnen können, das jetzt in unserem Ätherleib von uns kommt und dem ganzen Universum mitgeteilt wird. Die Götter haben uns leben lassen, damit sie für sich etwas spinnen können, wodurch sie ihre Welt um ein Stück bereichern können. Es ist ein erschütternder Gedanke! Wenn wir nur einen Schritt durch die Welt machen, so ist dieser Schritt der äußere Ausdruck für ein Göttergeschehen und ein Stück von dem Gewebe, das die Götter in ihrem Weltenplan verwenden, das sie uns nur lassen, bis wir durch die Pforte des Todes gehen, um es dann von uns wegzuziehen und dem Universum einzuverleiben. Diese unsere Menschengeschicke sind zugleich Götterhandlungen, und was sie für uns Menschen sind, ist nur eine Außenseite. Das ist das Bedeutsame, das Wichtige, das Wesentliche.

Wem gehört eigentlich jetzt, nachdem wir gestorben sind, dasjenige an, was wir im Leben innerlich dadurch gewonnen haben, daß wir denken können, daß wir Gemütsempfindungen haben, wem gehört es an? – Nach unserem Tode gehört es der Welt an! So aber, wie wir auf unseren Tod zurückblicken, so blicken wir mit dem, was uns bleibt, mit unserem astralischen Leib und mit unserem Ich zurück auf dasjenige, was sich da einverwoben hat dem Universum, der Welt. Während unseres Lebens tragen wir das, was sich da dem Universum eingewoben hat, als Ätherleib in uns. Jetzt ist es aufgesponnen und einverwoben der Welt. Wir blicken darauf hin, schauen es an. Wie wir es hier innerlich erleben, so schauen wir es nach dem Tode an, so ist es in der Welt draußen. Wie wir hier Sterne anschauen und Berge und Flüsse, so schauen wir nach dem Tode auch neben dem, was geworden ist mit Blitzesschnelle, sagte ich, aus unserem physischen Leib, das an, was sich der Welt einverwoben hat aus unseren eigenen Erlebnissen. Und dasjenige, was sich da aus unseren eigenen Erlebnissen dem ganzen Weltenbau einverleibt, das spiegelt sich jetzt in dem, was wir noch haben, in astralischem Leib und Ich, geradeso wie sich spiegelt die äußere Welt in unseren physischen Organen durch unseren physischen Menschen hier. Und indem sich das spiegelt in uns, bekommen wir etwas, was wir hier während dieser Erdenzeit nicht haben können, was wir in einem äußeren, mehr physischen Abdruck später während der Jupiterzeit haben werden, was wir aber in einer geistigen Art dadurch bekommen, daß jetzt unser ätherisches Sein außerhalb ist und auf uns einen Eindruck macht. Statt daß es vorher von uns erlebt wurde als unser Inneres, macht es jetzt auf uns einen Eindruck. Der Eindruck, der auf uns gemacht wird, ist allerdings zunächst ein Geistiges, er ist bildhaft, aber er ist als Bildhaftes schon ein Vorbild für das, was wir erst auf dem Jupiter haben werden: das Geistselbst. Dadurch also, daß sich einwebt unser Ätherisches dem Universum, wird für uns geboren – aber geistig, nicht so, wie wir es später auf dem Jupiter haben werden – ein Geistselbst, so daß wir jetzt haben, nachdem wir unseren ätherischen Leib abgelegt haben: astralischen Leib, Ich, Geistselbst. Dasjenige, was uns von unserem Erdendasein bleibt, das ist also unser Astralleib und unser Ich.

Unser astralischer Leib, der bleibt uns auch so, wie er zunächst uns als irdischer astralischer Leib unterworfen ist, wie Sie wissen, noch lange Zeit hindurch nach dem Tode. Er bleibt uns deshalb, weil dieser Astralleib durchzogen wird von alledem, was nur irdisch-menschlich ist und was er nicht gleich aus sich herausbringen kann. Wir machen da eine Zeit durch, in der wir nach und nach erst ablegen können dasjenige, was das Erdenleben aus unserem Astralleib gemacht hat. Wir erleben von unseren Erlebnissen eigentlich im Grunde hier auf der Erde, auch insofern sie unseren astralischen Leib berühren, immer nur höchstens die Hälfte. Von dem, was irgendwie durch uns geschieht, erleben wir eigentlich wirklich nur die Hälfte. Nehmen wir ein Beispiel: Denken Sie einmal, Sie sagen jemandem – es ist bei guten Gedanken und guten Handlungen ebenso wie bei bösen Handlungen und bösen Gedanken, aber nehmen wir dieses Beispiel einer bösen Handlung –, Sie sagen jemandem ein böses Wort, durch das er sich gekränkt fühlt. Wir haben von dem bösen Wort nur dasjenige, was uns betrifft, wir haben in uns das Gefühl, warum wir dieses böse Wort gebraucht haben; das ist der Eindruck auf unsere Seele, wenn wir das böse Wort gebrauchen. Aber der andere, dem wir das böse Wort zufügen, der hat einen ganz anderen Eindruck, der hat gleichsam die andere Hälfte des

Eindrucks, der hat das Gefühl des Gekränktseins. In ihm lebt wirklich diese andere Hälfte des Eindrucks. Das, was wir für uns durchlebt haben hier während des physischen Lebens, das ist das eine; das, was der andere durchlebt hat, das ist das andere. Nun denken Sie sich, alles dasjenige, was erlebt worden ist durch uns, aber außer uns, das müssen wir nach dem Tode, indem wir unser Leben nun rückwärts durchlaufen, wieder durchleben. Die Wirkungen unserer Gedanken, unserer Taten durchleben wir im Rücklauf. Also, wir durchleben unser Leben zwischen dem Tode und einer neuen Geburt rückwärtslaufend. Im Ablegen des Ätherleibes ist ein Lebenstableau, bei dem wir das ganze Leben gleichzeitig haben. Das Zurückleben, das ist ein wirkliches Durchleben desjenigen, was wir angerichtet haben, im Rückwärtsgehen. Und wenn wir also rückwärts gegangen sind bis zu unserer Geburt, dann sind wir reif geworden, auch von unserem astralischen Leib dasjenige abzulegen, was von ihm vom Irdischen durchtränkt ist. Dann geht das von uns weg, und mit diesem Ablegen des astralischen Leibes tritt für uns ein neuer Zustand ein. Der Astralleib hielt uns immer, möchte ich sagen, in unseren Erlebnissen mit der Erde zusammen. Dadurch, daß wir so durch unseren astralischen Leib durchgehen müssen, nicht träumend, aber indem wir irdische Erlebnisse zurückerleben, sind wir im Erdenleben noch drinnen; wir stehen noch drinnen. Jetzt erst, wenn wir den Astralleib – uneigentlich, aber man kann nicht anders sagen, da die Sprache kein Wort dafür hat – abgelegt haben, sind wir von dem Irdischen ganz frei geworden, jetzt leben wir drinnen in der eigentlich geistigen Welt.

Und dann tritt ein neues Erlebnis ein. Dieses Ablegen des astralischen Leibes, das ist eigentlich nur die eine Seite des Erlebens wiederum; die andere Seite ist etwas ganz anderes. Wenn wir diesen Astralleib nach diesem Durchgehen durch die Erdenerlebnisse abgelegt haben, dann fühlen wir uns wie mit, jetzt kann man nicht sagen Stoff, sondern wie mit Geist innerlich durchtränkt, durchschossen, dann fühlt man sich erst so recht in der geistigen Welt darinnen, dann geht einem innerlich die geistige Welt auf. Vorher ging sie einem äußerlich auf, indem man sah das Universum und den eigenen Ätherleib in das Universum einverwoben. Jetzt geht sie einem innerlich auf, jetzt erlebt man sie innerlich. Und als ein Vor-Bild für das, was der Mensch in einem physischen Ausdruck erst auf der Venus haben wird, in einem Vor-Bild des Lebensgeistes geht uns innerlich unser Ich auf, so daß wir jetzt bestehen aus Geistselbst, Lebensgeist und Ich. Ebenso wie wir uns hier etwa traumhaft fühlen von der Geburt bis zu dem Moment, wo wir als Kind so recht zum Bewußtsein kommen, bis zu dem wir uns später zurückerinnern, so leben wir ein Dasein, das zwar vollständig selbstbewußt ist, aber bewußter und höher als das Erdenleben. Aber ein rein geistiges Leben erleben wir erst, nachdem wir uns von unserem Astralischen getrennt haben und von dem Astralischen nur das behalten haben, was uns innerlich erfüllt, so daß wir dann von dieser Zeit an Geist unter Geistern sind.

Aber noch eine andere, eine wichtige, eine wesentliche Erfahrung tritt jetzt auf. Wenn wir hier in der physischen Welt leben, arbeiten wir, verrichten dies oder jenes, haben dabei Erlebnisse – davon haben wir ja eben gesprochen. Aber wir haben nicht bloß in der physischen Welt Erlebnisse, sondern an den Erlebnissen, gleichzeitig mit den Erlebnissen, haben wir noch etwas anderes. Und ich will, wenn natürlich auch damit nur ein allgemeines Wort für dieses gleichzeitigen Erlebnisse gebraucht ist, dieses Wort doch gebrauchen: Wir werden, kann man sagen, während wir erleben, ermüdet, abgenützt. Das ist ja immer so der Fall, wir werden ermüdet. Und wenn sich auch durch den Schlaf für das nächste Bewußtsein die Ermüdung wieder ausgleicht – vielmehr weniger durch den Schlaf als durch die Ruhe während des Schlafes, ganz richtig gesprochen –, so ist das doch nur eben ein geteilter Ausgleich; denn wir wissen natürlich, daß wir uns im Leben abnützen, daß wir älter werden, daß unsere Kräfte nach und nach schwinden. Wir werden auch in einem umfassenden Sinne müde. Und wenn man einmal älter geworden ist, weiß man das, daß man nicht alles ausgleichen kann durch den Schlaf. Wir werden also abgenützt hier, müde. Ja, wir können die Frage jetzt schon anders stellen. Nachdem wir das ausgesprochen haben, was wir gesagt haben, können wir jetzt die Frage aufwerfen: Warum lassen uns denn die Götter müde werden, warum werden wir denn müde? – Daß wir hier müde werden, daß wir abgenützt werden, gibt uns eben etwas, bedeutet für unser Gesamtleben eigentlich viel, recht, recht viel. Nur müssen wir den Begriff des Müdewerdens im umfassenderen Sinne, als man eben gewöhnlich glaubt, fassen. Wir müssen ihn recht sehr vor unsere Seele stellen, diesen Begriff des Müdewerdens.

Sie werden am besten einen Begriff bekommen von diesem Müdewerden, wenn Sie sich die Sache so vorstellen. Wenn ich jetzt einen von Ihnen fragen würde: Weißt du etwas von dem Inneren deines Kopfes? – so wird mir wahrscheinlich nur derjenige antworten, der von Kopfschmerz geplagt ist, daß er jetzt in diesem Augenblick etwas weiß von dem Inneren seines Kopfes. Nur der fühlt das Innere seines Kopfes; der andere lebt, ohne daß er es fühlt. Wir fühlen unsere Organe nur dann, wenn sie nicht ganz in Ordnung sind; dann wissen wir im Fühlen etwas von unseren Organen. Wir sind im Leben so eingrichtet, daß wir von unserem physischen Leib eigentlich nur insofern wissen, als er nicht ganz in Ordnung ist. Wir haben eigentlich nur ein allgemeines Gefühl unseres physischen Leibes. Das wird stärker, wenn etwas nicht in Ordnung ist. Aber wir wissen doch recht wenig innerlich, wenn wir ein bloßes Gefühl haben. Wer im Leben jemals starke Kopfschmerzen gehabt hat, der weiß von dem Inneren seines Kopfes – innerlich: nicht so wie der Anatom, der nur die Gefäße kennt. Aber während wir im Leben immer müder und müder werden, tritt immer mehr und mehr doch dieses Gefühl unseres Inneren, Räumlich-Inneren, im Leibe auf.

Bedenken Sie nur: Je mehr wir uns im Leben ermüden, desto mehr treten für uns auf die Gebresten des Lebens, Gebresten des Alters zum Beispiel. Unser Leben besteht darin, daß wir allmählich dieses unser Physisches erspüren, empfinden lernen. Indem es uns, ich möchte sagen, verhärtet, sich in uns so hineinschiebt, lernen wir es spüren. Für uns ist das, ich möchte sagen, ein – weil es so allmählich kommt – geringes Empfinden. Der Mensch würde ja erst sehen können, wie stark das ist, wenn er verzeihen

Sie den trivialen Ausdruck, aber er wird Ihnen das geben, was ich meine –, wenn er zum Beispiel sich in einem Moment fühlen könnte pumperlgesund, wie ein strotzend gesundes Kind, und dann gleich danach, damit er vergleichen kann, so wie man sich fühlt, wenn die Glieder brüchig geworden sind, mit achtzig, fünfundachtzig Jahren. Dann würde er es schon mehr fühlen. Nur weil es so langsam kommt, merkt man nicht, wie man sich da fühlend hineinspinnt in das Erleben des Physischen, in das Müdewerden. Dieses Müdewerden ist ein wirklicher Vorgang, der zuerst zwar gar nicht da ist, denn das Kind strotzt von Leben, dann aber wird die Lebenskraft immerzu übertönt vom Müdewerden, dann ringt sich dieses Müdewerden heraus. Wir können müde werden; während wir so müde werden, wenn das auch, sagen wir, hier nur ein leises Gefühl ist von unserem Inneren, entsteht wirklich etwas innerlich in uns. Unser Leben hier in der physischen Welt bietet uns ja nur die Außenseite von tiefen, von bedeutsamen, von erhabenen Geheimnissen. Daß wir so leise im Leben uns begleitet fühlen vom Müdewerden und damit das Innere unseres Leibes erspüren, das ist die Außenseite von etwas, was gewoben wird in uns, wunderbar gewoben wird aus reiner Weisheit, ein ganzes Gewebe von reiner Weisheit. Indem wir so müde werden im dahingehenden Leben, uns erspüren lernen innerlich, wird uns einverwoben ein feines Wissen von dem Wunderbau unserer Organe, unserer inneren Organe. Am Herzen lernen wir müde werden; aber dieses Müdewerden bedeutet, daß uns einverwoben wird ein Wissen, wie ein Herz aufgebaut wird aus dem Weltenall heraus. An dem Magen werden wir müde, den ermüden wir meistens dadurch, daß wir ihn verderben mit Essen; aber trotzdem wird uns einverwoben während der Ermüdung des Magens alle Weisheit, ein Weisheitsbild aus dem Kosmos heraus, wie der Magen aufgebaut wird. Wie unser innerer Organismus erhaben, wundersam aufgebaut ist, dieses gewaltige Kunstwerk, das entsteht im Bilde. Und das wird erst jetzt lebendig, wenn wir das Äußere, an die Erde Gebundene des astralischen Leibes abgelegt haben. Und das ist es, was uns als Lebensgeist erfüllt, was jetzt in uns lebt. Die Weisheit von uns selbst, von unserem Wunderbau des Inneren lebt jetzt in uns.

Und jetzt beginnt die Zeit, wo wir gewissermaßen vergleichen dasjenige, was da aus Weisheit in unserem Inneren uns jetzt als Lebensgeist anfüllt, mit dem, was sich als Äthergespinst vorher einverwoben hat in das Universum. Jetzt arbeiten wir an diesem Vergleich, wie das eine zum anderen passen kann, und bauen uns im Bilde unseren Menschen auf, so wie er in der nächsten Inkarnation werden soll. So beginnen wir, indem wir allmählich entgegenleben der Weltenmitternacht, wie Sie es in dem einen der Mysterien, in «Der Seelen Erwachen» angedeutet finden. So vollziehen wir namentlich nach der Weltenmitternacht eine Arbeit, die da verläuft, indem wir an dem Schaffen der Welt teilnehmen, an dem Hereinbringen desjenigen, was wir hier genießen. Während des Lebens zwischen dem Tode und der Geburt, da arbeiten wir, da weben wir mit, weben wir an den Götterbildern. Wir dürfen mittätig sein an dem, was Götterziel ist, indem die Götter den Menschen hereinstellen in die Welt. Vorbereiten dürfen wir uns eine nächste Inkarnation. Dabei spielen sich natürlich ab nicht nur Vorgänge, die egoistisch auf uns einen Bezug haben, sondern alle möglichen Vorgänge sonst. Und das kann uns namentlich aus dem Folgenden hervorgehen.

Dieser wunderbare Prozeß ist ein viel höherer als das, was sich hier auf der Erde abspielt, wenn Winter und Sommer wechseln, die Sonne aufgeht, die Sonne untergeht, alles das sich vollzieht, was sich als Erdenarbeit vollzieht: Dort vollzieht sich dasjenige, was allerdings zuletzt zu unserer irdischen Inkarnation führt, was zum Menschendasein führt; aber es ist eine gewaltige himmlische Arbeit, die nicht nur eine äußerliche Bedeutung hat, sondern eine Bedeutung für die ganze Welt. Wenn es einem allmählich gelingt, im geistigen Anschauen diesen wunderbaren Prozeß zu erleben, dann tritt einem doch eines entgegen. Es wird Ihnen allerdings sonderbar erscheinen, wenn ich dieses sage, aber die höheren Geheimnisse müssen für das physisch-sinnliche Anschauen des Menschen zunächst immer sonderbar erscheinen, und dasjenige, was uns da vor die Seele tritt, muß uns erschüttern, je mehr, desto besser. Denn diese Dinge, so wie sie sind, sollen gar nicht so an unsere Seele kommen, daß wir sie nüchtern, trocken erkenntnismäßig aufnehmen und dabei gleichgültig bleiben. Wir sollen gerade durch diese Dinge einen Gemütseindruck bekommen von der Erhabenheit und Größe der göttlich-geistigen Welt. Man könnte sagen: Wenn jemand nur darauf sich einläßt, Geisteswissenschaft so trocken vorzubringen, daß sie nicht zugleich den ganzen Menschen ergreift, und er mit dem Eindruck davon nicht zugleich einen Eindruck hat von der Größe und Erhabenheit desjenigen, was als Göttlich-Geistiges die Welt durchpulst und durchwest, dann würden wir nämlich alle, nach dem, was ich eben beschrieben habe, trotz allem, was wir können, nach den jetzigen Verhältnissen der Welt kopflos geboren werden. Denn den Bau des Kopfes, den könnten wir nicht bewirken. Das menschliche Haupt ist in seinem Bau ein so erhabenes Abbild des Universums, daß der Mensch selbst mit dem, was ihm einverwoben wird als Weisheit eines Lebens, es nicht bauen könnte, daß er es nicht vorbereiten könnte für die nächste Inkarnation; da müssen eben mitwirken alle Götterhierarchien. Das, was in Ihrem Haupte, in dieser nur von dem Hinterhaupt lose durchbrochenen Kugel, etwas umgeformten Kugel, vorhanden ist, das ist für sich noch ein wirklicher Mikrokosmos, ein wirklicher Abdruck der großen Weltenkugel. Darinnen lebt alles, was draußen im Universum lebt, zusammen, da wirkt alles zusammen, was in den verschiedenen Hierarchien tätig sein kann. Indem wir anfangen zu bauen aus unserer in der Ermüdung angesammelten Weisheit an unserer nächsten Inkarnation, greifen in diese Tätigkeit ein alle Hierarchien, um dasjenige, was dann unser Haupt wird, als Abdruck aller Götterweisheiten uns einzuverleiben.

Während das alles geschieht, bereitet sich auf der Erde durch Generationen hindurch dasjenige vor, was unsere physische Vererbungslinie ist. Geradeso wie wir nur dasjenige, was von der Erde kommt, der Erde übergeben nach unserem Tode, so bekommen wir von Eltern, Voreltern nur dasjenige, was irdisch ist an uns. Und dasjenige, was irdisch ist an uns, das ist eben das

Äußere, ist eben nur der äußere Ausdruck in diesem Irdischen. Da ist alles dasjenige einverwoben, was wir erstens selber auf die geschilderte Weise weben können, und dasjenige, was ganze Götterhierarchien weben, bevor wir durch die Empfängnis eine Beziehung bekommen zu dem, in das wir uns einhüllen, einkleiden, wenn wir den physischen Plan betreten.

Ich sagte, je mehr wir in unser Gefühl aufnehmen können von diesen erhabenen Erkenntnissen, desto besser für uns. Denn bedenken Sie doch nur einmal: Wir benützen unseren Kopf, wir haben aber keine Spur von Wissen in der Regel, insofern wir im Materiellen lebende Menschen sind, daß ganze Götterhierarchien ihre Arbeit darauf verwenden, unseren Kopf zu formen, das zu formen, was geistig unserem Kopfe zugrunde liegt, damit wir überhaupt sein können. Wenn wir das im Sinne der geisteswissenschaftlichen Erkenntnis fassen, so durchdringt es uns von selber mit Dankesempfindungen und Dankesgefühlen gegenüber dem ganzen Universum.

Daher soll ja auch dasjenige, was wir uns durch die Geisteswissenschaft aneignen, ein immer sich steigerndes Erhöhen unseres Gefühlslebens bewirken. Immer mehr sollen wir mit unserem Fühlen nachkommen unserem Erkennen auf dem Gebiete der Geisteswissenschaft. Und es ist nicht gut, wenn wir mit unserem Fühlen zurückbleiben. Indem wir immer wieder und wiederum ein neues, höheres Stück der Geisteswissenschaft kennenlernen, sollen wir, ich möchte sagen, andächtigere Gefühle entwickeln können für die Geheimnisse der Welt, die zu den Geheimnissen des Menschen zuletzt immer wieder und wiederum führen. In dieser läuternden geistigen Wärme unserer Empfindungen und unseres Gefühles liegt eigentlich das rechte Fortschreiten in der Geisteswissenschaft.

Eines muß ich noch erwähnen, weil es sich ausnimmt wie eine Ergänzung der ganzen Betrachtung, die wir angestellt haben. Hier in die physische Welt leben wir uns herein, indem wir zuerst ein dumpfes Bewußtsein als Kind noch haben, nur die Mutter erkennen und erst nach und nach die Menschen kennenlernen. Wir glauben, indem wir uns in die physische Welt hereinle-

ben, daß wir immer wieder neue und neue Menschen kennenlernen. So ist es auch für unser physisches Bewußtsein. Wenn wir
durch die Pforte des Todes gegangen sind, so haben wir eine
wirkliche, eine reale Beziehung zu allen denjenigen Seelen, denen wir im Leben nahegetreten sind. Die treten wiederum auf
vor unserem geistigen Blicke. Diejenigen Seelen, die uns nahegetreten sind im Leben und die vor uns durch die Pforte des Todes
gegangen sind, wir können sagen, die «finden» wir. Das Wort ist
für physische Verhältnisse geprägt, aber jenes erlebende Nahetreten von Seelen zu Seelen kann man bezeichnen mit einem Finden. Nur muß man sich dieses Finden der Seelen, die vor uns
durch die Pforte des Todes gegangen sind, so vorstellen, daß man
gewissermaßen in umgekehrter Weise an die Seelen herankommt, wie man hier an Menschen herankommt auf dem physischen Plan. Hier kommt man an Menschen heran, indem man
ihnen zunächst äußerlich-physisch entgegentritt. Dann lernt
man allmählich ihr Inneres kennen, ihr Inneres entwickelt sich ja
erst aus unserem Einleben mit ihnen. Also das, was man innerlich an einem Menschen erlebt, entwickelt sich erst aus unserem
eigenen Inneren heraus. Nachdem man selbst durch die Pforte
des Todes gegangen ist und den Seelen, die vor uns durch die
Pforte des Todes gegangen sind, entgegentritt, weiß man zunächst als erstes: Da ist die betreffende Seele. Man erfühlt sie,
man weiß, sie ist da. – Aber man muß jetzt sein ganzes Inneres
hingeben an das, was als erster Eindruck, als abstraktester Eindruck da ist. Hier muß man den Menschen auf sich wirken lassen; dort muß man sein Inneres hingeben, und man muß sich nun
das Bild selber aufbauen, die Imagination. Das Imaginative, dasjenige, was man schauen kann, das muß man sich nach und nach
aufbauen. Sie bekommen etwa eine Vorstellung von dem, wie die
Erfahrung der Seele nach dem Tode ist, wenn Sie sich denken: Sie
sehen das nicht, sondern Sie greifen es nur, und Sie bilden sich,
indem Sie es nach und nach greifend umfassen, ein Bild. Sie
bauen sich das Bild auf. So müssen Sie tätig, innerlich tätig sich
das Bild der Seele, der Sie begegnen, aufbauen. Gewissermaßen
wissen Sie: Jetzt begegne ich einer Seele. – Da hat sie noch nicht

Geistgestalt! Welche Seele ist das? Das ist die Seele, zu der ich – das taucht jetzt auf in Ihrer eigenen Seele – die Empfindung des Sohnes zur Mutter gehabt habe. – Jetzt fangen Sie an zu fühlen: Mit dieser Seele kann ich mich erleben. – Jetzt bauen Sie sich die Geistgestalt auf. Da müssen Sie tätig sein darinnen, und dann wird das zum Bilde. Und dadurch, daß Sie so die Geistgestalt zusammen aufbauen müssen, sind Sie mit dem Toten schon, bevor Sie die Geistgestalt aufgebaut haben, zusammen. So sind Sie zusammen mit allen, mit denen Sie im Leben zusammen waren, das heißt, Sie erleben sie in einer Welt, in der Sie sie finden müssen, indem Sie sich zum Schauen erwecken, so daß Sie sie anschauen. Da muß man tätig sein.

Die Seelen, die hier noch im physischen Leibe sind, die also leben bleiben, wenn wir sterben, die traten uns schon als Bild hier auf der Erde entgegen. Auf die schauen wir hinunter und brauchen uns das Bild nicht erst aufzubauen, sie schauen uns als Bild entgegen. In dieses Bild können diese Seelen allerdings dasjenige hineinverweben, was dann wie wärmende Geistesnahrung ist für den Toten, durch ihre Gedanken an ihn, durch ihre fortdauernde Liebe für ihn, die Erinnerung an ihn – oder wie wir jetzt als Geisteswissenschafter wissen – durch Vorlesen.

Das alles erweitert uns den Blick des Menschen erst in die wirkliche Welt hinein, richtig in die wirkliche Welt hinein. Wenn man sich das so vor die Seele treten läßt, dann bekommt man eine Vorstellung davon, wie wenig der Mensch eigentlich von der geistigen Welt weiß. Es war wirklich nicht immer so. Nur die ganz materialistischen Menschen der Gegenwart reden davon, wie man es heute «so herrlich weit gebracht» hat. Wir wissen ja, daß die Menschen früher ein Hellsehen gehabt haben und daß sie nur um der Erringung gewisser Eigenschaften willen, die verbunden sind mit dem ganzen Drinnenleben in der materiellen Welt, dieses ursprüngliche atavistische Hellsehen verloren haben. Wenn ein so richtig materialistischer Mensch, ein ganz materialistischer Gelehrter an uns herankommt, wird der selbstverständlich sagen: Das ist eine Träumerei, zu reden von einem ursprünglichen Hellsehen, davon, daß die Menschen früher irgend etwas Besonderes gewußt haben. – Wenn die Menschen nur ein wenig mit physisch sehenden Augen ordentlich durch die Welt gehen würden, so würden sie das schon widerlegt finden. Daß die Menschen mehr gewußt haben als in der Gegenwart, das ist gar nicht einmal so lange her.

Sie wissen, wir haben öfters davon gesprochen – ich möchte das zum Schlusse auch noch hier erwähnen –, daß an diesem geistigen Dasein, in dem wir leben, Anteil nehmen Luzifer und Ahriman. Wir wissen auch, daß in der Bibel symbolisiert wird Luzifer als die Schlange, die Schlange auf dem Baume. Die physische Schlange, so wie man das heute erlebt und wie sie auch ein heutiger Maler, wenn er das Paradies malt, immer malen wird, die physische Schlange ist aber nicht ein wirklicher Luzifer, sondern das äußere Abbild, das physische Abbild. Der wirkliche Luzifer ist ein Wesen, das auf der Mondenentwickelung zurückgeblieben ist. Er kann nicht auf der Erde geschaut werden unter den physischen Dingen. Würde der Maler also Luzifer malen wollen, wie Luzifer ist, so müßte er ihn so malen, daß er eigentlich durch eine Art hellsichtig-inneren Anschauens erfaßt werden kann als ätherisches Gebilde. Und da würde er dann erscheinen, wie er an uns selber arbeitet, wie er an unserem Kopf, wie er an unserem Organismus, insofern er rein aus der Erde heraus ist, keinen Anteil hat, aber an der Fortsetzung des Kopfes durch das Rückenmark hinunter. So daß Luzifer gemalt werden müßte, wenn man ihn seiner ätherischen Gestalt nach malt, mit einem Menschenkopf und mit einer schlangenartigen Fortsetzung, die hier bei uns Menschen durch das Rückenmark physisch sich auslebt. Also müßte ein Maler, der etwas weiß aus der Geisteswissenschaft, Adam und Eva malen, den Baum, und auf dem Baum oben die Schlange, also nur als Ausdruck für uns als Schlange, und oben einen Menschenkopf. Wenn ein Maler so etwas malen würde, so würde man heute annehmen müssen, daß er das aus der Geisteswissenschaft heraus malen kann, selbstverständlich.

Nun wird es vielleicht auch in Leipzig so etwas geben, aber die Leute gehen ja nicht mit offenen Augen im Kopfe herum, sondern mit verbundenen Augen durch die Welt. Aber in Hamburg in der Gemäldegalerie findet sich wirklich ein Gemälde von dem Meister *Bertram*, aus der Mitte des Mittelalters, die Paradiesszene darstellend. Da ist die Schlange auf dem Baum, so wie ich sie jetzt schilderte, richtig gemalt. Man kann das Bild dort sehen. Es ist von anderen Malern auch so gemalt worden. Was folgt daraus? – Daß die Leute selbst in der Mitte des Mittelalters dies noch gewußt haben, bis zu dem Grade gewußt haben, daß sie es gemalt haben. Das heißt, es ist gar nicht so lange her, daß die Menschen erst ganz auf den physischen Plan gedrängt worden sind. Und das, was uns heute erzählt wird als der Verlauf der Geistesgeschichte der Menschheit von der materialistischen Welt, das ist im Grunde genommen weiter nichts als ein äußerer Schwindel, weil man sich vorstellt, daß der Mensch immer so gewesen ist, wie er in den allerletzten Jahrhunderten erst geworden ist, während es gar nicht so lange her ist, daß er mit seinem alten Hellsehen in die geistige Welt hineingeschaut hat. Er mußte nur heraus, weil er unfrei war, und um die volle Freiheit und das Ich-Bewußtsein zu erhalten, mußte er heraus, und er muß wiederum hinein sich finden in die geistige Welt. Daher bereitet diese Geisteswissenschaft etwas Wichtiges, etwas Wesentliches vor: dieses Wieder-sich-Hineinleben in die geistige Welt. Und immer wieder und wiederum können wir uns vor die Seele führen, wie notwendig es ist, zu empfinden, zu fühlen, daß das Häuflein von Menschen, das heute mitten in der materialistischen Welt lebt und das durch sein Karma geführt wird zur Erfassung der wichtigsten Menschheitsaufgabe für die Zukunft, daß dieses Häuflein von Menschen durch sein Seelenleben Wichtiges, Wichtigstes zu vollführen hat. Ohne hochmütig zu sein, muß man sich eben vorführen, in aller Demut und Bescheidenheit, wie groß der Unterschied zwischen einer Seele ist, die in die geistige Welt sich allmählich hineinfindet, und all den äußerlichen Menschen, die heute keine Ahnung haben, aber namentlich keine Ahnung haben wollen von dem Geistigen. Es darf nicht bloß für uns werden zu einer jammervoll schmerzlichen Empfindung, sondern es muß für uns werden eine Empfindung, die uns anregt, immer weiter und weiter zu arbeiten, und treu zu arbeiten in der Strömung der Geisteswissenschaft, zu der wir durch unser Karma, unser Schicksal geführt worden sind.

Die lebendige Wechselwirkung zwischen Lebenden und Toten

Dasjenige, was ich, da wir ja gewissermaßen zum ersten Male hier zusammen sind, besprechen möchte, wird eine Art aphoristischen Charakter tragen. Ich möchte aus dem Gebiete der geistigen Welt einiges von dem besprechen, was leichter und besser mündlich gesagt werden kann, als es in unserer Schrift aufgezeichnet werden kann. Leichter mündlich gesagt werden kann es nicht nur aus dem Grunde, weil es heute gegenüber den Vorurteilen der Welt nicht bloß in vieler Beziehung noch schwierig ist, alles sozusagen der Schrift anzuvertrauen, was man gerne anthroposophischen hingebungsvollen Herzen anvertraut, sondern auch schwierig aus dem Grunde, weil wirklich sich die geistigen Wahrheiten besser mündlich sagen lassen, als daß sie der Schrift und dem Druck anvertraut werden. Insbesondere muß das gelten von den intimeren geistigen Wahrheiten. Man hat immer ein etwas bitteres Gefühl, trotzdem in unserer Zeit es ja sein muß, daß diese Dinge auch aufgeschrieben und gedruckt werden; es ist immer mißlich, die intimeren geistigen Wahrheiten, die sich auf die höheren geistigen Welten selber beziehen, aufzuschreiben und sie drucken zu lassen. Schon aus dem Grunde ist das mißlich, weil ja die Schrift und der Druck zu den Dingen gehören, welche die Wesen, von denen man da spricht, die geistigen Wesen, nicht lesen können. Bücher können in der geistigen Welt nicht gelesen werden. Bücher können zwar von uns eine kurze Zeit nach unserem Tode aus der Erinnerung heraus noch gelesen werden, aber die Wesen der höheren Hierarchien können unsere Bücher nicht lesen. Und wenn Sie fragen, ob sie sich denn diese Kunst des Lebens nicht aneignen wollen, so muß ich nach meiner Erfahrung gestehen, daß sie vorläufig keine Lust dazu zeigen, weil sie das Lesen desjenigen, was auf der Erde hervorgebracht wird, für sich selber nicht nötig und nicht nützlich finden. Das Lesen der geistigen Wesenheiten beginnt erst dann, wenn Menschen auf der Erde in den Büchern lesen, das heißt: wenn das, was in den Büchern steht, lebendiger Gedanke der Menschen wird, dann lesen die Geister in den Gedanken der Menschen. Aber dasjenige, was geschrieben oder gedruckt ist, das ist wie die Finsternis für die Wesen der geistigen Welt; so daß man gegenüber diesen geistigen Wesenheiten selber das Gefühl hat, daß wenn man der Schrift oder dem Druck etwas anvertraut, man Mitteilungen macht hinter dem Rücken der geistigen Wesenheiten. Das ist ein reales Gefühl, das ein Kulturbürger der Gegenwart vielleicht nicht ganz teilen wird; aber jeder wahre Okkultist wird dieses Gefühl des Widerstrebens gegen Schrift und Druck haben.

Wenn wir mit dem hellsichtigen Blick in die geistigen Welten eindringen, dann erscheint es uns besonders in der Gegenwart von ganz besonderer Wichtigkeit, daß immer mehr und mehr, von der Gegenwart angefangen, in die nächste Zukunft hinein das Wissen von der geistigen Welt Verbreitung und immer mehr und mehr Verbreitung gewinnt, weil von dieser Verbreitung der Geisteswissenschaft vieles abhängen wird in bezug auf eine immer notwendiger und notwendiger werdende Änderung des menschlichen Seelenlebens. Sehen Sie, wenn wir in alte Zeiten zurückgehen mit unserem geistigen Blick, wenn wir nur um Jahrhunderte zurückgehen, so finden wir mit dem geistigen Blick etwas, was für den Nichtkenner recht überraschend sein kann. Man findet nämlich, daß der Verkehr zwischen Lebenden und Toten immer schwieriger und schwieriger wird, daß noch vor einer verhältnismäßig kurzen Zeit die lebendige Wechselwirkung der Lebenden und der Toten eine viel regsamere war. Wenn der Christ des Mittelalters oder auch der Christ noch gar nicht lang verflossener Jahrhunderte mit seinem Gebet das Gedenken an die ihm verwandten oder bekannten Verstorbenen gerichtet hat, so waren in diesen verflossenen Jahrhunderten die Gefühle, die Empfindungen eines solchen Betenden viel kraftvoller, als sie heute sind, um zu den verstorbenen Seelen hinaufzudringen.

Viel leichter fühlte sich die verstorbene Seele in der Vergangenheit, durchdrungen von dem warmen Hauch der Liebe derjenigen, die im Gebet zu ihr hinaufschauten oder hinaufdachten, als das heute der Fall sein kann, wenn wir uns nur der äußeren Zeitbildung hingeben. Und wiederum sind heute die Toten viel abgeschnittener von den Lebenden, als es noch vor einer verhältnismäßig kurzen Zeit der Fall war. Die Toten haben es heute gewissermaßen viel schwieriger, dasjenige zu erblicken, was in den Seelen der Zurückgebliebenen lebendig vorgeht. Dieses liegt in der Evolution der Menschheit. Aber in der Evolution der Menschheit muß es auch liegen, diesen Zusammenhang, diesen lebendigen Verkehr zwischen den Lebenden und den Toten wiederum zu finden. Es war in früheren Zeiten der Menschenseele ein lebendiger Zusammenhang mit den Toten noch auf natürliche Weise eigen, wenn auch nicht mehr mit vollem Bewußtsein, weil ja schon seit einer längeren Vergangenheit die Menschen nicht mehr hellsichtig sind. In noch früherer Zeit konnten die Lebenden auch noch hellsichtig aufblicken zu den Toten, das Leben der Toten verfolgen. Wie früher es der Seele natürlich war, eine lebendige Wechselwirkung zu haben mit den Toten, so kann heute die Seele dadurch, daß sie sich aneignet Gedanken und Ideen über die höheren, geistigen Welten, wieder die Kraft finden, den Verkehr mit den Toten, die lebendige Wechselwirkung herzustellen. Und unter den praktischen Aufgaben des anthroposophischen Lebens wird auch diese sein, daß wiederum die Brücke immer mehr und mehr gebaut werde durch die Geisteswissenschaft zwischen den Lebenden und den Toten.

Damit wir uns recht verstehen, möchte ich zuerst auf einiges in der Wechselwirkung zwischen Lebenden und Toten aufmerksam machen. Ich möchte von einer ganz einfachen Erscheinung ausgehen und möchte geistesforscherisch an diese Erscheinung anknüpfen. Seelen, welche manchmal ein wenig mit sich zu Rate gehen, werden folgendes bei sich beobachten können – ich glaube, daß es viele Seelen gibt, die das bei sich beobachtet haben: Nehmen wir einmal an, irgend jemand habe im Leben eine andere Person gehaßt oder vielleicht nur sich sagen müssen, daß ihr diese andere Person antipathisch war oder ist. Wenn diese Person, die gehaßt wurde oder der gegenüber jemand Antipathie empfunden hat, dann stirbt – ich glaube, daß viele Seelen das von sich aus wissen –, dann fühlt derjenige, der gehaßt hat oder der Antipathie empfunden hat im Leben, wenn er von dem Tode erfährt, daß er nicht mehr in derselben Weise diese Persönlichkeit hassen kann oder nicht mehr die Antipathie aufrechterhalten kann. Und wenn der Haß fortdauert über das Grab hinaus, dann fühlen zartere Seelen Schamgefühl über einen solchen Haß, über eine solche Antipathie, die über das Grab hinaus dauert. Diese Empfindung, die sich bei vielen Seelen findet, kann nun hellsichtig verfolgt werden. Man kann während der Forschung sich die Frage stellen: Warum tritt denn dieses Schamgefühl der Seele ein gegenüber einem Haß oder einer Antipathie, warum tritt es ein, wenn man auch gar nicht einmal im Leben irgendeiner zweiten Person angedeutet hat, daß man diesen Haß hat?

Wenn der Hellseher den Menschen, der durch die Pforte des Todes gegangen ist, in die geistigen Welten hinauf verfolgt und da einen Blick tut auf die Seele, die hier auf Erden zurückgeblieben ist, so stellt sich heraus, daß im allgemeinen die verstorbene Seele eine sehr deutliche Wahrnehmung, eine sehr deutliche Empfindung von dem Haß in der lebenden Seele hat; gleichsam, wenn ich mich eines Bildes bedienen darf: der Tote sieht den Haß. Das kann der Hellseher ganz genau konstatieren, daß der Tote einen solchen Haß sieht. Aber wir können auch verfolgen, was ein solcher Haß für den Toten bedeutet. Ein solcher Haß bedeutet nämlich für den Toten ein Hindernis für die guten Absichten in seiner geistigen Entwicklung, ein Hindernis, das etwa verglichen werden kann mit Hindernissen, die wir für die Erreichung eines äußeren Zieles auf Erden haben finden können. Dies ist der Tatbestand in der geistigen Welt, daß der Tote den Haß als Hindernis seiner guten und besten Absichten vorfindet. Und jetzt begreifen wir, warum in der Seele, die ein wenig mit sich selbst zu Rate geht, sogar der im Leben berechtigte Haß erstirbt: weil sie Scham empfindet, wenn der gehaßte Mensch gestorben ist. Wenn der Mensch kein Hellseher ist, so weiß er zwar nicht, was da vorliegt, aber das ist wie durch ein natürliches Gefühl in die Seele gepflanzt, daß er sich beobachtet fühlt; er fühlt: der Tote schaut meinen Haß, ja, dieser Haß ist für ihn sogar ein Hindernis in seinen guten Absichten. – Viele tiefe Gefühle sind in der Menschenseele, die sich erklären, wenn man in die Geisteswelten hinaufsteigt und die geistigen Tatsachen ins Auge faßt, welche diesen Gefühlen zugrunde liegen. Wie man für manche Dinge auf der Erde äußerlich physisch nicht beobachtet sein will, beziehungsweise wie man diese Dinge nicht tut, wenn man sich beobachtet weiß, so haßt man nicht über den Tod hinaus, wenn man die Empfindung hat: man wird von dem Toten beobachtet. Die Liebe aber oder auch nur die Sympathie, die wir dem Toten entgegenbringen, die ist dem Toten tatsächlich eine Erleichterung auf seinem Wege, die schafft ihm Hindernisse hinweg. Das was ich jetzt sage, daß Haß Hindernisse schafft im Jenseits und Liebe sie beseitigt, das ist nicht eine Durchbrechung des Karma, wie ja auch hier auf der Erde viele Dinge geschehen, die wir nicht unmittelbar einzurechnen haben in das Karma. Wenn wir unseren Fuß an einen Stein stoßen, so müssen wir das nicht immer in das Karma einrechnen, wenigstens nicht in das moralische Karma. Ebenso widerspricht es nicht dem Karma, wenn der Tote sich erleichtert fühlt durch die Liebe, die ihm zuströmt von der Erde, und wenn er Hindernisse findet für seine guten Absichten.

Etwas anderes, was, man möchte sagen, schon energischer zu den Seelen sprechen wird in bezug auf den Verkehr zwischen Toten und Lebenden, das ist, daß die toten Seelen auch in einer gewissen Weise Nahrung brauchen, allerdings nicht Nahrung, wie sie die Menschen brauchen auf der Erde, sondern geistigseelische Nahrung. Wie es einer Tatsache entspricht, daß wir Menschen auf der Erde – ich darf diesen Vergleich gebrauchen – unsere Saatfelder haben müssen, auf denen die Früchte gedeihen, von denen wir auf Erden physisch leben, so müssen die Seelen der Toten Saatfelder haben, auf denen sie gewisse Früchte ernten können, die sie brauchen in der Zeit zwischen dem Tode und einer neuen Geburt. Wenn der hellsichtige Blick die toten Seelen verfolgt, so sieht er, wie die schlafenden Menschenseelen das

Saatfeld sind für die Toten, für die Dahingegangenen. Es ist gewiß nicht nur überraschend, sondern für den, der das zum ersten Male sieht in der geistigen Welt, sogar im höchsten Grade erschütternd, zu sehen, wie die Menschenseelen, die zwischen dem Tode und einer neuen Geburt leben, gleichsam hineilen zu den schlafenden Menschenseelen und nach den Gedanken und Ideen suchen, welche in den schlafenden Menschenseelen sind: denn von diesen nähren sie sich, und sie brauchen diese Nahrung. Wenn wir nämlich des Abends einschlafen, können wir schon sagen: da beginnen die Ideen, die Gedanken, die während unseres Wachzustandes durch unser Bewußtsein gegangen sind, zu leben, werden gleichsam lebendige Wesen. Und die toten Seelen kommen herbei und nehmen Anteil an diesen Ideen. In dem Anblick dieser Ideen fühlen sie sich genährt. Oh, es hat etwas Erschütterndes, wenn man den hellsichtigen Blick richtet auf hingestorbene Menschen, die allnächtlich zu den schlafenden Zurückgebliebenen kommen – wir müssen da sowohl die Freunde als auch besonders die Blutsverwandten in Betracht ziehen – und wollen sich gleichsam laben, nähren an den Gedanken und Ideen, die diese mit in den Schlaf genommen haben – und finden nichts, was für sie nahrhaft ist. Denn es ist ein großer Unterschied zwischen Ideen und Ideen in bezug auf unsern Schlafzustand. Wenn wir den ganzen Tag über uns nur beschäftigen mit den materiellen Ideen des Lebens, wenn wir die Blicke nur richten auf dasjenige, was in der physischen Welt vor sich geht und dort verrichtet werden kann, und wenn wir nicht einmal vor dem Einschlafen einen Gedanken haben an die geistigen Welten, sondern im Gegenteil in vieler Beziehung anders als durch Gedanken uns in die geistigen Welten hinüberbringen, so bieten wir keine Nahrung für die Toten. – Ich kenne Gegenden in Europa, wo die jungen Leute an den Hochschulen so erzogen werden, daß sie sich in Schlaf bringen, indem sie sich die sogenannte Bettschwere mit dem nötigen Quantum Bier antrinken. Das ist ein Hinüberbringen von Ideen, die nicht leben können drüben. Und wenn dann die toten Seelen herankommen, dann finden sie ein leeres Feld, dann geht es diesen toten Seelen so, wie

es uns geht für unsern physischen Leib, wenn durch Unfrucht-
barkeit auf unsern Feldern Hungersnot ausbricht. Namentlich in
unserer Zeit kann viel Seelenhungersnot beobachtet werden in
den geistigen Welten, denn das materialistische Fühlen und
Empfinden hat viel Verbreitung schon gefunden. Und es gibt ja
heute schon zahlreiche Menschen, die es als kindisch empfinden,
sich mit Gedanken an die geistige Welt zu befassen. Sie entziehen
dadurch Menschen, die von ihnen Nahrung bekommen sollen
nach dem Tode, diese Nahrung, diese Seelennahrung.

Damit man dieses Faktum richtig versteht, muß erwähnt werden, daß man sich nach dem Tode nähren kann von den Ideen
und Gedanken nur derjenigen Seelen, mit denen man irgendwie
im Leben im Zusammenhang war. Von denjenigen, mit denen
man gar keinen Zusammenhang hatte, kann man sich nach dem
Tode nicht nähren. Wenn wir in unserer heutigen Zeit, um wiederum spirituell Lebendiges in den Seelen zu haben, von dem
sich die Toten nähren können, Geisteswissenschaft verbreiten,
dann arbeiten wir wirklich nicht bloß für die Lebenden, nicht
bloß darum, daß die Lebenden eine theoretische Befriedigung
haben, sondern wir versuchen unsere Herzen und Seelen anzu-
füllen mit Gedanken der geistigen Welt, weil wir wissen, daß die
Toten, die mit uns auf der Erde verbunden waren, nach dem
Tode von diesen Ideen und diesen Empfindungen für das spirituelle Leben sich nähren müssen. Wir fühlen uns heute nicht nur
als Arbeiter für die sogenannten lebenden Menschen, sondern
zugleich auch als Arbeiter so, daß die geisteswissenschaftliche
Arbeit, die Verbreitung des anthroposophischen Lebens auch
den geistigen Welten dient. Wir schaffen, indem wir zu den Lebenden sprechen für deren Tagesleben, durch die spirituelle See-
lenbefriedigung für das Nachtleben solche Ideen, die fruchtbare
Nahrung für die Seelen sind, die früher hinzusterben als wir das
Karma haben. Und deshalb ist der Drang vorhanden, nicht nur
auf dem gewöhnlichen Wege äußerer Mitteilung die Geisteswissenschaft oder Anthroposophie zu verbreiten, sondern das liegt,
man möchte sagen, insgeheim auf dem Grunde unserer Sehnsucht, diese Geisteswissenschaft oder Anthroposophie in Ge-

sellschaften, in Zweigen zu verbreiten, weil es einen Wert hat, daß persönlich physisch in Gemeinsamkeit, in Gesellschaft diejenigen Menschen zusammen sind, die Geisteswissenschaft treiben. Denn ich habe ja gesagt, daß man als Toter nur Nahrung schöpfen kann von den Seelen, mit denen man zusammen war im Leben. Wir suchen die Seelen zusammenzubringen, um das Saatfeld für die Toten immer größer und größer zu machen. Gar mancher Mensch, der heute, wenn er dahingestorben ist, kein Saatfeld findet, weil seine Familie nur aus Materialisten besteht, findet es bei jenen Seelen der Anthroposophen, weil er mit Geisteswissenschaft zusammengebracht worden ist. Das ist der tiefere Grund, warum wir gesellschaftsmäßig arbeiten, warum wir eine gewisse Sorge haben, daß derjenige, der dahinstirbt, bevor er hinstirbt, kennenlernen kann Menschen, die sich noch auf Erden mit spirituellen Dingen beschäftigen; denn daraus kann er Nahrung schöpfen, wenn diese Menschen im schlafenden Zustand sind.

In alten Zeiten der Menschheitsentwicklung, wo noch ein gewisses religiöses, spirituelles Leben die Seelen durchzog, waren es die religiösen Gemeinschaften und besonders die Blutsverwandten, bei denen die Zuflucht nach dem Tode gesucht worden ist. Aber die Kraft der Blutsverwandtschaft hat abgenommen, und ersetzt werden muß diese immer mehr und mehr durch die Pflege des spirituellen Lebens, wie wir es versuchen. So sehen wir, daß uns die Anthroposophie versprechen kann, daß ein neues Band, eine neue Brücke geschaffen werde zwischen den Lebenden und den Toten, daß wir gewissermaßen für die Toten durch die Anthroposohie etwas sein können. Und wenn wir heute schon mit dem hellsichtigen Blick zuweilen Menschen finden in dem Leben zwischen Tod und einer neuen Geburt, die das Unglück erleben, daß diejenigen, die sie gekannt haben, auch die Nächststehenden, nur materialistische Gedanken haben, dann erkennen wir die Notwendigkeit des Durchsetzens der Erdenkultur mit geistigen, spirituellen Gedanken. Wenn man so kennenlernt zum Beispiel einen Menschen, der vor einiger Zeit gestorben ist, wenn man ihn findet in der geistigen Welt, und man hat ihn gekannt, als er hier auf Erden lebte, und er hat gewisse Glieder seiner Familie zurückgelassen, die man auch kannte, seine Frau, Kinder – im äußern Sinne gute Menschen, die einander wirklich liebten –, und dann findet man jetzt mit dem hellsichtigen Blick den Vater, der dahingestorben ist, dem die Gattin vielleicht wie eine Art Lebenssonne war, wenn er im Leben nach Hause kam von der schweren Arbeit, dann findet man, daß er, weil diese Gattin keine spirituellen Gedanken im Kopf und im Herzen haben kann, nicht in die Seele dieser Gattin hineinschauen kann, und daß er frägt, wenn er dazu in der Lage ist: Ja, wo ist denn meine Gattin? – Er sieht nur zurück in die Zeit, in der er auf Erden mit ihr vereint war. Da wo er sie aber am meisten sucht, weiß er sie nicht zu finden. Das kann auch passieren. Es gibt ja heute schon viele Menschen, welche gewissermaßen glauben, daß der Tote eben in eine Art von Nichts eingegangen sei, die nur mit ganz materialistischem Denken, nicht mit *einem* fruchtbaren Gedanken an den Toten denken können. Bei diesem Hinschauen auf die Gebiete des Lebens zwischen dem Tode und einer neuen Geburt, auf jemanden, von dem man weiß: er ist noch unten auf der Erde, er hat einen lieb gehabt, aber er verbindet damit nicht den Glauben an die Fortdauer der Seele nach dem Tode, da kann allerdings gerade in dem Augenblicke nach dem Tode, wo man die meiste Aufmerksamkeit darauf richtet – durch dieses Hinschauen-Wollen auf den Lebenden, den man geliebt hat –, aller Blick ersterben. Und man kann nicht finden den noch Lebenden, kann mit ihm in keinen Zusammenhang kommen, von dem man aber weiß, daß er dasein könnte, wenn in der Seele des Lebenden da unten spirituelle Gedanken wären. Das ist ein häufiges, schmerzliches Erlebnis für die Toten. Und so kann es vorkommen – von dem hellsichtigen Blick kann das beobachtet werden, wie mancher dahinstirbt und Hindernisse findet in den besten Absichten durch die Haßgedanken, die ihn verfolgen, und keinen Trost findet in den Liebegedanken derjenigen, die ihn auf Erden geliebt haben, da er sie nicht wahrnehmen kann wegen ihres Materialismus.

Diese Gesetze der geistigen Welt, die man auf diese Weise mit dem hellsichtigen Blick beobachtet, sind tatsächlich unbedingt gültig. Sie sind so unbedingt gültig, wie ein Fall lehrt, der öfters zu beobachten gelungen ist. Es war lehrreich, zu beobachten, wie Haßgedanken oder wenigstens Antipathiegedanken wirken, selbst da, wo sie nicht mit vollem Bewußtsein gehegt werden! Schullehrer kann man beobachten, die gewöhnlich streng genannt werden, die sich nicht die Liebe ihrer noch jungen Schüler zuziehen konnten – da sind es gleichsam unschuldige Antipathie- und Haßgedanken. Wenn ein solcher Lehrer stirbt, so sieht man, wie er auch in diesen Gedanken, die ja bleiben, Hindernisse hat für seine guten Absichten in der geistigen Welt. Das Kind, der junge Mensch, gibt sich oftmals nicht die Rechenschaft, wenn der Lehrer gestorben ist, daß er nicht mehr hassen soll, sondern er behält das auf naturgemäße Weise bei in dem bleibenden Gefühl, wie der Lehrer ihn gequält hat. Durch solche Einblicke erfährt man viel über die Wechselbeziehung zwischen Lebenden und Toten.

Und nichts anderes versuchte ich eigentlich auseinanderzusetzen, um etwas erwähnen zu dürfen vor Ihnen, was wirklich wie ein gutes Ergebnis geisteswissenschaftlichen Strebens sich entwickeln kann. Ich meine das sogenannte Vorlesen den Toten. Man kann nämlich in der Tat, wie es sich gezeigt hat gerade innerhalb unserer anthroposophischen Bewegung, außerordentliche Dienste leisten den vor uns hingestorbenen Menschenseelen, wenn wir ihnen von spirituellen Dingen vorlesen. Das kann so gemacht werden, daß man die Gedanken an den Verstorbenen richtet und, um eine Erleichterung zu haben, versucht, ihn zu denken, wie man sich seiner erinnert: vor einem stehend oder sitzend. Man kann das mit mehreren zugleich machen. Man liest dann nicht laut vor, sondern verfolgt mit Aufmerksamkeit die Gedanken, immer mit dem Gedanken an den Toten: der Tote steht vor mir. Das ist Vorlesen den Toten. Man braucht kein Buch zu haben, aber man darf nicht in abstrakter Weise denken, sondern muß tatsächlich jeden Gedanken durchdenken: so liest man vor den Toten. Man kann es sogar so weit bringen, obzwar das schwieriger ist, daß, wenn man innerhalb einer gemeinsamen

Weltanschauung, oder über irgendein Gebiet des Lebens überhaupt, einen gemeinsamen Gedanken mit dem Toten gehabt hat
und eine persönliche Beziehung zu ihm hatte, man auch einem
Fernerstehenden vorlesen kann. Das geschieht so, daß er durch
den warmen Gedanken, den man an ihn richtet, nach und nach
auf einen aufmerksam wird. So kann es sogar nützlich werden,
wenn man Fernerstehenden nach ihrem Tode vorliest. Dieses
Vorlesen kann zu jeder Zeit geschehen. Ich bin schon gefragt
worden, zu welcher Stunde man das am besten tut. Das ist ganz
unabhängig von der Stunde. Man muß nur die Gedanken wirklich durchdenken. Oberfläche genügt nicht. Wort für Wort muß
man die Sachen durchgehen, wie wenn man es innerlich aufsagen
würde. Dann lesen die Toten mit. Und es ist auch nicht richtig,
wenn man glaubt, daß solches Vorlesen nur denjenigen nützlich
sein kann, welche der Geisteswissenschaft im Leben nahegetreten sind. Das braucht durchaus nicht der Fall zu sein.

Einer unserer Freunde wurde vor einiger Zeit, vielleicht nicht
einmal vor einem Jahr, zugleich mit seiner Frau, jede Nacht
beunruhigt. Sie fühlten eine Beunruhigung. Und da vor kurzer
Zeit der Vater des Betreffenden gestorben war, so hatte unser
Freund sogleich die Meinung, daß der Vater etwas wolle, sich als
Seele bei ihm melde. Und als unser Freund mit mir zu Rate gegangen war, da stellte es sich heraus, daß der Vater, der im Leben
von Geisteswissenschaft nichts wissen wollte, nach dem Tode
das lebendigste Bedürfnis hatte, von Geisteswissenschaft etwas
zu erfahren. Und als dann der Sohn mit seiner Frau zusammen
den Zyklus über das Johannes-Evangelium, den ich einmal in
Kassel gehalten habe[8], dem Vater vorlas, war diese Seele in hohem Grade befriedigt, fühlte sich über manche Disharmonien,
die sie vorher kurz nach dem Tode empfunden hatte, herausgehoben. Das ist in diesem Falle deshalb bemerkenswert, weil die
betreffende Seele diejenige eines Predigers war, der seinen religiösen Standpunkt immer und immer vor den Menschen vertreten hat, nach dem Tode aber nur befriedigt sein konnte durch das
Mitlesenkönnen einer geisteswissenschaftlichen Auseinander-
setzung über das Johannes-Evangelium. So sehen wir, daß

durchaus nicht notwendigerweise derjenige, dem wir helfen wollen, dem wir dienen wollen nach dem Tode, im Leben Anthroposoph gewesen zu sein braucht, obwohl wir natürlich diesem ganz besonders dienen werden, wenn wir ihm vorlesen.

Aber wir lernen auch, wenn wir eine solche Tatsache betrachten, über die Seele des Menschen überhaupt etwas anders denken, als man das gewöhnlich tut. Die Menschenseelen sind nämlich viel komplizierter, als man gewöhnlich denkt. Was sich bewußt abspielt, das ist wirklich eigentlich nur ein kleiner Teil des menschlichen Seelenlebens. Vieles spielt sich ab in den unterbewußten Tiefen der Seele, von dem der Mensch höchstens etwas ahnt, aber in dem hellen Tagesbewußtsein kaum etwas weiß. Und das Entgegengesetzte kann sich oftmals abspielen im unterbewußten Leben, das Entgegengesetzte von dem, was der Mensch glaubt oder denkt im Oberbewußtsein. Ein sehr häufiger Fall ist der, daß ein Mitglied einer Familie zur Geisteswissenschaft herankommt. Ein Bruder oder ein Mann oder eine Frau, mit dem die Betreffenden verbunden sind, die werden immer antipathischer und antipathischer gesinnt gegen die Geisteswissenschaft, oftmals zornig und immer zorniger, wütig und immer wütiger, weil der Gatte oder der Bruder oder die Gattin zur Geisteswissenschaft gekommen sind. Es entwickelt sich dann oft viel Antipathie gegen die Geisteswissenschaft in einer solchen Familie, so daß es manche Menschen aus diesem Grunde schwierig haben, weil gute Freunde oder Verwandte oftmals sehr zornig und wütig werden. Wenn man solche Seelen untersucht, so hat man oftmals die Erkenntnis, daß in den unterbewußten Tiefen einer solchen Seele die tiefste Sehnsucht nach der Geisteswissenschaft sich entwickelt. Manchmal ist solch eine Seele sehnsüchtiger nach der Geisteswissenschaft als derjenige, der mit seinem Oberbewußtsein ein eifriger Besucher der geisteswissenschaftlichen Versammlungen ist. Aber der Tod hebt ja die Decke von dem Unterbewußtsein weg, der Tod gleicht solche Dinge in merkwürdiger Weise aus. Im Leben kommt es häufig vor, daß sich jemand betäubt gegen dasjenige, was im Unterbewußtsein ist, und die Menschen sind wirklich da, die eigentlich Sehnsucht, tiefste Sehnsucht hätten nach der Geisteswissenschaft, aber sie betäuben sich. Indem sie gegen die Geisteswissenschaft toben, betäuben sie ihre Sehnsucht und täuschen sich über sie hinweg. Da tritt aber nach dem Tode die Sehnsucht um so gewaltiger hervor. Und gerade oftmals bei solchen, die im Leben gegen die Geisteswissenschaft gewütet haben, stellt sich nach dem Tode die heftigste Sehnsucht nach ihr ein. Daher versäumen Sie es nicht, gerade gegenüber solchen Toten, die im Leben die Geisteswissenschaft bekämpft haben, das Vorlesen vorzunehmen! Sie werden ihnen damit vielleicht dann oftmals gerade den allergrößten Dienst tun.

Eine Frage, die im Zusammenhang mit alledem sehr häufig sich ergibt, ist diese: Ja, wie kann man wissen, ob der Tote wirklich zuhören kann? Nun, ohne den hellsichtigen Blick ist es schwierig, das zu wissen, obwohl man sich allmählich, wenn man sich mit dem Andenken an die Toten beschäftigt, von einem Gefühl wird überrascht finden: der Tote hört zu. Man wird dieses Gefühl nur dann nicht haben, wenn man unaufmerksam ist und auf jene eigentümliche Wärme nicht achtet, die sich oft beim Vorlesen verbreitet. Man kann sich wirklich ein solches Gefühl aneignen. Kann man das aber nicht tun, meine lieben Freunde, so muß gesagt werden, daß in dem Verhalten zur geistigen Welt ja auch in diesem Falle eine Regel zur Anwendung kommen muß, die oftmals berücksichtigt werden muß. Das ist die Regel: Ja, wenn wir vorlesen dem Toten, so nützen wir ihm unter allen Umständen, wenn er uns hört! Hört er uns nicht, so erfüllen wir erstens unsere Pflicht, bringen es vielleicht dazu, daß er uns doch hört, sonst aber gewinnen wir wenigstens etwas, erfüllen uns mit Gedanken und Ideen, die ja ganz gewiß Nahrung sein werden für die Toten in der zuerst angedeuteten Weise. Also verloren ist unter allen Umständen nichts. Aber die Praxis hat gezeigt, daß tatsächlich dieses Vernehmen dessen, was vorgelesen wird, von seiten der Toten etwas außerordentlich Verbreitetes ist, daß ein ungeheurer Dienst geleistet werden kann denjenigen, denen wir in dieser Weise das, was heute an geistiger Weisheit herangezogen werden kann, vorlesen.

So dürfen wir hoffen, daß die Scheidewand zwischen Lebenden und Toten immer geringer und geringer wird, indem sich die Geisteswissenschaft über die Welt hin verbreitet. Und wahrhaftig, es wird ein schöner, ein herrlicher Erfolg der Geisteswissenschaft sein, so paradox das klingen mag, wenn in der Zukunft die Menschen wissen werden – aber praktisch wissen werden, nicht nur theoretisch: es ist eigentlich nur eine Verwandlung des Erlebens, wenn man durch den sogenannten Tod gegangen ist, und man ist beisammen auch mit den Toten; man kann sie sogar teilnehmen lassen an demjenigen, woran man selber teilnimmt im physischen Leben. Man macht sich eine falsche Vorstellung von dem Leben zwischen Tod und einer neuen Geburt, wenn man etwa die Frage stellen würde: Ja, wozu braucht man den Toten vorzulesen? Wissen sie das denn nicht aus eigener Anschauung, was der Mensch hier auf der Erde vorlesen kann, wissen sie das nicht viel besser? Dieses frägt allerdings nur derjenige, der da nicht in der Lage ist zu beurteilen, was man eben in der geistigen Welt erfahren kann. Sehen Sie, man kann ja auch in der physischen Welt sein, ohne das Wissen der physischen Welt zu erfahren. Wenn man nicht in der Lage ist, dies oder jenes zu beurteilen, so erfährt man eben das Wissen von der physischen Welt nicht. Die Tiere leben ja mit uns auch zusammen in der physischen Welt und wissen doch nicht das von ihr, was wir Menschen wissen. Daß ein Toter in der geistigen Welt lebt, das macht noch nicht, daß er auch von dieser geistigen Welt etwas weiß, obzwar er sie anschauen kann. Dasjenige, was in der Geisteswissenschaft erworben wird, das wird nur auf der Erde als Wissen erworben, es kann nur auf der Erde erworben werden, es kann nicht in der geistigen Welt erworben werden. Es muß daher, wenn es eben von Wesen in der geistigen Welt gewußt werden soll, durch diejenigen Wesen erfahren werden, die es selbst auf der Erde erfahren. Das ist ein bedeutsames Geheimnis der geistigen Welten, daß man in diesen sein kann, sie anschauen kann, daß aber dasjenige, was als Wissen über die geistigen Welten notwendig ist, auf der Erde erworben werden muß.

Ja, meine lieben Freunde, etwas muß ich Ihnen da sagen in bezug auf die geistigen Welten, was in mancher Beziehung weiterklingen wird und ausgeführt werden wird in unserer morgigen Betrachtung, von dem man sich gewöhnlich nicht eine rechte Vorstellung macht. Wenn der Mensch in der Zeit zwischen Tod und einer neuen Geburt in der geistigen Welt lebt, so richtet er auf unsere physische Welt sein Sehnen ungefähr so hin, wie hier in einer gewissen Weise der physische Mensch sein Sehnen richtet nach der geistigen Welt. Und was der Mensch zwischen Tod und einer neuen Geburt von den Menschen auf der Erde erwarten muß, das ist, daß diese Menschen ihm von der Erde aus zeigen und auferglänzen lassen dasjenige, was nur auf der Erde erworben werden kann. Die Erde ist wahrhaftig im spirituellen Weltendasein nicht umsonst gegründet worden. Sie ist in das Leben gerufen worden, damit dasjenige entstehen kann, was nur auf der Erde möglich ist. Wissen von der geistigen Welt, das über das Anschauen, das Anstarren der geistigen Welten hinausgeht, ist nur auf der Erde möglich. Und wenn ich früher gesagt habe, daß die geistigen Wesenheiten der geistigen Welten unsere Bücher nicht lesen können, so muß ich jetzt sagen: Dasjenige, was in uns als Geisterkenntnis lebt, das ist für die geistigen Wesenheiten und auch für unsere eigenen Seelen nach dem Tode, was für den physischen Menschen die Bücher hier auf unserer Erde sind, was für den physischen Menschen dasjenige ist, wodurch er etwas über die Welt erfährt. Nur sind diese Bücher, die wir selber sind für die Toten, eben ·lebendig. Fühlen Sie dieses gewichtige Wort, daß wir den Toten gewissermaßen die Lektüre geben müssen! Unsere Bücher sind ja in einer Beziehung geduldiger, unsere Bücher bringen es nicht zustande, daß sie zum Beipsiel ihre Buchstaben verschlucken in das Papier hinein, während wir sie lesen. Wir Menschen entziehen den Toten dadurch oftmals die Lektüre, daß wir uns nur mit dem, was wirklich unsichtbar ist in den geistigen Welten, daß wir uns nur mit materiellen Gedanken anfüllen. Das muß ich sagen, weil die Frage oftmals auftaucht, ob denn die Toten nicht selber wissen könnten, was wir ihnen geben können. Das können sie nicht, weil Geisteswissenschaft nur auf der Erde gegründet werden kann und von dort aus hinaufgetragen werden muß in die geistigen Welten.

Und wenn wir nun die geistigen Welten selber betreten und ein wenig dieses Leben in den geistigen Welten erfahren, dann treten uns da ganz andere Verhältnisse entgegen als hier im physischen Leben der Erde. Deshalb ist es auch so außerordentlich schwierig, in Menschenworten und Menschengedanken hereinzuholen diese Verhältnisse der geistigen Welten. Und es klingt manchmal so paradox, wenn man versucht, sich konkret auszusprechen über die Verhältnisse in den geistigen Welten. Sehen Sie, da wüßte ich Ihnen von einem Wesen zu erzählen, um nur eines herauszugreifen, von einer gestorbenen Menschenseele, mit der zusammen es mir gelungen ist, einiges zu erforschen in der geistigen Welt, weil sie besondere Kunde von ihm hatte, über den Maler *Lionardo da Vinci*, namentlich über dasjenige, wie das berühmte Bild in Mailand ausgesehen hat. Wenn man mit einer solchen Seele gemeinschaftlich eine geistige Tatsache durchsucht, da kann eine solche Seele auf manches hinweisen, was man sonst vielleicht durch den bloßen hellsichtigen Blick nicht finden würde in der Akasha-Chronik. Die Menschenseele aber, die in der geistigen Welt ist, kann darauf hinweisen. Sie wird einen aber nur dann hinweisen können, wenn man Verständnis hat für dasjenige, worauf sie einen hinweisen will. Da stellt sich etwas Eigentümliches heraus. Nehmen wir an, man erforscht mit einer solchen Seele die Art, wie geschaffen hat Lionardo da Vinci an seinem berühmten Abendmahl in Mailand. Von dem, was heute dieses Bild ist, bekommt man kaum viel mehr zu sehen als einige Farbenflecken. Aber man kann den malenden Lionardo in der Akasha-Chronik beobachten, kann beobachten, wie dieses Bild war, obwohl das nicht leicht ist. Wenn man es so macht, daß man mit einer Seele, die nicht verkörpert ist, aber einen Zusammenhang hat mit Lionardo da Vinci und seiner Malerei, forscht, so sieht man, daß diese Seele einem dies oder jenes zeigt. Sie konnte zum Beispiel verständlich machen, wie eigentlich das Christusgesicht und das Judasgesicht waren auf diesem Bilde. Aber man merkt, die Seele könnte einem das nicht zeigen, wenn nicht in dem Augenblicke, wo sie es zeigt, Verständnis einziehen würde in die Seele des lebenden Forschers. Dieses Verständnis braucht die Seele. Und die tote Seele lernt selber erst verstehen, was sie sonst nur anschaut, in dem Augenblick, wo die lebende Menschenseele sich belehren läßt. Daher sagt einem, der Ausdruck ist ja symbolisch, eine solche Seele, nachdem man etwas mit ihr zusammen erfahren hat, was man nur so erfahren kann: Du hast mich hierher gebracht zu diesem Bilde – das sagt die Seele zum Lebenden dadurch, daß der Lebende das Bedürfnis hatte, das Bild zu erforschen – und nun fühle ich den Drang, mit dir zusammen das Bild zu erschauen. – So sagt die tote Seele, und dann wird mancherlei durchgemacht. Aber es kommt ein Moment, wo die tote Seele entweder plötzlich nicht mehr da ist oder sagt, jetzt müsse sie fort. In diesem Falle, den ich eben erzähle, sagte die tote Seele zum Beispiel: Während Lionardo da Vincis Seele bis jetzt wohlgefällig hierher gesehen hat, will sie jetzt nicht mehr, daß weitergeforscht werde.

Ich will damit etwas sehr Wichtiges aus dem geistigen Leben schildern. Wie man nämlich im physischen Leben immer weiß, was man ansieht, wie man immer weiß: man sieht das oder jenes, man sieht die Rose, man sieht den Tisch – so weiß man im geistigen Leben immer: dies oder jenes Wesen sieht einen an. Man geht durch die geistigen Welten und hat immer das Gefühl: jetzt schauen dich diese Wesen an. Während man in der physischen Welt das Bewußtsein hat, man geht durch die Welt wahrnehmend, hat man in der geistigen Welt das Erlebnis: du wirst jetzt von diesem, dann von jenem gesehen. Man fühlt sich fortwährend Blicken ausgesetzt, die einen zugleich aber zum Entschluß bringen, irgend etwas zu tun. Indem man weiß: man wird jetzt wohlgefällig angesehen oder nicht, damit man etwas tun solle oder nicht, so tut man es oder tut es nicht. Wie man nach einer Blume greift, die einem gefällt, weil man sie gesehen hat, so tut man in der geistigen Welt etwas, weil es irgendein Wesen gerne sieht, wohlgefällig sieht, oder man unterläßt es, weil man nicht aushalten kann den Blick, der hingewendet wird auf diese Tat. Das ist etwas, was man sich durchaus aneignen muß. Man hat dort das Gefühl, daß man selber gesehen wird, wie man hier das Gefühl hat, daß man sieht. Es ist in einer gewissen Weise dort passiv, was hier aktiv ist, wie dort wiederum aktiv ist, was hier passiv ist. – Daraus sehen Sie, daß man sich gewissermaßen ganz andere Begriffe aneignen muß, wenn man in der richtigen Weise Schilderungen aus der geistigen Welt auffassen will. Und Sie werden daher begreifen, wie schwierig es ist, in gewöhnliche Menschenworte zu prägen dasjenige, was man so gerne als Schilderungen der geistigen Welten geben möchte. So werden Sie begreifen, wie notwendig es ist, daß für viele Dinge erst das nötige vorbereitende Verständnis geschaffen werde.

Ich möchte nur noch auf eines aufmerksam machen. Es könnte die Frage entstehen: Ja, warum schildert die geisteswissenschaftliche Literatur so im allgemeinen das, was so unmittelbar nach dem Tode in der geistigen Welt geschieht, was im Kamaloka, was im Geisterlande geschieht, und warum wird so wenig von einzelnen hellsichtigen Einblicken geschildert? Denn es könnte ja jemand leicht glauben, daß man einen einzelnen, bestimmten Toten nach dem Tode leichter beobachten könnte als dasjenige, was im allgemeinen geschildert wird. So ist es nicht. Und um anzudeuten, wie es ist, möchte ich einen Vergleich gebrauchen. Es ist dem richtig entwickelten Hellsehen leichter, die großen Verhältnisse zu überschauen – wie den Durchgang der Menschenseele durch den Tod, wie sie durch Kamaloka in das Devachan hinaufkommt –, als irgendein einzelnes Erlebnis einer einzelnen Seele zu überschauen. Geradeso, wie es leichter ist, in der physischen Welt dasjenige zu erkennen, was etwa sozusagen unter dem Einflusse der großen Himmelsbewegungen steht, und schwieriger dasjenige, was in einer gewissen Weise unregelmäßig zu den großen Himmelsbewegungen steht. Nun wird jeder von Ihnen für den morgigen Tag leicht voraussagen können, daß die Sonne morgens aufgehen wird und abends wieder untergehen wird. Das wird jeder ungefähr wissen. Was morgen aber für Wetter sein wird, das wird schon weniger genau gewußt werden. So ist es mit dem Hellsehen auch. Die Verhältnisse, die wir gewöhnlich in den Schilderungen über die geistigen Welten geben, sind zu vergleichen mit dem Wissen über den allgemeinen Gang der Himmelskörper; die weiß man zuerst im hellseherischen Bewußtsein. Und man kann immer rechnen darauf, daß die Ereignisse sich im allgemeinen so vollziehen. Die einzelnen Ereignisse aber in dem Leben zwischen Tod und einer neuen Geburt sind wie die Wetterverhältnisse hier auf der Erde, die selbstverständlich auch gesetzmäßig sind, aber eben schwieriger zu erkennen auch auf der Erde selber; denn man kann ja nicht von jedem Orte wissen, was für ein Wetter an einem anderen Orte ist. So ist es eben nun einmal. Es ist schwierig, hier zu wissen, wie das Wetter in Berlin ist, nicht aber, wie dort die Sonne oder der Mond stehen. Es gehört eine besondere Ausbildung der hellsichtigen Gabe dazu, da es schwierig ist, das einzelne Leben nach dem Tode zu verfolgen als den allgemeinen Gang der Menschenseele. Und auf dem richtigen Wege erwirbt man sich das Wissen von den allgemeinen Verhältnissen zuerst, und zuallerletzt erwirbt man sich, wenn es durch Schulung errungen wird, dasjenige, was ja am leichtesten scheint. Man kann lange schon sehr richtig sehen in bezug auf Kamaloka und Devachan und es doch außerordentlich schwierig haben, zu sehen, wieviel es auf der eigenen Uhr ist, die man in der Tasche hat. Die Dinge in der physischen Welt sind für die hellseherische Schulung die allerschwierigsten. Gerade das Umgekehrte ist im Erkennenlernen der höheren Welten der Fall. Irrtümern gibt man sich auf diesem Gebiete aus dem Grunde hin, weil ja auch noch ein natürliches Hellsehen vorhanden ist, und dieses zwar unsicher ist, mannigfachen Irrtümern unterworfen ist, aber es kann lange vorhanden sein, ohne daß man den hellsichtigen Blick für die allgemeinen Verhältnisse hat, die in der Geisteswissenschaft geschildert werden, die dem geschulten Hellseher leichter sind.

Das sind die Dinge, die ich Ihnen heute in bezug auf die geistigen Welten schildern wollte.

Erfahrungen des Menschen nach dem Durchgang durch die Todespforte

Es ist öfter gesagt worden im Zusammenhang mit mancher geisteswissenschaftlichen Betrachtung, daß es sich innerhalb unserer geisteswissenschaftlichen Bewegung und ihrer Bestrebungen vor allen Dingen nicht nur darum handelt, theoretisch aufzunehmen diejenigen Begriffe und Ideen, die man sich durch Geisteswissenschaft aneignen kann, sondern daß die geisteswissenschaftlichen Ergebnisse eingehen sollten in die innersten Bewegungen, die innersten Impulse unseres seelischen Lebens. Gewiß, wir müssen ausgehen von den Ergebnissen der geisteswissenschaftlichen Erkenntnisse, und solche Erkenntnisse kann man sich nur aneignen, wenn man sie eben studiert, wenn man sich mit ihnen beschäftigt. Aber Geisteswissenschaft soll nicht so aufgenommen werden wie eine andere Wissenschaft, so daß man bloß hinterher weiß, man habe dieses oder jenes gehört, dieses oder jenes sei wahr in bezug auf das eine oder andre in der Welt, sondern Geisteswissenschaft soll so auf unsere Seele wirken, daß diese Seele anders werde in diesem oder jenem Empfindungsgebiet, daß sie anders werde durch die Aufnahme desjenigen, was aus der Geisteswissenschaft herausfließen kann. Die Begriffe, Ideen und Vorstellungen, die wir durch Geisteswissenschaft aufnehmen, sollen unsere Seele im Innersten aufrütteln, sollen sich vereinigen mit unserem Empfinden, so daß wir durch Geisteswissenschaft lernen, die Welt nicht nur anders anzuschauen, sondern auch anders zu empfinden als ohne sie. In gewisse Lebenslagen sich ganz anders hineinzufinden, als dies ohne Geisteswissenschaft möglich ist, daß sollte eigentlich der Geisteswissenschafter. Und wenn er das kann, dann hat er im Grunde genommen erst das erreicht, was aus der Geisteswissenschaft uns erfließen soll.

Wir leben heute in einer schweren Zeit, in welcher uns ja etwas von der wichtigsten Frage der Geisteswissenschaft, der Frage des Todes in so unzähligen Fällen vor Augen, vor die Seelen, vor die Herzen tritt, dem einen näher, dem andern ganz nahe. Der Geisteswissenschafter sollte auch in dieser schweren Zeit Geisteswissenschaft gefühlsmäßig bewähren können. Er sollte anders zu den Ereignissen der Zeit stehen können, auch dann, wenn sie ihn noch so nahe berühren, als der andere. Trost wird gewiß der eine, Aufmunterung wird der andere brauchen; aber das sollen beide auch in der Geisteswissenschaft finden. Dann erst, wenn dies der Fall sein kann, haben wir Geisteswissenschaft in dem, was sie sein will, im richtigen Sinne verstanden.

Wir müssen durch die Vorstellungen der Geisteswissenschaft schon dadurch eine gewisse Erschütterung in unserer Seele erfahren, daß wir über manche Dinge ganz anders fühlen lernen, als wir ohne Geisteswissenschaft über irgend etwas in der Welt fühlen können. Nehmen Sie vieles von dem zusammen, was über das Rätsel des Todes innerhalb unserer Geisteswissenschaft schon gesagt worden ist, so werden Sie verstehen können, was ich auch heute nicht nur wiederholend, sondern manches anfügend an manche frühere Betrachtung, ausführen möchte. Wir müssen über den Tod nicht nur anders denken lernen, sondern wir müssen über den Tod anders fühlen lernen. Denn das Rätsel des Todes hängt in der Tat mit den tiefsten Welträtseln zusammen. Seien wir uns nur ganz klar darüber, daß wir all dasjenige, wodurch wir uns in der physischen Welt Wahrnehmungen und Kenntnisse verschaffen, wodurch wir von der äußeren Welt etwas erfahren, ablegen, wenn wir durch die Pforte des Todes treten. Wir verschaffen uns in der physischen Welt durch unsere Sinne Eindrücke über die Welt. Diese Sinne legen wir ab, wenn wir in die geistige Welt eintreten. Wir haben dann die Sinne nicht mehr. Das schon muß uns ein Beweis dafür sein, daß wir uns, wenn wir über die übersinnliche Welt denken, bemühen müssen, anders zu denken, als wir zu denken gelernt haben durch unsere Sinne.

Gewiß, wir haben eine Art von Anhaltspunkt, indem auch in

das gewöhnliche Leben, das wir zwischen Geburt und Tod verbringen, etwas Analoges, etwas Ähnliches von den Erlebnissen in der geistigen Welt hineinragt. Das sind die in das gewöhnliche Leben hereinragenden Traumerlebnisse. Die Traumerlebnisse werden uns nicht durch unsere Sinne; mit den Traumerlebnissen haben unsere Sinne wirklich nichts zu tun. Dennoch sind sie in Bildern bestehend, die manchmal an das Leben durch die Sinne erinnern. Wir haben in diesen Traumbildern, wenn auch einen schwachen Abglanz, so doch eben einen Abglanz von der Art, wie uns das geistige Dasein als imaginative Welt zwischen dem Tod und einer neuen Geburt entgegentritt. Imaginative Wahrnehmungen haben wir allerdings nach dem Tode; in Bildern taucht das Erleben auf. Nur wenn Sie in der sinnlichen Welt zum Beispiel eine rote Farbe sehen und den Gedanken hegen müssen: Was ist hinter dieser roten Farbe? – dann werden Sie sich sagen: Da ist etwas, was den Raum erfüllt, etwas Materielles ist dahinter. – Die rote Farbe erscheint Ihnen auch in der geistigen Welt, aber dahinter ist nicht ein Materielles, nicht etwas, was im gewöhnlichen Sinne einen materiellen Eindruck ausüben würde. Hinter dem Roten ist ein geistig-seelisches Wesen; hinter dem Roten ist dasselbe, was Sie als Ihre Welt fühlen in Ihrem Seelischen. Man möchte sagen: Von dem Sinneseindruck der Farbe steigen wir äußerlich im Physischen hinunter zu der materiellen Welt, von den Imaginationen steigen wir hinauf immer mehr und mehr in geistige Regionen in der geistigen Welt. Und dessen müssen wir uns nun klar sein – es ist das besonders stark erwähnt worden in der neuen Auflage der «Theosophie» –, daß auch diese Imaginationen uns nicht so entgegentreten wie die Sinneseindrücke der physischen Welt. Sie sind dort gewiß da, diese Imaginationen, aber sie treten als Erlebnisse auf: Das Rot, das Blau sind dort Erlebnisse. Man kann diese Imaginationen mit Recht rot oder blau nennen, aber sie sind doch eben etwas anderes als die Sinneseindrücke der physischen Welt. Sie sind viel innerlicher, wir sind viel innerlicher mit ihnen verbunden. Außerhalb der roten Farbe der Rose sind Sie selbst; in der roten Farbe der geistigen Welt fühlen Sie sich darinnen, Sie sind mit der roten

Farbe verbunden. Indem Sie in der geistigen Welt ein Rotes wahrnehmen, entwickelt sich ein Wille, ein stark wirksamer Wille eines geistigen Wesens. Und dieser Wille strahlt, und das, was er strahlt, ist rot. Aber Sie fühlen sich in dem Willen darin, und dieses Darinsein, dieses Darinfühlen, dieses Erlebnis bezeichnen Sie dann selbstverständlich als rot. Ich möchte sagen, die physische Farbe ist wie das gefrorene geistige Erlebnis, wie das erstarrte geistige Erlebnis. Und so müssen wir uns auf vielen Gebieten die Möglichkeit aneignen, etwas anderes zu denken, unseren Vorstellungen andere Werte und Bedeutungen zu geben, wenn wir uns wirklich erheben wollen zu einem Begreifen der geistigen Welt.

Dann müssen wir uns klar sein, daß oben in der geistigen Welt dasjenige, was wir Imaginationen nennen, im Verhältnis zu den geistigen Wesen, deren Ausdruck zum Beispiel die Farben sind, auch nicht so ist wie das Verhältnis einer Farbe zu einem sinnlichen Wesen. Die Rose ist rot, das ist eine Eigenschaft der Rose. Aber wenn ein Geist in die Nähe kommt und wir nach dem, was jetzt gesagt worden ist, das Bewußtsein haben müssen: Der Geist strahlt rot –, so bedeutet das Rot nicht in ähnlicher Weise eine Eigenschaft des Geistes, wie das Rot der Rose eine Eigenschaft bedeutet; sondern dieses Rot ist mehr eine Art Offenbarung des Inneren des Geistes, es ist mehr ein Schriftzeichen, das der Geist hinsetzt in die geistige Welt. Und man muß erst durchschauen durch die Imaginationen. Die Tätigkeit, die man da entwickelt, ist in der physischen Welt nur mit ihrem ahrimanischen Abbild zu vergleichen, nämlich mit dem Lesen. Die rote Farbe an der Rose schauen wir an und wissen: Rot ist eine Eigenschaft der Rose. Das Rot in der geistigen Welt schauen wir nicht bloß an, sondern wir deuten es, aber nicht spintisierend – davor muß ich immer wiederum warnen –, sondern unsere Seele findet schon von selbst, daß damit etwas gegeben ist wie ein Laut, ein Buchstabe, wie etwas, was entziffert, gelesen werden soll, wodurch man erst erkennt, was gemeint ist. Der Geist meint etwas, wenn er sich als rot oder blau oder grün, oder wenn er sich als Cis oder Gis offenbart. Der Geist meint etwas damit; man fängt an, mit dem Geist zu sprechen, man fängt an, seine Schrift zu lesen. Darauf beruht die äußere Kultur, daß solche Dinge, die in der geistigen Welt ihre tiefe Weisheit haben, dann auch in die äußere Welt herausverpflanzt werden. Wir sprechen mit Recht von einem okkulten Lesen, denn derjenige, der sich das hellsichtige Bewußtsein aneignet, der in die geistige Welt eintritt, der die Imaginationen überschaut und in ihnen liest, schaut durch sie auf den Grund der Seelen, die da leben in der geistigen Welt, nicht bloß durch Farben, sondern auch durch andere Eindrücke, solche Eindrücke, die an Sinneseindrücke erinnern, und solche, die neu hinzukommen in der Geistigkeit.

Diese Tätigkeit, die eine rein seelisch-geistige Tätigkeit ist, untersteht gewissermaßen der Regierung der richtig fortschreitenden geistigen Wesenheiten. Hier in der physischen Welt schafft Ahriman ein Abbild gerade von dem, was ich jetzt charakterisiert habe. Von diesem okkulten Lesen ist das äußere Lesen von Schriftzeichen in der physischen Welt ein ahrimanisches Abbild. Denn alles Lesen in der physischen Welt durch Zeichen, die künstlich ausgebildet worden sind, ist eine ahrimanische Tätigkeit. Gar nicht mit Unrecht ist die Erfindung der Buchdruckerkunst als eine ahrimanische Kunst empfunden worden, als eine «schwarze Kunst», wie man sie genannt hat. Man darf eben nicht glauben, daß man durch irgendwelche Verrichtungen aus den Klauen von Luzifer und Ahriman kommen könne. Luzifer und Ahriman müssen in der äußeren Kultur darinnen sein. Es handelt sich nur darum, daß man den Gleichgewichtspunkt findet, den Weg findet, wenn das Leben nach der luziferischen und ahrimanischen Seite fortwährend ausschlägt. Wollte jemand gar nicht von Ahriman berührt werden, so müßte er niemals lesen lernen. Aber darum handelt es sich nicht, daß wir Ahriman und Luzifer fliehen, sondern darum handelt es sich, daß wir in das richtige Verhältnis zu ihnen kommen; daß wir, trotzdem sie als Kräfte um uns herum da sind, uns in der richtigen Weise zu ihnen stellen können. Wenn wir wissen, wir folgen dem, was wir so oft als den Christus-Impuls, der in uns lebt, geschildert haben, und wenn wir uns die geistigen Empfindungen aneignen, die uns in jedem

Augenblicke unseres Lebens den Willen auferlegen, dem Christus zu folgen, dann können wir auch lesen. Dann können wir erfahren – und wir werden es schon, wenn es nach unserem Karma für uns recht ist –, daß Ahriman auch das Lesen eingerichtet hat, und wir werden diese ahrimanische Kunst im rechten Lichte sehen. Wenn wir das nicht erfahren, dann deklamieren wir in Worten von der ahrimanischen Kultur, von dem Fortschritt, von der Glorie der ahrimanischen Kultur, zum Beispiel des Lesens.

Aber alle diese Dinge legen auch Pflichten auf, und darum handelt es sich, daß solche Pflichten auch eingehalten werden. Gerade in unserer jetzigen Zeit kann vieles angeführt werden, um dieses oder jenes zu verteidigen oder anzuklagen. Wahrhaftig, wir haben das, was wir eine flutende Kriegsliteratur nennen können. Jeder Tag bringt nicht nur Broschüren, sondern auch Bücher und so weiter. Da können Sie oft auch lesen: Dieses Land hat so und so viele Analphabeten, in diesem Land können so und so viele lesen und schreiben, und dergleichen. Sich dies ohne weiteres zu eigen zu machen, würde nicht dem gemäß sein, was der in der Geisteswissenschaft Bewanderte aus seiner Verantwortlichkeit heraus zu sagen hat. Würde ich zum Beispiel unter demjenigen, was ich mit Bezug auf unsere Zeit anzuführen habe, alles besonders Schlimme bei einem Volke andeuten wollen, und um das anzudeuten, sagen, bei dem Volke sind so und so viele, die nicht lesen und so und so viele, die nicht schreiben können, so würde ich nicht in der richtigen Weise geisteswissenschaftlich sprechen. Da müssen immer nur Dinge angeführt werden, die man verantworten kann gegenüber den okkulten Pflichten. Daraus sehen Sie – ich wollte das nur als Beispiel anführen –, daß Geisteswissenschaft in diesem tieferen Sinne auch wirklich in das Leben übergehen muß und Pflichten auferlegt. Und wenn der Geistesforscher solche Dinge sagt, die die andern auch sagen, werden Sie immer verfolgen können, daß sie in ganz anderem Zusammenhang gesagt werden, und das ist es, worauf es ankommt. Daher wird selbstverständlich manches demjenigen, der nicht mit Geisteswissenschaft bekannt ist, dann, wenn es in der

Geisteswissenschaft gesagt ist, oft ganz sonderbar vorkommen, weil er gewöhnt ist, andere Vorstellungen zu haben, und manchmal sich sagen müssen: Diese Geisteswissenschaft nennt ja das Schwarze weiß, und das Weiße schwarz! – Und das ist ja wirklich manchmal notwendig, denn wenn man mit den gewöhnlichen Vorstellungen und Begriffen, die man sich in der physischen Welt aneignet, in die geistige Welt aufsteigt, so ist es wirklich so, daß manche Begriffe gründlich geändert werden müssen.

Nehmen wir von diesem Gesichtspunkte aus einen der wichtigsten, rätselhaftesten Begriffe, die wir uns aneignen müssen aus den Eindrücken der physischen Welt heraus, den Begriff des Todes. In der physischen Welt sieht der Mensch den Tod ja immer nur von der einen Seite, von der Seite, daß er das menschliche Leben sich entwickeln sieht bis zu dem Punkte hin, wo der Mensch stirbt, das heißt, wo der physische Leib zunächst von den höheren Gliedern der Menschennatur wegfällt und dann innerhalb der physischen Welt seine Auflösung findet. Man kann wirklich sagen, das, was da der Mensch über den Tod sieht innerhalb der physischen Welt, heißt: den Tod von der einen Seite anschauen. Von der andern Seite aber den Tod anschauen heißt, ihn wirklich in einem entgegengesetzten Lichte sehen, heißt, ihn gründlich anders sehen.

Wenn wir durch die Geburt in das physische Leben eintreten, machen wir zunächst etwas durch, was wir so erleben, daß der Höhepunkt des physischen Bewußtseins bei uns noch nicht völlig erreicht ist. Sie wissen ja, an die ersten Jahre unseres Erlebens erinnern wir uns mit dem gewöhnlichen physischen Bewußtsein nicht zurück. Niemand kann sich mit dem gewöhnlichen physischen Bewußtsein an seine Geburt erinnern. Wenigstens wird kein Mensch in der Welt auftreten, der behaupten wird, er könne sich nach seinem physischen Bewußtsein erinnern, wie er geboren worden ist. Wir können sagen: Das ist eine Einrichtung des physischen Bewußtseins, daß vergessen werden muß die Geburt des Menschen. Sie wird vergessen, auch noch die ersten Lebensjahre werden vergessen. Wenn wir im physischen Leben zwischen Geburt und Tod auf unser Leben zurückblicken, erinnern wir uns bis zu einem gewissen Punkte. Dann bricht das Erinnern ab. Der Punkt, wo es abbricht, ist nicht unsere physische Geburt, sondern es geht ein Erleben voraus. Kein Mensch kann aus Erfahrung wissen, daß er geboren ist. Er kann es nur schließen. Daraus schließen wir es, daß wir geboren sind – und nur daraus –, daß nach uns Menschen geboren werden, deren Geburt wir wahrnehmen. Wenn der Naturforscher behauptet, er wolle nur zugeben, was gesehen werden kann, so könnte nach diesem Grundsatz, wenn er logisch sein will, niemand seine Geburt behaupten, denn unmöglich ist es, anders als hellsichtig seine eigenen Geburt wahrzunehmen; man kann nur auf sie schließen.

Genau das Entgegengesetzte findet nun statt mit Bezug auf den Tod. Das ganze Leben hindurch zwischen Tod und neuer Geburt steht dem Menschen als der lebendigste, als der hellste Eindruck der Moment des Todes, den er vorher durchgemacht hat, vor dem Seelenauge. Aber glauben Sie nicht, daß Sie daraus etwa schließen dürfen, es wäre dies ein schmerzlicher Eindruck. Da würden Sie glauben, daß der Tote auf das zurückschaut, was Sie in der physischen Welt vom Tode sehen, den Zerfall, den Untergang. Er sieht den Tod aber von der andern Seite; er sieht in dem Tod etwas, was man als das Allerschönste auch in der geistigen Welt bezeichnen muß. Denn es gibt in dem, was der Mensch zunächst normalerweise in der geistigen Welt erleben kann, nichts Schöneres als den Anblick des Todes. Diesen Sieg des Geistes über das Materielle, dieses Aufleuchten des geistigen Lichtes der Seele aus der dunklen Finsternis des Materiellen zu schauen, das ist das Größte, das Bedeutsamste, das geschaut werden kann auf der andern Seite des Lebens, die der Mensch zwischen dem Tod und einer neuen Geburt durchmacht.

Wenn der Mensch den Ätherleib zwischen Tod und neuer Geburt ablegt und allmählich sein Bewußtsein voll gebildet hat, was ja nicht sehr lange Zeit nach dem Tode geschieht, dann ist es so, daß er nicht so zu sich steht, wie er hier in der physischen Welt zu sich steht. Wenn der Mensch hier in der physischen Welt schläft, ist er seiner unbewußt, und wenn er aufwacht, so wird er sich dessen bewußt, daß er jetzt weiß: Ich habe ein Selbst, ein Ich in mir. Nach dem Tode in der geistigen Welt ist das etwas anderes – da ist sein Selbstbewußtsein auf einer höheren Stufe –, es ist dann nicht genau so. Ich werde gleich davon sprechen, wie es ist. Aber es gibt dort auch etwas wie ein Sich-Besinnen auf das Ich, das Selbst. Geradeso, wie man sich des Morgens beim Aufwachen auf das Selbst besinnen muß, so ist es in der geistigen Welt auch. Aber dieses Sich-Besinnen ist ein Zurückblicken zu dem Moment des Todes. Immer ist es so, als wenn wir, um unser Ich wahrzunehmen zwischen dem Tode und einer neuen Geburt, uns sagten: Du bist wirklich gestorben, also bist du Ich, bist du ein Ich!

Das ist das Bedeutungsvollste: Man blickt zurück auf den Sieg des Geistes über den Leib, man blickt zurück auf den Moment des Todes, der das Schönste der geistigen Welt ist, das erlebt werden kann. Und in diesem Zurückblicken wird man seines Selbstes in der geistigen Welt gewahr. Das ist immer, man kann nicht sagen, wie ein Aufwachen – da würde man auch die Begriffe einseitig prägen –, es ist die Besinnung auf sich, zu seinem Tode zurückzublicken. Daher ist es so wichtig, daß der Mensch die Möglichkeit hat, mit vollem nachtodlichem Bewußtsein – einem Bewußtsein, das nach dem Tode eintritt – wirklich zurückzublicken auf den Moment des Todes, damit er nicht in irgendeiner Weise bloß träumt, was er da schaut, sondern voll verstehen kann, was er schaut; das ist ungeheuer wichtig. Und dazu können wir uns allerdings schon während des Lebens dadurch vorbereiten, daß wir versuchen, Selbsterkenntnis zu üben. Namentlich ist das von unserer Zeit ab der Menschheit notwendig, Selbsterkenntnis zu üben. Im Grunde ist alle Geisteswissenschaft dazu da, um dem Menschen diejenige Selbsterkenntnis zu geben, die ihm notwendig ist. Denn Geisteswissenschaft ist eigentlich eine Einführung in des Menschen erweitertes Selbst, jenes Selbst, durch das man im Grunde der ganzen Welt angehört. Ich sagte, das Bewußtsein ist nach dem Tode etwas anderes als hier in der physischen Welt. Wenn ich Ihnen das ganz graphisch darstellen möchte, wie das Bewußtsein nach dem Tode ist, so könnte ich das in folgender Weise tun.

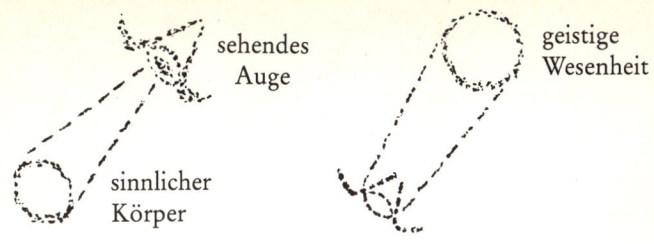

sehendes Auge

geistige Wesenheit

sinnlicher Körper

Nehmen Sie an, hier hätten wir ein Auge, und hier hätten wir einen Gegenstand. Wodurch erlangen wir das Bewußtsein, daß da ein Gegenstand außer uns ist? Nun, dadurch, daß der Gegenstand einen Eindruck auf unser Auge macht. Der Gegenstand macht einen Eindruck auf unser Auge, und wir lernen etwas von dem Gegenstand wissen. Der Gegenstand ist draußen in der Welt, er macht einen Eindruck auf unsere Sinne, und wir nehmen die Vorstellung, die wir uns von dem Gegenstand bilden können, in uns herein, in unsere Seele herein. Der Gegenstand ist außer uns. Die Vorstellung, die wir uns dann bilden, hat er uns dann überliefert. Anders ist es nun in der geistigen Welt. Und weil ich es graphisch nicht anders darstellen kann, möchte ich das, was ich immer Seelenauge nenne, Ihnen auch, trotzdem es strenggenommen unrichtig ist, als Seelenauge zeichnen. Dieses Seelenauge, das der Mensch nach dem Tode hat, ist nun so veranlagt, daß der Mensch nach dem Tode zum Beispiel einen Engel oder eine andere Menschenseele, die auch in der geistigen Welt ist, nicht so sieht, wie er eine Blume in der physischen Welt sieht, sondern dieses Seelenauge ist so veranlagt – lassen wir zunächst eine Menschenseele außer Betracht, sehen wir nur auf eine Wesenheit der höheren Hierarchie –, daß es, wenn hier eine Engelwesenheit ist, eine Erzengelwesenheit, als Auge nun nicht das Bewußtsein hat: Ich sehe da außer mir dieses Engelwesen –, sondern: Ich werde von dem Engelwesen gesehen, das sieht mich. – Es ist gerade das Umgekehrte der physischen Welt. So leben wir uns in die geistige Welt hinein, daß wir das Bewußtsein bekommen gegenüber den Wesen der höheren Hierarchien, daß wir von ihnen gewußt werden, daß sie uns denken. Wir fühlen uns in ihnen darin eingebettet, wir fühlen uns erkenntnisgemäß ergriffen von den Engeln, Erzengeln, Geistern der Persönlichkeit, wie Mineralreich, Pflanzenreich, Tierreich sich von uns ergriffen fühlen.

Nur in bezug auf Menschenseelen ist es so, daß wir sowohl von ihnen gesehen werden können, so daß wir das Gefühl haben, sie sehen uns, wie wir auch das Gefühl haben, das, was unser Schauen ist, geht in sie hinüber. Es ist ein Sehen bei uns und bei den Menschenseelen. Allen andern Wesen der höheren Hierarchien gegenüber haben wir das Gefühl, wir werden von ihnen wahrgenommen, gedacht, vorgestellt; und indem wir von ihnen wahrgenommen, gedacht, vorgestellt werden, sind wir in der geistigen Welt darin. Und das ist dann so: Nehmen wir an, wir wandeln als Seele in der geistigen Welt umher, wie wir in der physischen Welt umherwandeln. Dann ist es so, daß wir überall das Gefühl haben, in Beziehung zu treten zu den Wesenheiten der höheren Hierarchien, wie wir hier in der physischen Welt das Gefühl haben, in Beziehung zu treten zum Mineralreich, Pflanzenreich, Tierreich. Nur brauchen wir immer wieder die Besinnung, daß wir ein Selbst haben. Dann blicken wir auf unseren Tod hin und sagen uns: Das bist du! – Das ist ein fortdauerndes Bewußtsein, ein fortdauernder Inhalt des Bewußtseins.

Das heute Gesagte kommt zu den verschiedenen Vorstellungen dazu, die Sie aus Zyklen und Büchern aufnehmen können. Es ist mehr seelisch gesprochen als dasjenige, was zum Beispiel in dem Buche «Theosophie» mehr der äußeren Anschauung nach gesprochen ist. Aber erst dadurch, daß man so etwas seelisch anschaut, kommt man so recht hinein in die Empfindungen, die man diesen Dingen gegenüber und überhaupt der geistigen Welt gegenüber haben muß.

Selbsterkenntnis ist daher dasjenige, was uns fördert, was uns stark macht für das Leben zwischen dem Tod und einer neuen Geburt. Es konnte mir dieses neuerdings wiederum mit besonderer Lebhaftigkeit gegenübertreten, als ich die Aufgabe hatte, nach dem Hingang von Freunden unserer Sache einige Male bei der Einäscherung zu sprechen. Da stellte sich immer die Notwendigkeit heraus, irgend etwas zu sprechen, das innig zusammenhängt mit dem Charakter, mit dem Selbst dessen, der durch die Pforte des Todes gegangen ist. Warum kam dieses Inspirative oder Intuitive, den Toten etwas nachzurufen, was mit ihrem Wesen zusammenhängt? Das zeigt sich durch das Leben der Betreffenden nach dem Tode. Es kommt ihnen zu Hilfe, was die Kräfte ihrer Selbsterkenntnis stärkt. Indem man von diesen Eigenschaften, die sie in sich selbst fühlen, unmittelbar nach dem Tode, wo ihr Bewußtsein noch nicht erwacht war, sprach, konnte man ihnen gleichsam zufließen lassen etwas von der Kraft, die sie brauchen, um allmählich die Möglichkeit auszubilden, hinzuschauen auf den Moment des Todes, wo ihre ganze Wesenheit konzentriert erscheint, wie sie sich entwickelt hat zwischen Geburt und Tod. Man kommt also den Toten zu Hilfe, wenn man ihnen gerade nach dem Tode etwas zufließen läßt, was sie an Eigenschaften, an Erlebnisse und so weiter erinnert, welche die ihrigen waren. Man befördert dadurch die Kraft der Selbsterkenntnis. Und wenn man hellsichtig die Möglichkeit hat, sich hineinzuversetzen in die Seele eines solchen Toten, dann verspürt man in seiner Seele den Drang, gerade in dieser Zeit etwas zu hören über die Art, wie er war, über das oder jenes, was er durchgemacht hat, oder was seine Haupteigenschaften sind. Sie können begreifen: Wie hier auf Erden das Leben des einen Menschen nicht dem Leben des andern gleicht, sondern wie alle Menschen Leben haben, die voneinander verschieden sind, so ist es auch bei denen, die durch die Pforte des Todes gegangen sind. Nicht ein Seelenleben gleicht dem andern zwischen Tod und neuer Geburt. Ich möchte sagen: Jedes Seelenleben, das man da beobachten kann, ist wiederum eine neue Offenbarung, und immer kann man nur einzelne besondere Eigenschaften herausheben. Ich möchte heute und dann auch übermorgen in Köln über solche Dinge sprechen. Ich möchte von einem konkreten Fall als Beispiel sprechen.

Wir haben in Dornach vor einiger Zeit ein Mitglied den physischen Plan verlassen sehen, das zu ziemlich hohen Jahren gekommen war. Ein Mitglied, das sein Leben jedenfalls in emsiger Arbeit, fürsorglicher Arbeit verbracht hat, aber in den letzten Jahren, seit längerer Zeit schon mit tiefster Seele mit unserer geisteswissenschaftlichen Weltanschauung verbunden war und sie ganz ausprägte im eigenen Herzen, in der eigenen Seele. So daß man sagen kann: diese Persönlichkeit war so weit gekommen, daß sie in den letzten Zeiten ihres physischen Daseins ganz eins war mit unserer Weltanschauung, dem Empfinden, dem Fühlen nach ganz eins war. Nun wissen Sie, daß der Mensch, wenn er durch die Pforte des Todes tritt, zuerst seinen physischen Leib ablegt, dann noch eine Weile den Ätherleib an sich trägt und dann auch den Ätherleib ablegt. Und dann kommt eine Zeit, wo der Mensch erst nach und nach das Bewußtsein erringen muß, welches ihm dann zwischen dem Tode und einer neuen Geburt eigen sein muß. Unmittelbar nach dem Tode ist der Mensch in seinem Ätherleibe. Da erlebt er, wir wissen das, einen vollen Rückblick auf sein Leben als ein großes Lebenstableau. In dieser Zeit treten auch in seiner Seele, ich möchte sagen, wie mit einem Schlage, ganz besonders die kraftvollen Impulse auf, so daß manches, was gerade in dieser Beziehung bedeutungsvoll ist, nach dem Tode noch ganz anders auftreten kann als während des Lebens. Während des Lebens ist der Mensch ja vielfach gefesselt durch die Grenzen, die ihm sein physischer Leib setzt. Unmittelbar nach dem Tode hat man die Schwere, das Drückende, Feste, das die Deutlichkeit mancher Seelenimpulse Abschwächende des Physischen überwunden. Man hat noch den Ätherleib an sich und daher die Erinnerung an das Leben nicht verloren. Es ist eine ganz imaginative Welt, die erstens die Bilder des vergangenen Lebens enthält, dann aber die besonders starken Impulse enthält. Wenn nun eine Seele während des Lebens so ganz mächtig die Impulse der Geisteswissenschaft aufgenommen hat, wenn diese Seele diese Impulse bis zum innersten Fühlen und Empfinden hereingebracht hat in sich, dann kann sie diese Eindrücke nach dem Tode auch in einer ganz andern Weise entfalten, da sie den elastischen, fügsamen Ätherleib zur Verfügung hat, der dann nicht mehr gefesselt ist an dasjenige, was der physische Leib zuläßt. Das konnte man besonders bei jener Persönlichkeit sehen, von der ich jetzt eben gesprochen habe, die ganz kurz nach dem Tode, nachdem es eben gelungen war, sich ganz in ihre Seele zu versetzen, aus dieser Seele herausfließen ließ dasjenige, was aus den geisteswissenschaftlichen Impulsen in ihr gelebt hat. Sie hätte das während des physischen Lebens selbstverständlich nicht in solche Worte geprägt. Weil aber der ätherische Leib noch da war, konnte sie es in physische Worte kleiden. Sie war noch nicht heraus aus dem elastischen Ätherleib, da prägte sich dasjenige, was sie durch Geisteswissenschaft aufgenommen hatte, so aus, daß es zum Ausdruck ihrer Seele wurde. Und ich hatte dann die Notwendigkeit, daß ich ein paar Tage darauf bei der Einäscherung der betreffenden Persönlichkeit gerade diese Worte zu sprechen hatte, die aus ihrem Wesen herausklangen, die also ihr gehörten, nicht mir:

In Weltenweiten will ich tragen
Mein fühlend Herz, daß warm es werde
Im Feuer heil'gen Kräftewirkens;

In Weltgedanken will ich weben
Das eigne Denken, daß klar es werde
Im Licht des ew'gen Werde-Lebens;

In Seelengründe will ich tauchen
Ergeb'nes Sinnen, daß stark es werde
Für Menschenwirkens wahre Ziele;

In Gottes Ruhe streb' ich so
Mit Lebenskämpfen und mit Sorgen,
Mein Selbst zum höhern Selbst bereitend;

Nach arbeitfreud'gem Frieden trachtend,
Erahnend Welten-Sein im Eigensein,
Möcht ich die Menschenpflicht erfüllen;

Erwartend leben darf ich dann
Entgegen meinem Schicksalssterne,
Der mir im Geistgebiet den Ort erteilt.

Man kann sagen, da ist in Worte, die die Empfindung nach dem Tode ausdrücken, gelegt dasjenige, was die Seele durch Geisteswissenschaft geworden ist. Dann kam die Zeit, die ja jeder nach dem Tode mehr oder weniger durchzumachen hat, die man nur uneigentlich eine Schlafenszeit nennt, denn wenn man den Ätherleib abgelegt hat, so ist man eigentlich gleich ganz darinnen in der geistigen Welt, nur ist man geblendet von der Fülle der geistigen Welt. Man kann das nicht alles überschauen, man muß erst seine Kraft, die man mitgebracht hat, anpassen der geistigen Welt; man muß sich herabstimmen. Man sieht zuviel nach dem Tode; das Bewußtsein ist da, man muß es erst herabstimmen bis zu den Kräften, die man erworben hat. Dann fängt man an, sich orientieren zu können und wirklich zu leben in der geistigen Welt. Es ist eigentlich nicht ganz richtig gesprochen, wenn man sagt, man wache nach einiger Zeit zum Bewußtsein auf, sondern man muß sagen, man habe zuviel Bewußtsein und müsse es herabstimmen bis zu dem Grade, den man ertragen kann. Das ist dann das Aufwachen. Die Seele, von der ich Ihnen eben gesprochen habe, kam daher in dieses – wenn der Ätherleib abgelegt ist – Nichtertragen-Können des Geisteslichtes. Aber sie hatte viel Kraft in sich; Sie sehen es den Worten an, die ich gelesen habe, und daß diese Kraft allmählich ganz durchdrungen worden war von dem, was aus dem menschlichen Fühlen und Wollen Geisteswissenschaft machen kann. Daher kam es, daß diese Wesenheit, diese Seele einige Zeit nach dem Tode zu einem Bewußtsein kam, das ihr erträglich war. Natürlich wäre viel zu schildern über die Zeit, die dann beginnt für eine Seele, wenn man alles schildern wollte, was da eine solche Seele erlebt. Man schildert ja immer nur Teile; und es gehört selbstverständlich, indem wir innerhalb unserer Bewegung stehen, gerade zu dem Bedeutsamsten, das an den Seelen zu beobachten, was diese Seelen mit unserer Bewegung verbindet. Man kann an dem lernen, was überhaupt Menschenseelen nach dem Tode mit der ganzen Welt verbindet; aber man kann am besten an solchen Seelen das beobachten, was das Leben der Seele nach dem Tode ist, besonders dann, wenn sie einem so nahegetreten ist wie diese Seele, von der ich jetzt hier spreche. Und so kam es denn, daß zuerst beobachtet werden konnte gerade bei dieser Seele, wie sie zum sich orientierenden Bewußtsein kam, an der Teilnahme an unseren Versammlungen, wirklich an der Teilnahme an unseren Versammlungen. Und voll ausgeprägt war diese Teilnahme bei einem Dornacher Osterfest dieses Jahres, an jenem Osterfest, wo versucht worden ist, besonders die Tiefe des Gedankens des Osterfestes unseren lieben Freunden dort in Dornach auseinanderzusetzen. Da war diese Seele anwesend. Sie nahm teil; wie sie früher mit inniger Wärme teilgenommen hatte, so nahm sie jetzt als Seele teil. Und sie wollte sich aussprechen, wie mancher ja auch im physischen Leibe das Bedürfnis hat, sich nachher über dasjenige auszusprechen, was er aufgenommen hat. Sie wollte sich aussprechen, und es ist das Eigentümliche, daß sie wiederum in solche Worte prägte, weil dadurch die Möglichkeit ist, sich zu verständigen, daß sie wiederum in solche Worte prägte, wie sie nun lebt und lebt gerade in bezug auf das, was sie miterlebt hatte bei diesem unserem Ostervortrag. Und da kam denn etwas wie eine Ergänzung des damals nach dem Tode Durchgekommenen. Diese Ergänzung, die jetzt aus dem Bewußtsein herauskam, ist folgende:

> In Menschenseelen will ich lenken
> Das Geistgefühl, daß willig es
> Das Osterwort in Herzen wecke;
>
> Mit Menschengeistern will ich denken
> Die Seelenwärme, daß kräftig sie
> Den Auferstandnen fühlen können;

Man sieht, sie will mit denjenigen, mit denen sie verbunden war in unserer geisteswissenschaftlichen Bewegung, weiter arbeiten. Sie will sich ihnen widmen, daß sie das Osterwort im Herzen erweckt bekommen, wie es ja durch den Ostervortrag versucht wurde, daß dasjenige, was wir in der Geisteswissenschaft den Auferstandenen nennen, in der richtigen Weise erfühlt werden könne. Aber ganz besonders bedeutsam war etwas, was herauskam in den folgenden drei Zeilen. Das ist ganz besonders schön, und tief ergreifend.

Ich hatte gerade in jenen Ostervorträgen und in manchen andern Vorträgen, die damals gehalten worden sind, mich bemüht, wieder und wiederum, was ich schon öfters getan habe, darauf aufmerksam zu machen, was die Geisteswissenschaft für eine Bedeutung hat nicht nur hier für das Erdenleben, sondern für die ganze Welt. Derjenige, der durch die Pforte des Todes tritt, kann von alledem auch das als Miterlebnis haben und erfahren, was hier in der Geisteswissenschaft getrieben wird. Deshalb rate ich so vielen, wenn sie liebe Tote, durch die Pforte des Todes Gegangene haben, ihnen vorzulesen oder zu erzählen von den geisteswissenschaftlichen Lehren, denn was in geisteswissenschaftliche Worte geprägt ist, hat nicht nur Bedeutung für die im physischen Leibe lebenden Seelen, sondern es hat volle Bedeutung auch für die Seelen, die entkörpert sind. Es kommt ihnen zu wie geistige Lebensluft, wie geistiges Lebenswasser, oder man könnte auch sagen, sie vernehmen Licht durch uns hier unten. Dieses Licht ist für uns ja zunächst, man möchte sagen, symbolisch, denn wir hören Worte und nehmen sie als Gedanken in unsere Seele auf; die Toten sehen es aber wirklich als Geisteslicht.

Nun ist es sehr bedeutsam, daß gerade diese Seele, die das oft gehört hat, förmlich sagen wollte: Ich habe das verstanden, und es ist wirklich so! – Denn ihre Worte in dieser Beziehung sind:

> Es leuchtet hell dem Todesscheine
> Des Geisteswissens Erdenflamme...

Es ist Tatbestand für die Seele. Sie will sagen: Das, was ihr sprecht unten, es ist heraufleuchtend wie eine Flamme. – Und sie drückte das aus, indem sie sagte «Erdenflamme»: «Es leuchtet hell dem Todesscheine...» Warum sagt sie «Todesscheine»? Wenn Sie nachdenken, werden Sie es herausfinden. Sie sagte, weil sie immer gehört hat, daß wir die Welt Maja nennen: Auf der

Erde ist sie im Schein der Sinne; jetzt ist sie auch in einem Scheine, durch den sie das Wesen erst zu schauen hat:

> Es leuchtet hell dem Todesscheine
> Des Geisteswissens Erdenflamme; –

und etwas, was sie nun auch bekräftigt:

> Das Selbst wird Welten-Aug' und Ohr.

Weltenohr meint sie. Sie meint, das ganze Selbst wird jetzt wie ein mächtiges Sinnesorgan, wird zum Wahrnehmungsorgan für die ganze Welt. Es ist eine schöne Art und Weise, durch welche der Tote zeigt, wie er bewußt wird, daß wahr wird dasjenige, was Geisteswissenschaft sagt. Für diese Seele ist es charakteristisch, daß sie sich sogleich nach dem Tode aussprechen will und sagen will: Ja, jetzt bin ich so weit, daß dasjenige, was ich auf Erden gelernt habe, sich mir als das Richtige darstellt.

Mir selbst waren diese Worte von einer gewissen Wichtigkeit, weil sie nach einiger Zeit, vielleicht ein paar Wochen später, aus der geistigen Welt heraus gekommen sind von jener Seele, von der ich gesprochen habe, nachdem kurz vorher, ein paar Wochen vorher ein anderes mich befriedigendes Ereignis auftrat.

Freunde von unserer Bewegung verloren im jetzigen Kriege einen noch ziemlich jungen Sohn, der freiwillig in den Krieg eingetreten war. Der junge Mann fiel. Er war, man möchte sagen, halb nahegetreten der Geisteswissenschaft in der letzten Erdenzeit, die er durchgemacht hat. Er war erst siebzehn, achtzehn Jahre alt. Nun war er hingegangen, war gefallen. Nach einiger Zeit konnte geschaut werden, wie die Seele dieses jungen Mannes – und bei vielen Seelen, die jetzt im Kriege durch die Pforte des Todes gegangen sind, ist das der Fall, daß sie verhältnismäßig rasch zum Bewußtsein kommen –, es konnte also bei dieser Seele gesehen werden, wie er sich seinen Eltern näherte, wie er wirklich herankam an seine Eltern. Und es war so – es konnte richtig gehört werden –, wie wenn er ihnen sagte: Nun möchte ich es euch auch wirklich begreiflich machen, daß dasjenige, was ich in eurem Hause oftmals gehört habe von Geisteswissenschaft, von

Geisteslicht und geistigen Wesen, mir klarwerden kann, daß es wahr ist, daß es mir hilft, was ich da gehört habe.

Ich erwähne das nicht deshalb, weil es etwas Besonderes sein soll, sondern weil es gerade zeigt, wie der Zusammenhang ist zwischen dem irdischen Leben und dem geistigen Leben. Eine Merkwürdigkeit will ich dabei doch erwähnen. Nach einem Vortrag, den ich dann in einem unserer Zweige hielt – ich hatte damals die Worte aufgeschrieben, die durchgekommen waren –, ging ich zu den betreffenden Eltern des jungen Mannes und erzählte ihnen dieses und bezeichnete ihnen auch die Nacht, in welcher sich das zugetragen hat, daß der junge Mann sich seinen Eltern genähert und dieses gleichsam zu den Seelen der Eltern gesprochen hat. Und da sagte der Vater: Das ist ganz merkwürdig, ich habe sehr selten Träume. Diese Nacht, diese selbe Nacht aber habe ich von meinem Jungen geträumt, daß er mir erschienen ist und daß er mir etwas sagen wollte; ich habe es aber nicht verstanden.

Es wird heute noch außerhalb unserer geistigen Bewegung Stehende sonderbar berühren, wenn ihnen diese Dinge erzählt werden; wir behalten sie daher möglichst unter uns. Aber uns selbst muß es ja wichtig sein, auch auf diese Dinge konkret einzugehen, denn aus diesen einzelnen Bausteinen der Erfahrungen aus der geistigen Welt setzt sich doch unser Wissen zusammen. Und erst dann bekommen wir ein konkretes Bild, wenn wir uns nicht so sehr bloß darauf beschränken wollen, schöne Theorien über die geistige Welt zu vernehmen, sondern wenn wir es wiederum bis zu solcher Lebendigkeit der Geisteswissenschaft in unseren Seelen bringen können, daß wir es ertragen, daß von der geistigen Welt wirklich so gesprochen wird, wie vernünftige Menschen eben von dem sprechen, was sie in der sinnlichen Welt erleben. Nur dadurch wird im richtigen Sinne Geisteswissenschaft ganz lebendig in uns, und das soll sie werden, ganz lebendig soll sie in uns werden, daß wir ein Leben – nicht nur eine Lehre, eine Erkenntnis –, daß wir ein Leben durch sie gewinnen, daß sie uns überbrückt die Kluft, die sonst durch den Materialismus, der sich außerhalb der Geisteswissenschaft allein ausbreiten kann und immer größer und größer werden muß, daß sie uns überbrücke diese Kluft zwischen dem Physisch-Sinnlichen, das wir durchmachen zwischen Geburt und Tod, und dem Geistigen, in dem wir leben zwischen dem Tode und einer neuen Geburt, auf daß wir lernen, wirklich nach und nach Bürger auch der geistigen Welt zu werden. Das ist das, worauf es ankommt, daß wir lernen zu empfinden: Derjenige, der durch die Pforte des Todes gegangen ist, hat nur eine andere Lebensform angenommen und steht unserem Fühlen nach dem Tode so gegenüber, wie jemand, der eben durch die Ereignisse des Lebens in ein fernes Land hat ziehen müssen, in das wir ihm erst später nachfolgen können; so daß wir nichts zu ertragen haben als eine Zeit der Trennung. Aber dieses muß lebendig empfunden werden und lebendig gefühlt werden durch die Geisteswissenschaft. Und lassen Sie es nur darauf ankommen, aus einzelnen konkreten Tatsachen ein Bild zu machen, Sie werden schon sehen, daß diese Tatsachen auch für denjenigen, der nicht hineinschaut in die geistige Welt, so zusammenstimmen, sich so tragen, daß der Glaube, den man hat, bevor man hineinschaut in die geistige Welt, wirklich kein blinder Glaube, kein Autoritätsglaube ist, sondern ein Glaube, der getragen ist von dem Gefühl, das tiefer ist als kritisches Wissen, von dem der Menschenseele eingeborenen ursprünglichen Wahrheitsgefühl.

Aus einer Ansprache im Gedenken an einen Verstorbenen

Wir müssen uns im Innersten unserer Seele klar sein darüber, wie das, was wir im physischen Erdendasein durchleben, auch seelisch durchleben, gebunden ist an die äußeren Sinne und an das, was der Verstand aus den Eindrücken der äußeren Sinne macht. Die äußeren Sinne aber mit alledem, was der Verstand aus diesen äußeren Sinnen macht, sie folgen uns nicht in das nachirdische Dasein. Die äußeren Sinne übergeben wir dem irdischen Dasein mit dem physischen Tode. Was der Verstand aus den Eindrücken der äußeren Sinne macht, übergeben wir wenige Tage nach dem physischen Tode der ätherischen Welt. Es schmilzt von uns ab, und wir sind bei allem Folgenden darauf angewiesen, dasjenige weiter auszuleben, was in die Finsternis des Unbewußten getaucht ist, während wir das Erdenleben führen.

Der Mensch vollbringt sein Erdenleben zu einem Teile in dem Zustande zwischen Aufwachen und Einschlafen. Da erfüllt ihn, was durch die Sinne und durch den Verstand erlebt wird, und was er in der Gestalt, in der er es hier auf Erden erlebt, mit dem Tode ausgelöscht findet. Der Mensch erlebt die andere Seite des Daseins an jedem Tage zwischen dem Einschlafen und Aufwachen. Aber wenn auch das darinnen Erlebte für das Erdenbewußtsein in die Finsternis des Unbewußten getaucht ist, was hier für das Erdendasein manchem von geringer Bedeutung erscheint: für das, was in der Menschenseele auflebt, wenn sie durch die Pforte des Todes durchgegangen ist, sind gerade diese Erlebnisse, die sich dann in volle Bewußtheit wandeln, das Allerwesentlichste des Erdenlebens. Was wir in Unbewußtheit hier im Erdenleben durchmachen, das tragen wir hindurch durch die lange Zeit, die wir zwischen dem Tode und einem neuen Erdenleben durchmachen.

Die größte Verschiedenheit zwischen dem, was wir hier auf Erden wahrnehmen, schauen und denken, und demjenigen, was wir drüben schauen, nachdem wir durch die Pforte des Todes geschritten sind, ist vorhanden in bezug auf die äußere Natur. Wer da glaubt, im Wachzustande, mit den physischen Sinnen und dem irdischen Verstande zu erschöpfen, was in der Natur verborgen liegt und sich offenbart, der ist in einem Irrtum befangen, er kennt nur den geringsten Teil der Natur. Die Natur hat noch eine wesentlich andere Seite, jene Seite, die wir durchleben zwischen dem Einschlafen und Aufwachen, die für das wache Bewußtsein aus der Natur heraus tief verborgen ist, die im wahrsten Sinne des Wortes eine andere Seite unseres Daseins darstellt. Im höchsten Maße verschieden ist die eine Seite des Daseins, welche die Natur zuweist unseren irdischen Sinnen und unserem irdischen Verstande, von der anderen Seite, die unserem Seelischen, unserem Geistigen, das der Ewigkeit angehört, zugewiesen ist.

Wer sich von dieser radikalen Verschiedenheit einen rechten Begriff machen kann, wer da einsieht, in welch hohem Maße es der Fall ist, daß, während die Natur unseren Sinnen eine ganz entgeistigte, entseelte Wesenheit offenbart, sie von der anderen Seite gesehen durch und durch eine unendliche Fülle von in sich geistigen Wesenheiten ist, der kann auch begreifen, welch gewaltiger Unterschied besteht zwischen dem Menschenwesen, wenn es hier eingekleidet ist in den physischen Leib, und dem Menschenwesen, wenn es abgelegt hat den physischen und den Ätherleib und in seinem seelisch-geistigen Teil jenseits der Pforte des Todes weiterlebt. Nicht nur an sich, sondern im ganzen Verhältnisse zu uns selbst herrscht da eine radikale Verschiedenheit. Wir stehen einem Menschen im Erdenleben gegenüber, wir erleben mit ihm zusammen, was sich im Erdenleben abspielt. Das, was er erlebt, prägt sich unseren irdischen Gedanken ein. Es wird durch unsere irdischen Gedanken unsere Erinnerung. Wir tragen in unserer Erinnerung während unserer Erdenzeit diesen anderen Menschen in uns, mit uns. Aber jedesmal, wenn wir wieder seiner ansichtig werden, dann wirkt in uns nicht bloß die irdische Erinnerung, dann wirkt dasjenige, was als lebendiges aus seiner Seele ausströmt und was sich ergießt in diese irdische Erinnerung. Man bedenke, wie die Erinnerung an einen Menschen, die wir in uns tragen, belebt ist, wenn wir ihm selbst im Erdenleben gegenüberstehen, wie unendlich lebendiger für das irdische Denken dasjenige ist, was von ihm ausströmt in die Erinnerung herein, als diese Erinnerung selbst.

Und nun geht er fort von uns aus dem physischen Erdendasein. Uns bleibt die Erinnerung, zu der er selbst von seinem Tode an nichts Metamorphosierendes, nichts Verwandelndes, nichts Belebendes mehr hinzutut. Uns bleibt die Erinnerung, so wie uns die Gedanken an die äußere Natur bleiben, wenn wir sie mit physischen Sinnen schauen, mit physischem Verstande ergreifen, wo auch die Dinge der Natur nichts zu unserer Erkenntnis, zu unseren Gedanken hinzutun, wo wir unsere Gedanken um so objektiver halten müssen, je mehr wir nur treu dasjenige abbilden wollen, was einmal ist, und wo wir uns nicht beirren lassen dürfen von dem, was diese Gedanken aus dem Leben heraus modifizieren könnte. Aber so wie die andere Seite der Natur verschieden ist von der, die sie uns zuweist für die Sinne und für den irdischen Verstand, so ist dasjenige, was ein Menschenwesen ist, wenn es für uns bloß irdische Erinnerung geworden ist, verschieden von dem, was es gewesen ist, da es Tag für Tag, von Zeit zu Zeit diese irdische Erinnerung belebte. Denn von diesem Zeitpunkte an tritt dieses Menschenwesen für unseren Anblick, für unser Erleben nun ganz und gar auf die andere Seite des Daseins.

Wie wir im Schlafe leben, so leben wir mit den Naturwesen, die innerlich geistig lebendig sind, gegenüber dem, was tot ist und sein totes Antlitz uns zuweist für die irdischen Sinne, so lebt dasjenige vom Menschenwesen, was für unser irdisches Erdenleben nunmehr nur Erinnerung geworden ist, auf dieser andern Seite des Daseins, in jenem Reiche, das wir, in die Unbewußtheit, in die Finsternis der Unbewußtheit gedrängt, in jenem Reiche erleben, das wir im Schlafe durchmachen.

Ja, meine lieben Freunde, so wie belebend unsere Gedanken, beeindruckend unsere Empfindungen der physische Mensch vor uns hintritt und wir ihn im Erdenbewußtsein eben bewußt erleben, so erleben wir – zwar unbewußt, aber deshalb nicht weniger real – das Herannahen, das Mit-uns-Leben des aus dem irdischen Dasein Hingegangenen im Schlafeszustande. In demselben Maße, in dem uns der Hingegangene entschwindet für das wache Bewußtsein, tritt er in unsere Lebenssphäre für das schlafende Bewußtsein. Und wenn wir Menschenseelen – aus der anthroposophischen Erkenntnis heraus – wissen, wie wir lernen müssen, für den Schlaf eine ganz andere Lebensrichtung anzutreten als diejenige ist, die wir für das Wachen haben, dann werden wir fühlen, was das Gesagte bedeutet.

Wenn wir nur so leben könnten, daß immer in der physischen Zeit verlaufend das Spätere an das Frühere sich anschließt, würden wir niemals das wahre Geistige erleben können. Wir lernen erst dann das wahre Geistige erleben, wenn wir die Lebensrichtung ganz in die entgegengesetzte Richtung verlegen können. Im Geistigen verläuft, so paradox es dem physisch Denkenden erscheint, alles Leben in umgekehrter Richtung. Das Rad des Lebens schließt sich. Das Ende schließt sich zuletzt mit dem Anfang zusammen.

Das erscheint den Erdenmenschen nur deshalb so unglaublich, weil sie sich so weit entfernt haben von jeglicher geistiger Anschauung. Aber jedesmal, wenn wir auch nur zu dem kürzesten Schlafe kommen, erleben wir die Zeit nach rückwärts laufend. Denn nach rückwärts laufend ist der Vorwärtsgang zum Geist, aus dem die Welt urständet.

Und selbst das, was ältere Kulturströmungen als ihr Richtiges anerkannten, daß die später Geborenen zu den Urvätern zurückkehren im Tode, ist richtiger als die Vorstellung, die wir in unserer scheinbar so aufgeklärten Zeit haben.

Dann aber, wenn wir jede Nacht antreten den Weg zum Geistigen hin in der dem Physischen entgegengesetzten Richtung, sind die, welche vor uns im physischen Tode hinweggegangen sind, diejenigen, die uns da vorangehen. Und indem wir jede Nacht eintreten in eine geistige Welt, sind gewissermaßen – bildhaft gesprochen – vorn die Wesenheiten der höheren Hierarchien, die niemals sich auf Erden inkarnieren, und dann unter ihnen der Zug derjenigen Seelen, mit denen wir schicksalsmäßig verbunden waren und die früher als wir die Pforte des Todes durchschritten haben. Und jenes Stück Weges, das uns, wenn auch nicht in Bewußtheit, so doch in unbewußten Gedanken zu verfolgen gegönnt ist in jedem Schlafzustand, dieses Stück folgen wir ihnen in Wirklichkeit.

Und wenn wir es dahin bringen, die Erinnerung wach und lebendig zu erhalten an unsere lieben Toten, wenn wir auch im Wachzustande diese Gedanken in lebhafter Bildhaftigkeit immer wieder und wiederum vor uns haben, dann macht das, was wir im Wachen als Erinnerungsbilder liebevoll in uns tragen für die Toten, daß die Toten hereinwirken können in diese Welt, ihren Willen herein ergießen können und daß in dem Willen der Lebendigen der Wille der Toten weiterlebt.

Aber auch das, was wir in unseren Erinnerungen im Wachzustande für die Toten immer wieder und wiederum in Liebe voll erwecken, geht mit uns als nachwirkende Kräfte in den Schlafzustand hinüber. Es ist anders für die Toten, wenn wir in den Schlaf eintreten aus einem Leben, in dem wir unsere Toten vergessen haben, oder aus einem Leben, in dem wir die Bilder unserer Toten immer wieder liebevoll vor unsere Seele gerufen haben. Denn das wird für die Toten Empfindung, was wir in die Welt des Geistes jedesmal beim Einschlafen hineintragen. Dort wird ihre Seelenanschauung, ihre Anschauung gewahr die Bilder, die wir durch die Pforte des Schlafes in die geistige Welt jeden Tag hineintragen. Und so können wir es dahin bringen, daß das Wahrnehmungsvermögen der Toten sich mit den Bildern, die wir ihnen treu bewahren, während des Schlafes vereinigt. So können wir es dahin bringen, daß der Wille des Toten sich mit unserem Willen vereinigt durch die Gedanken, wenn sie im Wachzustande von uns in treuem Angedenken gehegt und gepflegt werden. Und so können wir in realer Weise lernen, mit den Toten zu leben.

Dann werden die Toten uns würdig befinden, mit ihnen zu leben. Und dann erst entsteht die rechte Menschengemeinschaft, die triebartig nur ist innerhalb der physischen Welt, die seelisch aber auch für diese physische Welt wird, wenn das Auslöschen des physischen Erdenlebens keine seelisch geknüpften Bande lockert oder gar zerrüttet, wenn alles bleiben kann, was in der Seele gebunden ist, trotzdem die äußeren irdischen Bande gelockert oder gelöst werden. Das heißt durch die Menschenseele bewahrheiten die Realität des Geistes, wenn wir im Leben dem Geiste die Wahrheit dadurch zugestehen, daß wir ihm von seiner Realität nichts entziehen, dadurch daß wir uns allein an das Physisch-Sinnliche hingeben, sondern daß wir die Möglichkeit finden, so – wie gezwungen im Physisch-Sinnlichen – frei zu leben in dem Geistig-Seelischen.

Das ist es, woran uns jeder Tod, woran uns insbesondere der Tod eines lieben Freundes erinnern kann, wozu er uns aufrufen kann, aber nicht bloß zur toten Erinnerung, sondern erwecken kann zu einer bleibenden lebendigen Empfindung, Erinnerung.

Die Verbindung zwischen Lebenden und Toten

Das Ziel unseres geisteswissenschaftlichen Strebens geht dahin, uns Vorstellungen zu bilden, wie wir als Menschen zusammenleben mit geistigen Welten in einem ähnlichen Sinne, wie wir durch unseren physischen Leib, dessen Erlebnisse und Wahrnehmungen, zusammenhängen mit der physischen Welt. Nun können wir jetzt schon bei unseren Betrachtungen immer an Bekanntes, das uns vor die Seele getreten ist im Laufe der Jahre, anknüpfen. Wir wissen, die nächste Welt, die hinter der Welt unserer sinnlichen Wahrnehmungen liegt, auf welche unsere durch den physischen Leib vermittelten Willensimpulse, unser Handeln in der physischen Welt gerichtet sind, ist die elementarische Welt. Man könnte ihr auch einen anderen Namen geben. Deutliche Vorstellungen bekommen wir von diesen übersinnlichen Welten doch nur, wenn wir uns in ihre Eigentümlichkeiten ein wenig einlassen, wenn wir versuchen, dasjenige zu erkennen, was sie für uns selbst als Menschen sind. Wirklich hängt ja zunächst unser ganzes Leben zwischen Geburt und Tod, aber auch das Leben, das dann verläuft zwischen dem Tode und einer neuen Geburt, von unserem Zusammensein mit den verschiedenen, um uns sich ausbreitenden Welten zusammen. Die elementarische Welt soll uns die sein, welche wahrgenommen werden kann nur durch das, was wir Imaginationen nennen. Man kann daher auch diese elementarische Welt die imaginative Welt nennen. Für das gewöhnliche Menschenleben ist es so, daß der Mensch seine imaginativen Wahrnehmungen aus der elementarischen Welt unter gewöhnlichen Verhältnissen sich nicht zum Bewußtsein bringen kann. Das besagt aber nicht, daß diese Imaginationen nicht da sind, oder daß wir in irgendeinem Augenblicke unseres schlafenden oder wachenden Lebens nicht in Beziehungen stünden mit der elementarischen Welt und Imaginationen von ihr empfingen. Diese Imaginationen fluten wirklich fortwährend in uns unvermerkt auf und ab. Und gerade so, wie wir, wenn wir die Augen aufmachen oder unsere Ohren der Außenwelt darbieten, Farben und Lichtempfindungen, wie wir Tonwahrnehmungen haben, so haben wir fortwährend Eindrücke der elementarischen Welt, die – jetzt in unserem Ätherleibe – Imaginationen bewirken. Diese unterscheiden sich dadurch von den gewöhnlichen Gedanken, daß im Grunde an den gewöhnlichen, alltäglichen menschlichen Gedanken nur das menschliche Haupt beteiligt ist als ein Instrument des Verarbeitens, des Erlebens; bei den Imaginationen jedoch sind wir fast mit unserem ganzen Organismus, aber eben mit unserem Ätherorganismus beteiligt. In unserem Ätherorganismus verlaufen fortwährend diese, wir können sie nennen unbewußten, nur für das geschulte okkulte Erkennen zum Bewußtsein kommenden Imaginationen.

Wenn diese Imaginationen auch nicht direkt, nicht unmittelbar in unser Bewußtsein hereintreten im alltäglichen Leben, so sind sie deshalb für uns nicht etwa bedeutungslos, sondern sie sind eigentlich für unser gesamtes Leben viel bedeutender als die sinnlichen Wahrnehmungen; denn wir sind mit unseren Imaginationen viel intensiver, viel intimer verbunden als mit den sinnlichen Wahrnehmungen. Von dem Reiche des Mineralischen bekommen wir als physische Menschen wenig Imaginationen. Schon mehr Imaginationen bekommen wir durch dasjenige, was wir entwickeln im Zusammenleben mit der Pflanzenwelt, der tierischen Welt; aber der weitaus größte Teil desjenigen, was in unserem Ätherleib als Imaginationen lebt, kommt aus unserem Verhältnisse zu unseren Mitmenschen und aus alledem, was für unser Leben folgt aus dem Verhältnisse zu unseren Mitmenschen. Ja, es beruht im Grunde genommen unser ganzes Verhältnis zu unseren Mitmenschen, die ganze Art, wie wir zu unseren Mitmenschen stehen, auf Imaginationen, welche sich immer ergeben aus der Art und Weise, wie wir einem anderen Menschen entgegentreten. Das macht sich allerdings als Imaginationen, wie ich schon andeutete, für das gewöhnliche Bewußtsein gar nicht geltend; aber es macht sich geltend in den in unserem Leben eine so große, eine so umfassende Rolle spielenden Sympathien und Antipathien, die wir entwickeln in minderem oder in höherem Grade zu demjenigen, was uns als Mensch in der Welt nahetritt, in unbestimmten Gefühlen, in nur angedeuteten Neigungen oder Abneigungen, in alldem, was sich dann heranentwickelt zu Freundschaft, zu Liebe, was sich steigern kann so, daß wir ohne diesen oder jenen Menschen glauben gar nicht leben zu können.

All das beruht auf den Imaginationen, die immer hervorgerufen werden in unserem ätherischen Leibe durch das Zusammenleben mit unseren Mitmenschen. Und wir tragen eigentlich immer in unserem Leben etwas, was Erinnerung zu nennen nicht ganz richtig ist, weil es etwas viel Realeres ist als die Erinnerung; wir tragen in uns diese, sagen wir also gesteigerten Erinnerungen, Imaginationen, die wir empfangen haben aus all den Eindrücken der Menschen, mit denen wir zusammen waren, die wir aber auch noch immer fortwährend empfangen. Wir tragen die alle in uns, und sie bilden im Grunde genommen ein gutes Stück desjenigen, was wir überhaupt unser Innenleben nennen, nicht das Innnenleben, das in deutlichen Erinnerungen lebt, sondern dasjenige Innenleben, welches sich in einer Gesamtempfindung, in einer Gesamtstimmung, in einer Gesamtanschauung über die Welt geltend macht und über unser Zusammenleben mit der Welt. Wir könnten nur kalt an unserer Mitwelt vorbeigehen, mit unserer Mitwelt leben, wenn wir nicht also ein imaginatives Leben entwickelten im Zusammenleben mit anderen Wesenheiten, namentlich mit anderen Menschen.

Das, was sich da geltend macht, und was man besonders beachten muß als der elementarischen Welt und unserem ätherischen Leben ganz besonders zugehörig, ist dasjenige, was wir das Interesse unserer Seele an der Umwelt nennen. Das, was vorzugsweise in den Kräften unseres Ätherleibes liegt, macht sich geltend dadurch, daß wir in bestimmten Fällen sogleich durch ein Interesse für einen Menschen gefangengenommen werden. Solch ein Interesse, wie es sich anspinnt zwischen einem Menschen und dem anderen Menschen, beruht auf ganz bestimmten

Beziehungen, welche zwischen dem einen ätherischen Menschen und dem anderen ätherischen Menschen auftreten, und welche das Herüber- und Hinüberspielen der Imaginationen bewirken. Da leben wir mit diesen Imaginationen und mit den Interessen, über deren Wirkung, Stärke und so weiter wir uns oftmals nicht Rechenschaft oder nur unbestimmteste Rechenschaft geben können, die wir, weil ja unser Leben im Alltage nicht geweckt ist, sondern mehr oder weniger stumpf dahinläuft, wohl auch gar nicht beachten.

Mit alldem gehören wir der elementarischen Welt an. Wir gehören dieser elementarischen Welt so an, daß wirklich wir aus dieser Welt unseren eigenen ätherischen Leib haben, der das Instrument zum Verkehr mit dieser elementarischen Welt ist. Aber nicht nur, daß wir durch unseren ätherischen Leib Beziehungen anspinnen mit anderen ätherischen Leibern, die physischen Wesen angehören, sondern wir sind durch unseren ätherischen Leib verwandt geistigen Wesenheiten elementarischer Natur, und das sind eben solche, die für uns Menschen Imaginationen, unbewußte oder bewußte, hervorrufen können. Wir stehen immer in Beziehung zu einer Vielheit von elementarischen Wesenheiten. Dadurch unterscheiden sich die Menschen voneinander, daß sie Beziehungen haben, der eine zu einer bestimmten Anzahl von elementarischen Wesenheiten, der andere zu anderen elementarischen Wesenheiten, aber so, daß zum Beispiel die Beziehungen eines Menschen zu gewissen elementarischen Wesenheiten zusammenfallen können mit den Beziehungen des anderen Menschen zu denselben elementarischen Wesenheiten. Nur das müssen wir festhalten, daß wir, während wir gewissermaßen Verwandtschaft haben immer zu einer größeren Zahl von elementaren Wesenheiten, wir Beziehungen haben ganz besonders starker Art zu einer elementarischen Wesenheit, die gewissermaßen das Gegenbild ist von unserem eigenen Ätherleib. Man kann sagen, daß unser eigener Ätherleib zu einem besonderen Ätherwesen intime Beziehungen hat. Und so, wie unser Ätherleib – das, was wir von der Geburt bis zum Tode unseren Ätherleib nennen – dadurch, daß er dem physischen Leib eingegliedert ist, seine besonderen Beziehungen entwickelt zur physischen Welt, so vermittelt uns dieses Ätherwesen, das gewissermaßen das Gegenbild, der Gegenpol zu unserem eigenen Ätherleib ist, unsere Beziehungen zur gesamten elementarischen Welt, zur umliegenden, kosmisch-elementarischen Welt.

Da also schauen wir auf eine elementarische Welt, der wir selber durch unseren Ätherleib angehören, mit der wir in Beziehungen stehen, und zwar in konkreten Beziehungen zu besonderen elementarischen Wesenheiten; und innerhalb dieser elementarischen Welt lernen wir also Wesenheiten kennen, welche wahrhaftig ebenso wirkliche Wesenheiten sind, wie Menschen, wie Tiere hier in der physischen Welt, welche es aber nicht bis zur Inkarnation, sondern nur bis zur Ätherisierung bringen, deren dichteste Leiblichkeit eben die ätherische Leiblichkeit ist. So wie wir hier zwischen physischen Menschen herumgehen, so gehen wir auch fortwährend zwischen solchen elementarischen Wesenheiten herum. Andere stehen uns ferner, haben aber wiederum ihre Beziehungen zu anderen Menschen; aber eine gewisse Anzahl steht uns besonders nahe, und eine ist von allerintimsten Beziehungen zu uns und vermittelt unseren Verkehr mit der kosmisch-elementarischen Welt.

Ein solches Wesen wie diese elementarischen Wesenheiten sind wir selber in der allerersten Zeit, nachdem wir durch die Pforte des Todes geschritten sind, wenn wir noch unseren ätherischen Leib für einige Tage an uns tragen. Da sind wir gewissermaßen ein solches elementarisches Wesen selber geworden. Nun haben wir ja öfters diesen Vorgang des Durchgehens durch die Todespforte beschrieben. Allein je genauer man ihn betrachtet, desto genauere Imaginationen ergibt er. Denn das, was man an Eindrücken empfängt unmittelbar nach dem Durchgang eines Menschen durch die Todespforte, das lebt in Imaginationen, das macht sich als Imaginationen geltend. Nun, im Genaueren zeigt sich da, daß eine gewisse Wechselwirkung gleich nach dem Tode stattfindet zwischen unserem Ätherleib und seinem ätherischen Gegenbilde. Daß uns unser Ätherleib einige Tage nach dem Tode abgenommen wird, das beruht im wesentlichen darauf, daß unser Ätherleib gewissermaßen angezogen, aufgesogen wird durch sein ätherisches Gegenbild und mit diesem nun eins wird, so daß wir in der Tat einige Tage nach dem Tode unseren Ätherleib ablegen, gewissermaßen ihn übergeben, aber an unser ätherisches Gegenbild. Dadurch, daß unser Ätherleib von unserem kosmischen Ebenbilde uns abgenommen wird, stellen sich jetzt ganz besondere Beziehungen heraus desjenigen, was uns so abgenommen ist, zu den anderen elementarischen Wesenheiten, mit denen wir im Leben in Beziehungen gestanden haben. Es ist wirklich das, was sich da als Wechselverhältnis herausstellt zwischen dem, was unser Ätherleib mit seinem Gegenbilde zusammen geworden ist, und den anderen elementarischen Wesenheiten, die unsere Begleiter waren von der Geburt bis zum Tode, eine Art von Wechselverhältnis, das man vergleichen könnte dem zwischen der Sonne und einem Planetensystem, das zu einer Sonne gehört. Gewissermaßen bildet unser Ätherleib mit seinem kosmischen Gegenbilde eine Art Sonne, und die anderen elementarischen Wesenheiten umgeben diese Sonne wie eine Art Planetensystem. Und dadurch, daß diese Wechselwirkung stattfindet, werden diejenigen Kräfte erzeugt, die in der richtigen Weise in langsamem Werden einfügen das, was unser Ätherleib hineintragen kann in die elementarische Welt. Dies, was man so gewöhnlich mit einem abstrakten Worte Auflösung nennt, ist, ich möchte sagen, im wesentlichen eine Wirkung der Kräfte, die sich durch dieses von uns übriggelassene Sonnen-Planetensystem abspielt. Da wird allmählich das, was wir im Laufe des Lebens für unseren Ätherleib erworben haben, was wir diesem Ätherleib angeeignet haben, Mitglied der geistigen Welt; das webt sich ein den Kräften der geistigen Welt, und wir müssen nur durchaus uns klar darüber sein, daß jeder Gedanke, jede Vorstellung, jedes Gefühl, das wir entwickeln, wenn sie auch noch so verborgen bleiben, ihre Bedeutungen haben für die geistige Welt, daß sie mit unserem Ätherleib, wenn der Zusammenhalt zerrissen ist mit dem Durchgang durch die Pforte des Todes, in die spirituelle Welt hineingehen und Glieder dieser spirituellen Welt werden. Wir leben nicht umsonst. Die Früchte unseres Lebens, wie wir sie aufnehmen in das, was wir an Gedanken erarbeiten, was wir an Gefühlen erleben, das wird dem Kosmos einverleibt. Das ist etwas, was wir aufnehmen müssen in unser Fühlen, in unser Empfinden, wenn wir uns in rechtem Sinne in der geisteswissenschaftlichen Bewegung verhalten wollen. Denn nicht dadurch, daß man von gewissen Dingen bloß weiß, ist man Geisteswissenschafter, sondern dadurch, daß man sich durch die Erkenntnis drinnen fühlt in der geistigen Welt, daß man sich als ein Glied in einer ganz bestimmten Art in dieser geistigen Welt fühlt, daß man gewissermaßen weiß: Was du jetzt für einen Gedanken hegst, das hat eine Bedeutung für das ganze Universum, denn das wird bei deinem Tode in der entsprechenden Form diesem Universum übergeben.

Mit dem, was da dem Universum übergeben wird auf die beschriebene Weise, kann man es in der einen oder in der anderen Form nach dem Tode eines Menschen zu tun haben. Und mancherlei von den Arten, wie im Leben Zurückbleibenden die Toten gegenwärtig sind, beruht darauf, daß der ätherische Mensch, der eigentlich von der wirklichen Menschenindividualität abgelegt ist, seine Imaginationen den Lebenden zurücksendet. Ist der Lebende sensitiv genug dazu, oder ist er in irgendeinem abnormen Zustande, oder hat er sich durch entsprechende Geistesschulung in normaler Weise dazu vorbereitet, so können die Einwirkungen desjenigen, was da vom toten Menschen an die geistige Welt abgegeben ist, die Einwirkungen imaginativer Natur auch in bewußter Art beim Menschen auftreten.

Nun, es bleibt aber eine Verbindung nach dem Tode zwischen dem, was eigentliche menschliche Individualität ist, was sich getrennt hat von dem Ätherischen, und zwischen diesem Ätherischen, eine Verbindung, die wirklich eine Wechselwirkung bedeutet. Man bemerkt dieses am deutlichsten dadurch, daß man es mit geistiger Schulung dahin bringt, einen wirklichen Verkehr mit diesem oder jenem Toten zu haben. Dann kann eine bestimmte Art dieses Verkehrs darinnen bestehen, daß der Tote zunächst das, was er selber an uns herankommen lassen will, die wir noch hier sind in der physischen Welt, auf seinen Ätherleib

überträgt; denn nur dadurch, daß er es auf seinen Ätherleib überträgt, gewissermaßen in seinen Ätherleib Einschreibungen
macht, können wir in dem, was man Imaginationen nennt, solange wir hier im physischen Leibe sind, Wahrnehmungen von
den Toten haben. Sobald man wirklich Imaginationen hat, so ist
– lassen Sie mich diesen trivialen, allzu realistischen Ausdruck
gebrauchen – der Ätherleib des Toten der Umschalter. Wir dürfen uns nicht vorstellen, daß man deshalb in weniger gemütvol-
len Beziehungen zu stehen braucht zum Toten, weil ein Umschalter da sein muß. Gerade so, wie ein Mensch, der uns in der
Außenwelt entgegentritt, uns seine Gestalt vermittelt sein läßt
durch das Bild, das er durch unsere Augen hervorruft in uns, so
bedeutet auch diese Vermittelung durch den Ätherleib etwas
ganz ähnliches. Wir schauen gewissermaßen das, was der Tote an
uns herankommen lassen will, dadurch, daß wir es auf dem Umwege durch seinen Ätherleib erlangen. Dieser Ätherleib ist außer
ihm; aber er ist in einer innigen Beziehung zu diesem Ätherleibe,
so daß er das, was in ihm lebt, diesem Ätherleibe einschreiben
kann und wir es drinnen als Imaginationen lesen können. Allerdings, wenn derjenige, der geistig geschult ist, auf diese Weise
durch einen Ätherleib mit einem Toten in Verbindung treten
will, so gehört dazu, daß sich entweder im letzten Leben zwischen der Geburt und dem Tode oder aus vorhergehenden Inkarnationen Beziehungen angeknüpft haben, welche die Seele des
hier noch Lebenden soweit ergriffen haben, daß die Imaginationen auf ihn einen Eindruck machen können. Das kann nur sein,
wenn in einer ganz bestimmten, intensiven Weise für den Toten
selber ein unmittelbares Gemütsinteresse da war. Gemütsinteressen müssen überhaupt die Vermittler sein zwischen den Lebenden und den Toten, wenn ein Verkehr stattfinden soll, ob er nun
bemerkt wird oder nicht bemerkt wird – wir werden über den
letzteren Fall gleich sprechen –, Gemütsinteressen solcher Art,
daß wir wirklich etwas von dem Toten gewissermaßen in uns
tragen, daß der Tote in einer gewissen Beziehung wenigstens ein
Stück unseres eigenen Erlebens gebildet hat. Nur der geistig Geschulte kann in einer gewissen Beziehung sich einen Ersatz dafür

schaffen. Er kann sich einen Ersatz schaffen dadurch – das erscheint zunächst äußerlich, kann aber durch die geistige Schulung in ein mehr Innerliches umgewandelt werden –, daß er zum Beispiel die Schrift oder irgend etwas anderes, worin die Individualität des Toten lebt, auf sich wirken läßt. Aber er muß eine gewisse Praxis sich erworben haben, mit einer Individualität, insofern sich diese Individualität in die Schrift hineinversetzt, in die Schrift hineinlebt, in Beziehung zu treten, oder er muß die Möglichkeit haben, sich mit regem Anteil in die Gefühle von Physisch-Überlebenden zu versetzen, teilzunehmen an ihrem Schmerz, an dem ganzen Anteil, den die anderen Überlebenden an dem Toten haben. Dadurch, daß er diese konkreten, von dem Toten in die lieben Angehörigen herüberfließenden, herüberlebenden und bleibenden Gefühle der Anteilnahme selber in seinen Anteil aufnimmt, dadurch kann er seine eigene Seele bereit machen, in den angedeuteten Imaginationen zu lesen.

Nun müssen wir uns aber klar sein, daß das Bemerken dieser Imaginationen, die aus dem ätherischen Leibe herüberspielen, gewiß von der geistigen Schulung oder von irgendwelchen anderen Verhältnissen abhängt, daß aber das, was nicht bemerkt wird von den Menschen, deshalb nicht minder da ist, und man darf sagen: Die in der physischen Welt hier lebenden Menschen werden nicht nur von den elementarischen Kräften als Imaginationen umspielt, welche von dem physischen Leibe eines lebenden Menschen herrühren, sondern unser ätherischer Leib ist fortwährend durchspielt von Imaginationen, die wir in uns aufnehmen, wenn wir sie auch nicht bemerken, die von denen herrühren, die mit uns in irgendeiner Verbindung standen, und die vor uns durch die Pforte des Todes gegangen sind. Wie wir im physischen Leben als physischer Leib mit der uns umgebenden Luft in Verbindung stehen, das darf schon gesagt werden, so stehen wir mit der ganzen elementarischen Welt und auch mit all dem, was in der elementarischen Welt von den toten Menschen ist, in Beziehung. Wir lernen unser Menschenleben niemals kennen, wenn wir keine Erkenntnis erlangen von diesen Beziehungen. Allerdings sind diese Beziehungen so intimer, so feiner Art, daß sie den meisten Menschen wohl recht unbemerkt bleiben. Aber wer wollte denn leugnen, daß schließlich der Mensch zwischen der Geburt und dem Tode nicht immer derselbe ist?

Man schaue nur einmal in sein Leben zurück, und man wird schon bemerken, wenn man auch scheinbar einen noch so konsequenten Fortlauf des Lebens zu haben meint, daß man manche Züge hin und her im Leben gemacht hat, daß dies oder jenes aufgetreten ist. Wenn es auch nicht gleich unser Leben in ganz andere Bahnen gebracht hat – was auch zum Teil der Fall sein mag –, so hat es doch unser Leben nach der erfreulichen oder nach der leidvollen Seite in dieser oder jener Richtung bereichert, in dieser oder jener Richtung in andere Verhältnisse hineingebracht. Wir wissen, wenn wir in eine andere Gegend kommen, daß wir durch die andere Luftzusammensetzung in eine andere Gesundheitsstimmung kommen können. Diese verschiedenen seelischen Stimmungen, in die wir im Verlaufe unseres Lebens eintreten, rühren her von den Einflüssen der elementarischen Welt, und zum nicht geringen Teile von den Einflüssen, die von den vorher mit uns in Beziehung gestandenen Toten ausgehen. Mancher trifft im Leben einen Freund oder irgendeine Person, zu der er in diese oder jene Beziehung tritt, der er diese oder jene Gefälligkeit, der er vielleicht auch einen Verweis, eine Kritik erteilen muß. Daß er mit ihr zusammengeführt worden ist, bedarf der Einwirkung bestimmter Kräfte. Und wer die okkulten Zusammenhänge der Welt erkennt, der weiß, daß, wenn zwei Menschen zu dem oder jenem zusammengeführt werden, manchmal einer, manchmal mehrere derjenigen an diesem Zusammenführen tätig sind, welche vor uns durch die Pforte des Todes geschritten sind. Unser Leben wird dadurch nicht unfreier. Niemand, der nicht töricht sein will, wird sagen: Wie kann der Mensch frei sein, da er doch gezwungen ist, zu essen. – So gilt es auch nicht, zu sagen: Wir werden dadurch unfrei, daß unsere Seele fortwährend Wirkungen aus der elementarischen Welt in der geschilderten Weise empfängt. Aber wirklich, ebenso wie wir mit Wärme und Kälte, mit dem, was unsere Nahrung wird, mit der Luft der Umgebung in Verbindung stehen, so stehen wir zwar auch mit der anderen elementarischen Welt, aber vor allen Dingen mit demjenigen in Verbindung, was von seiten der vor uns verstorbenen Toten kommt. Und man kann wirklich sagen: Des Menschen Wirken für seine Mitmenschen hört nicht auf, wenn er durch die Pforte des Todes geht, und durch seinen Ätherleib, mit dem er selber in Verbindung bleibt, schickt er seine Imaginationen in diejenigen hinein, mit denen er in Verbindung gestanden hat. Eigentlich ist diese Welt, auf die wir da hindeuten, für unser menschliches Leben, wenn sie auch aus guten Gründen unbemerkt bleibt für das alltägliche Leben, eine viel realere als diejenige, die wir gewöhnlich die reale nennen. So viel für heute über diese elementarische Welt.

Ein weiteres Reich, das fortwährend in unserer Umgebung ist, und dem wir ebenso angehören wie der elementarischen Welt, können wir die seelische Welt nennen. Auf den Namen kommt es ja nicht an. Mit der elementarischen Welt stehen wir wachend auch immer in Verbindung. Schlafend steht unser im Bette liegender Leib und unser Ätherleib mit dieser elementarischen Welt in Verbindung, mittelbar, wenn wir im Ich und astralischen Leib außer dem physischen und Ätherleib sind. Aber mit jener höheren Welt, die ich jetzt meine, stehen wir in unmittelbarster Verbindung, nur kann es eben auch für das gewöhnliche Leben nicht zum Bewußtsein kommen. Die Verbindung besteht im Schlafe, wenn wir unseren astralischen Leib frei um uns haben, aber auch im Wachen, wenn auch da die Verbindung durch die Kräfte, die der physische Leib an sich gezogen hat, vermittelt ist, also keine unmittelbare ist. Wiederum finden wir in dieser Welt – nennen wir sie die seelische, die mittelalterlichen Philosophen haben sie die himmlische genannt – Wesenheiten, welche ebenso wirklich, ja wirklicher sind, als wir während unseres Lebens zwischen Geburt und Tod, welche es aber nicht bis zu einer Verkörperung in einem physischen Leibe, auch nicht bis zu einer Verkörperung in einem ätherischen Leibe zu bringen brauchen, sondern welche leben als in ihrer niedrigsten Leiblichkeit in dem, was wir gewohnt sind, astralischen Leib zu nennen. Wir stehen mit einer großen Anzahl von solchen rein astralischen Wesenheiten fortwährend während unseres Lebens und nach unserem Tode in engster Verbindung. Wiederum unterscheiden sich die Menschen dadurch voneinander, daß die verschiedenen Menschen zu verschiedenen astralischen Wesenheiten in Beziehung stehen. Dabei kann es so sein, daß zwei Menschen Beziehungen haben zu gemeinsamen Astralwesen – jeder von ihnen dann wiederum zu anderen –, aber sie haben beide zu einem oder mehreren Astralwesen gemeinsame Beziehungen.

Dieser Welt nun, in der solche astralischen Wesen sind, gehören wir Menschen selber an von der Zeit an, wo wir, nachdem wir durch die Todespforte geschritten sind, unseren ätherischen Leib abgelegt haben. Mit unserer Individualität sind wir dann solche Wesenheiten in der seelischen Welt, und unsere unmittelbare Umgebung sind Wesenheiten der seelischen Welt. Was in der elementarischen Welt enthalten ist, zu dem stehen wir dann so in Beziehung, daß wir in ihm das erregen können, was Imagination hervorruft, in der geschilderten Weise. Aber die elementarische Welt haben wir dann in einer gewissen Art außer uns; sie ist, können wir auch sagen, unter uns. Sie ist mehr ein Teil, dessen wir uns zum Verkehr mit der übrigen Welt bedienen; derjenigen Welt, die wir jetzt als seelische Welt bezeichnet haben, gehören wir aber unmittelbar selber an. Wir haben unseren Umgang mit den Wesenheiten der seelischen Welt, also auch mit denjenigen Menschen, die durch die Pforte des Todes gegangen sind und nach einigen Tagen ihre ätherischen Leiber abgelegt haben. Gerade so, wie wir, auch wenn wir es nicht bemerken, fortwährend Einflüsse erlangen aus der elementarischen Welt, so haben wir auch fortwährend Einflüsse unmittelbar in unseren astralischen Leib herein aus dieser seelischen Welt, die ich jetzt schildere. Nur die unmittelbaren Einflüsse, die wir haben – die mittelbaren haben wir ja kennengelernt auf dem Weg durch den ätherischen Leib –, die unmittelbaren Einflüsse können Inspirationen sein.

Nun wird es uns verständlich werden, wie solcher Einfluß der seelischen Welt auf uns ist, wenn ich wiederum zuerst mit einigen Worten berühre, wie sich dieser Einfluß dem geistig Geschulten darstellt, der imstande ist, Inspirationen aus der geistigen Welt zu empfangen. Er stellt sich ihm so dar, daß er zum Bewußtsein bringen kann diese Inspirationen nur dann, wenn er gewissermaßen etwas von dem Wesen, das ihn inspirieren will, selber in sich aufnehmen kann, etwas von den Eigenschaften, von der Lebenstendenz und Lebensrichtung dieses Wesens. Handelt es sich darum, daß der geistig Geschulte bewußte Beziehungen entwickeln soll, nicht bloß auf dem Umweg durch den Ätherleib, sondern in dieser unmittelbaren Art durch Inspirationen mit einem Toten, dann ist notwendig, daß er in seiner Seele noch mehr trägt als dasjenige, was durch das Interesse, durch den Anteil hervorgerufen werden kann. Der geistig Geschulte muß gewissermaßen, wenigstens für kurze Zeit, sich so verwandeln können, daß er in sich selber etwas annimmt von den Gewohnheiten, von der Art des Wesens, also sagen wir des Menschenwesens, mit dem er in Verkehr treten will. Er muß sich so einleben können, daß er sich sagen kann: Du nimmst so sehr dessen Gewohnheiten an, daß du das tun könntest in seinem Sinne, was er tun könnte, fühlen könnte, empfinden könnte, wollen könnte; auf das «könnte» kommt es an! Die Möglichkeit muß vorhanden sein. Man muß also intimer zusammensein können noch mit dem Toten. Dazu gibt es für den geistig Geschulten allerlei Mittel, wenn der Tote selber das zuläßt, nur muß man sich darüber klar sein, daß diejenigen Wesenheiten, welche dieser jetzt von uns seelische Welt genannten Welt angehören, wirklich zur Welt in einer ganz anderen Weise stehen, als wir Menschen hier im physischen Leib, und daß es daher ganz besondere Bedingungen des Verkehrs mit diesen Wesen, also auch ganz besondere Bedingungen gibt des Verkehres mit den Toten, solange sie in ihrem astralischen Leibe sind, als astralische Wesen also nur. Namentlich auf einzelnes kann aufmerksam gemacht werden. Das, was wir Menschen hier für unser Leben entwickeln im physischen Leibe durch diese oder jene Beziehungen zu anderen Menschen, die gerade durch das Erdenleben auftreten, das gewinnt eine andere Art des Interesses für die Toten. Wir entwickeln hier auf Erden Sympathien, Antipathien, und seien wir uns ganz klar darüber: solche Sympathien und Antipathien, wie wir sie, solange wir im physischen Leibe leben, entwickeln, stehen unter dem Einflusse unseres eben durch den physischen Leib und seine Verhältnisse vermittelten Daseins. Sie stehen unter dem Einflusse unserer Eitelkeit, unseres Egoismus. Seien wir uns klar darüber, wieviel wir entwickeln an bestimmt gearteten Beziehungen zu diesen oder jenen Menschen aus Eitelkeit, aus Egoismus heraus, aus anderen Dingen, die eben hier auf unserem physischen Erdenleben beruhen. Wir lieben, wir hassen die Menschen. Wir kümmern uns gewiß wenig zumeist über die Gründe unseres Liebens und Hassens, unserer Sympathien und Antipathien, ja wir vermeiden es oft, uns über diese Sympathien und Antipathien viel zu bekümmern, aus dem einfachen Grunde, weil etwas zumeist recht Unangenehmes herauskommen würde. Wenn wir der Tatsache nachgehen würden, die darinnen sich ausspricht, daß wir diesen oder jenen Menschen zum Beispiel nicht lieben, da würden wir uns manchmal so viel an Vorurteilen, an Eitelkeit, an anderen Eigenschaften noch zuschreiben müssen, daß wir uns fürchten, solche Dinge uns zuzuschreiben. Und so bringen wir uns nicht zur Klarheit, warum wir diesen oder jenen Menschen hassen. Aber mit dem Lieben ist es ja schließlich oftmals ganz ähnlich. Dadurch aber entwickeln sich Interessen, Sympathien und Antipathien, die eigentlich wirklich nur eine Bedeutung haben für unser Erdenleben. Aber aus alldem, was sich so als Interesse entwickelt, handeln wir, aus alldem heraus richten wir unser Leben ein.

Es wäre nun ganz falsch, wenn wir glauben würden, daß an dem, was sich so unter dem Einfluß unseres physischen Erdenlebens an ephemerem Interesse, Sympathien, Antipathien anknüpft, die Toten einen ebensolchen Anteil haben könnten wie wir Erdenmenschen hier. Der Tote kommt wirklich in die Notwendigkeit, diese Dinge von einem ganz anderen Gesichtspunkte aus zu sehen. Und fragen wir uns dann weiter, wie wir beeinflußt sind in der Beurteilung unserer Mitmenschen durch unsere subjektiven Gefühle, durch dasjenige, was in unserem Interesse, in unserer Eitelkeit, in unserem Egoismus und so weiter liegt, so dürfen wir nicht glauben, daß ein Toter ein Interesse haben kann an unseren also gearteten Verhältnissen zu anderen Menschen und zu alledem, was wiederum an Handlungen fließt aus solchen Interessen. Aber wir dürfen auf der anderen Seite auch nicht glauben, daß der Tote das nicht sieht, was da in unserer Seele lebt. Denn es lebt ja wirklich in unserer Seele. Der Tote sieht es schon, der Tote nimmt teil daran; aber der Tote sieht noch etwas anderes, der Tote hat überhaupt eine ganz andere Menschenbeurteilung als der Lebende. Er sieht gewissermaßen die Menschen ganz anders an. Und da ist eines eine ganz besondere Hauptsache: wie der Tote die Menschen, die hier sind auf der Erde, ansieht. Und glauben wir nur nicht, daß der Tote nicht ein reges Interesse für die Menschen hat. Das hat er, denn die Menschenwelt ist ein Glied des ganzen Kosmos; unser Leben gehört dazu. Und so wie wir uns für die untergeordneten Reiche auch in der physischen Welt interessieren, so interessieren sich die Toten intensiv für die Menschenwelt, und da senden sie ihre Impulse herein; durch die Lebenden wirken sie in die Welt herein. Wir haben ja selber gerade vorhin ein Beispiel dafür angeführt, wie die Toten fortwirken, nachdem sie eben durch die Pforte des Todes geschritten sind.

Aber der Tote sieht vor allen Dingen eines genau. Er sieht, wie da ein Mensch ist, der Haßimpulsen folgt, der den oder jenen haßt aus bloßen persönlichen Intentionen heraus; das sieht der Tote. Aber der Tote muß nach seiner Art des Schauens, nach dem, was er wissen kann, den Anteil genau auf sich wirken lassen, wie Ahriman zum Beispiel den Menschen beeinflußt zum Hasse; der Tote sieht Ahriman arbeiten am Menschen. Und er sieht auf der anderen Seite, wenn der Mensch hier eitel ist, Luzifer an ihm arbeiten. Das ist das Wesentliche, daß der Tote die Menschen im Zusammenhange mit der ahrimanisch-luziferischen Welt sieht. Dadurch fällt für den Toten dasjenige weg, was uns oftmals unser Menschenbeurteilen ganz und gar färbt. Wir sehen diesen oder jenen, den wir verurteilen müssen nach der einen oder anderen Richtung; wir schieben es ihm zu, was wir an ihm tadelnswert finden. Der Tote schiebt dies nicht unmittelbar dem Menschen zu, sondern er schaut an, wie der durch Ahriman oder Luzifer verführt ist. Dadurch wird herbeigeführt dasjenige, was wir nennen können ein Abdämpfen der in unserem physischen Erdenleben scharf differenzierten Gefühle, die wir für diesen oder jenen Menschen haben. Es tritt für den Toten viel mehr auf eine Art allgemeiner Menschenliebe. Glauben Sie nicht, daß dadurch der Tote nicht kritisieren könnte, das heißt, in der richtigen Weise das Böse sieht. Er sieht es schon; nur kann er es zurückführen auf die Ursprünge, auf die Zusammenhänge.

Aber dies alles, was ich Ihnen hier geschildert habe, das bewirkt auch, daß der geschulte Mensch einem Toten eigentlich bewußt nur dadurch nahekommen kann, daß er wirklich sich frei macht von persönlichen Sympathie- und Antipathiegefühlen zu den einzelnen Menschen, daß er sich nicht abhängig machen läßt in seiner Seele von persönlichen Sympathie- und Antipathiegefühlen. Denn denken Sie sich einmal: Irgendein geschulter hellsehender Mensch würde sich einem Toten, wer das auch sein mag, nähern, so daß dessen Inspirationen in sein Bewußtsein kommen, und dieser hier Lebende würde einen Menschen mit ganz besonderem Haß verfolgen, einem Haß, der nur in persönlichen Verhältnissen seinen Ursprung hat. – Ja, wie Feuer von unserer Hand gemieden wird, so meidet der Tote einen solchen Menschen, der in einer solchen Weise aus persönlichen Gründen heraus hassen kann! Er kann nicht heran, weil der Haß auf ihn wie Feuer wirkt. Um in bewußte Beziehungen zu kommen zu den Toten, muß man sich gleich ihnen in einer gewissen Weise von persönlichen Sympathien und Antipathien unabhängig machen können. Daher werden Sie auch begreifen, daß nun das ganze Verhältnis der Toten zu den Lebenden, insoweit es auf Inspirationen beruht, die auch, wenn sie nicht bemerkt sind, doch immer da sind, die immer im astralischen Leib des Menschen leben, so daß der Mensch auch in dieser direkten Weise mit den Toten in Beziehungen steht, abhängig ist von der Art und Weise, wie wir hier auf Erden in unserem Leben gestimmt sind. Wenn wir menschenfeindlich gesinnt sind, wenn wir kein Interesse und keinen Anteil an unserer Mitwelt nehmen, namentlich wenn wir nicht unbefangenes Interesse und Anteil haben an unserer Mitwelt, an unseren Mitmenschen, dann können so, wie sie wollen, die Toten an uns nicht heran; die können sich nicht in der richtigen Weise in unsere Seelen hineinversetzen, oder es wird ihnen, wenn es sein muß, ganz besonders erschwert, und sie können es nur unter Leiden und Schmerzen. Dieses Zusammenleben der Toten mit den Lebenden ist überhaupt ein recht kompliziertes. Aber Sie sehen daraus, daß der Mensch auch unmittelbar dadurch, daß er auf dem physischen Plane Lebende inspiriert nach seinem Tode, über die Zeit hinaus wirkt, da er durch die Todespforte geschritten ist. Und es ist durchaus wahr, daß diejenigen, die in irgendeiner Zeit auf der Erde leben, namentlich mit Bezug auf ihre inneren Gewohnheitsqualitäten, auf die Art, wie sie denken, wie sie fühlen, wie sie Neigungen haben, intensiv abhängig sind von denen, die vor ihnen hingestorben sind, und die im Leben in Beziehungen zu ihnen gestanden haben, oder zu denen sie irgendwelche Beziehung selbst noch nach dem Tode herstellen, was ja unter Umständen geschehen kann, aber schwieriger ist.

Ein gewisser Teil der Weltenordnung, des Menschheitsfortschrittes beruht durchaus darauf, daß die Toten inspirierend in das Leben der Erdenmenschen hereinwirken. Ja, in den Instinkten der Menschen liegt durchaus eine Ahnung von diesem Hereinwirken, eine Ahnung davon, daß das so sein muß. Und das kann man sehen, wenn man beachtet jenes Leben, das früher namentlich verbreitet war, und das jetzt im Ersterben ist, weil die Menschheit im Verlaufe ihrer Entwickelung zu immer anderen, neuen Lebensformen vorschreitet. Die Menschen ahnten früher, wo sie überhaupt mehr von der realen Wirklichkeit der geistigen Welt geahnt haben, viel mehr, welche Notwendigkeiten für das Gesamtleben bestehen; sie wußten, die Lebenden brauchen die Toten, brauchen bis in ihre Gewohnheiten herein die Impulse der Toten. Was hat man getan? Denken Sie zurück an frühere Zeiten, wo in ganz weiten Lebens-Menschenkreisen es so war, daß der Vater gesorgt hat, daß der Sohn sein Geschäft übernahm, daß der Sohn fortwirkte in derselben Weise. Wenn der Vater dann längst tot war, dann war durch die physische Welt, dadurch, daß der Sohn in den Bahnen des Vaters geblieben ist, ein Vermittlungsband geschaffen, so daß eine Verwandtschaft bestand in der Betätigung des Sohnes zu der Betätigung des Vaters, und der Vater konnte fortwirken in dem Sohne. Darauf beruhte vieles im Leben. Und wenn ganze Stände einen großen Wert darauf legen, daß sich innerhalb der Stände oder innerhalb der Familien dieser Stände dies oder jenes Reale forterbt, so beruht das darauf, daß geahnt wird die Notwendigkeit: In die Lebensgewohnheiten der Späteren müssen die Lebensgewohnheiten der Früheren hinübergreifen, wenn diese Lebensgewohnheiten der Früheren soweit gereift sind, daß sie von ihnen herkommen erst, nachdem die Betreffenden durch die Pforte des Todes gegangen sind; denn da werden sie erst reif.

Diese Dinge hören ja auf, wie Sie wissen, indem das Menschengeschlecht fortschreitet, und eine Zeit kann man heranrücken sehen, in der diese Erbschaften, diese konservativen Verhältnisse keine Rolle mehr spielen werden. Die physischen Bande werden nicht mehr da sein können in derselben Weise wie früher. Dafür müssen aber um so mehr die Menschen aus den geisteswissenschaftlichen Erkenntnissen dasjenige herausnehmen, was die Sache ins Bewußtsein herüberträgt, so daß man bewußt anknüpfen kann an solche Lebensgewohnheiten früherer Zeiten, mit denen man rechnen muß, damit das Leben kontinuierlich vorwärtsschreiten kann. Wir leben jetzt in einer Übergangszeit seit dem Beginn der fünften nachatlantischen Periode, mit der mehr oder weniger das Chaos eingezogen ist. Aber es werden spätere Verhältnisse wieder kommen, wo man in einer viel bewußteren Weise durch Erkenntnis der geisteswissenschaftlichen Wahrheiten an das Frühere anknüpfen wird. Unbewußt haben es die Leute schon getan, instinktiv. Aber dasjenige, was heute noch instinktiv ist, muß in Bewußtsein umgewandelt werden. Man achtet zwar nicht darauf, wer aber nur Geschichte geistig studieren kann, der würde schon bemerken, wenn er nur auf die realen Verhältnisse ginge und nicht auf die schauderhaften Abstraktionen, in denen heute gerade die sogenannten Geisteswissenschaften arbeiten, daß, was in einem Zeitalter gelehrt wird, den Cha-

rakter trägt, daß man gewissermaßen unbewußt, instinktiv anknüpft an das, was die Verstorbenen hereinströmen lassen in die
Gegenwart. Wird man einmal verstehen, die großen pädagogischen Gedanken wirklich zu studieren, die in einem Zeitalter
von den Trägern der Pädagogik verbreitet werden – von den
wahren, nicht von denjenigen, die Scharlatane sind –, dann wird
man sehen, daß diese tragenden pädagogischen Gedanken herrühren von dem gemeinsamen Übertragen der Gewohnheiten
derjenigen, die vor einer gewissen Zeit gestorben sind, die ihre
Gewohnheiten hereinfließen lassen.

So ist es ein viel intimeres Zusammensein noch mit dem Menschen, was die Toten haben; denn das, was in den astralischen
Leib hereinspielt, greift mehr noch in das Innere, als das, was in
den Ätherleib hereinspielt. Es ist ein noch viel intimeres Zusammensein mit dem Menschen, was die wirklichen Toten haben, als
das, was die ätherischen Leiber haben oder irgendwelche elementarischen Wesen anderer Art. Daraus ersehen Sie aber, daß
die Folgezeit des Menschenlebens immer durch die vorhergehende Zeit bedingt wird, daß die vorhergehende Zeit in der
folgenden Zeit immer weiter drinnen lebt. Denn eigentlich, so
sonderbar dies klingt, so recht reif, um unmittelbar auf andere
Menschen zu wirken, indem wir in ihr Inneres hineinwirken,
werden wir erst nach unserem Tode. Das, was wir im Leben
nicht sollten: unsere eigenen Gewohnheiten einem anderen
Menschen aufdrängen, der mündig geworden ist – ich meine
jetzt geistig mündig geworden ist, nicht staatlich –, das ist aber
recht und entspricht den Bedingungen der Fortentwicklung der
Menschheit, nachdem wir selber durch die Pforte des Todes geschritten sind. Außer allem übrigen, was im fortschreitenden
Karma und in den allgemeinen Gesetzen der Inkarnation enthalten ist, finden diese Dinge statt. Und wenn Sie nach den geheimen Ursachen fragen, warum die Menschen, sagen wir, jetzt dies
oder jenes tun, so werden Sie bei vielem – allerdings nicht bei
allem – finden, daß sie es tun aus dem Grunde, weil gewisse Impulse von denjenigen herunterfließen, die vor zwanzig, dreißig
Jahren gestorben sind, oder die vor noch längerer Zeit gestorben

sind. Das sind die geheimen, aber konkreten Zusammenhänge zwischen der physischen und der geistigen Welt. Denn nicht nur für uns selber reift etwas heran in demjenigen, was wir durch die Pforte des Todes tragen, sondern auch für die übrige Welt. Aber es wird erst von einem bestimmten Momente ab wirklich reif, auf andere zu wirken. Aber es wird auch immer reifer und reifer. Und ich bitte Sie, beachten Sie jetzt, daß ich nicht rede von Äußerlichkeiten, sondern von innerem, realem spirituellen Wirken. Wenn irgend jemand sich erinnert an die Gewohnheiten eines verstorbenen Vaters oder Großvaters und diese Gewohnheiten aus der Erinnerung auf dem physischen Plane wiederum ausführt: das meine ich nicht, das ist etwas anderes. Ich meine wirklich die inspirierten, also für das gewöhnliche Bewußtsein nicht wahrnehmbaren Einflüsse, die sich geltend machen innerhalb der Gewohnheiten, innerhalb unseres intimsten Charakters. Und vieles in unserem Leben beruht darauf, daß wir uns sogar gezwungen sehen, von gutgemeinten Einflüssen, die von den Toten kommen, da oder dort uns frei zu machen. Ja, wir erkämpfen uns manches an innerer Freiheit dadurch, daß wir uns nach der einen oder nach der anderen Seite frei machen müssen. Innere Seelenkämpfe, deren Ursache der Mensch oftmals nicht kennt, werden ihm verständlich werden, wenn er sie in dem Lichte betrachtet, das aus solchen Erkenntnissen herkommt. Wenn man ein triviales Wort gebrauchen will, so kann man sagen: Es rumort die Vergangenheit, es rumoren die Seelen der Vergangenheit wirklich in unserem Inneren.

Diese Dinge sind einfach Wahrheiten, in die wir hineinschauen durch das geistige Anschauen. Nur haben die Menschen, namentlich im heutigen Leben – es war nicht immer so, wer Geschichte geistig studieren kann, weiß es –, ein ganz besonderes Verhältnis zu diesen Wahrheiten: Sie fürchten sich nämlich davor, sie fürchten sich vor der Erkenntnis der Wahrheiten; sie haben eine heillose Angst, keine bewußte, aber eine unbewußte Angst. Und diese unbewußte Angst vor der Erkenntnis, wie man drinnensteht in der Welt, wie die geheimnisvollen Zusammenhänge sind nicht nur zwischen Seele und Seele hier in der Welt, sondern zwischen Seele und Seele hier und in der anderen Welt, die hält die Menschen zurück. Es ist das ein Teil dessen, was sie zurückhält instinktiv von der Geisteswissenschaft. Sie fürchten sich, die Wirklichkeit kennenzulernen. Sie ahnen nur nicht, wie sie dadurch, daß sie die Wirklichkeit nicht kennenlernen wollen, störend eingreifen in den ganzen Weltengang, und dadurch selbstverständlich störend vor allen Dingen in das Leben, das dann zu durchleben ist zwischen dem Tode und einer neuen Geburt, wo diese Verhältnisse durchschaut werden müssen.

Noch reifer – dasjenige, was sich fortentwickelt, wird immer reifer und reifer – wird das, was in uns lebt, wenn es nicht mehr bloß Inspiration zu sein braucht, sondern wenn es Intuition in dem Sinne, wie ich das Wort in «Wie erlangt man Erkenntnisse der höheren Welten?» gebrauche, sein kann. Aber Intuition kann nur ein Wesen sein, welches überhaupt nur, sagen wir, einen «Geistleib» hat, um das paradoxe Wort zu gebrauchen. Der Mensch kann erst intuitiv in diesem Sinne wirken auf andere Wesen, also auch auf die Wesen, die hier noch im physischen Leben verkörpert sind, wenn er seinen astralischen Leib abgelegt hat, wenn er selbst ganz der geistigen Welt angehört, also Jahrzehnte nach seinem Tode. Dann kann er auch durch Intuition, nicht mehr bloß, wie ich es geschildert habe durch Inspiration, herunterwirken auf die anderen Menschen. Dann wirkt er erst auf geistige Art als Ich, das jetzt in der geistigen Welt ist, in die Iche hinein. Früher hat er in den astralischen Leib inspirierend hereingewirkt oder auf dem Umweg durch den Ätherleib in den Ätherleib des Menschen. Als Ich kann auch unmittelbar, und natürlich zugleich durch die anderen vermittelt, derjenige wirken, der schon Jahrzehnte tot ist. Und da ist dann des Menschen Individualität reif geworden, nicht bloß in die Gewohnheiten der Menschen sich hineinzuleben, sondern sogar jetzt in die Anschauungen! Vielleicht ist dieses für die heutige vorurteilsvolle Empfindung sogar eine unangenehme, eine recht unsympathische Wahrheit; aber es ist eben eine Wahrheit. Unsere Anschauungen, die in unserem Ich entstehen, sind immerzu unter dem Einflusse derjenigen, die lange verstorben sind. In unseren Anschauungen leben diejenigen, die lange verstorben sind. Dadurch aber wird die Kontinuität der Entwicklung aus der geistigen Welt heraus aufrechterhalten. Es ist dies eine Notwendigkeit, sonst würde der Faden der Anschauungen fortwährend abreißen.

Verzeihen Sie, daß ich an dieser Stelle etwas Persönliches einschalte; aber dieses Persönliche schalte ich durchaus, ich möchte sagen, aus objektiven Gründen ein, denn nur durch die konkrete Anschauung kann eine solche Wahrheit ganz verständlich werden. Anschauungen sollte eigentlich niemand vorbringen so, daß er sie als seine persönlichen Meinungen, wenn sie auch noch so ehrlich errungen sind, vorbringt. Daher wird keiner, der ganz ehrlich auf dem Boden des Okkultismus steht, der erfahren ist in den Bedingungen der Geisteswissenschaft, der Welt seine Meinungen oktroyieren, sondern er wird alles tun, um ja nicht seine Meinungen der Welt unmittelbar zu oktroyieren; denn dasjenige, was er unter dem Einflusse seines persönlichen Gestimmtseins sich als Meinungen erwirbt, das wird erst dreißig, vierzig Jahre nach seinem Tode wirken dürfen. Da wirkt es dann so, daß es auf denselben Wegen in Seelen hineingelangt, auf denen die Impulse der Zeitgeister, der Archai, in die Seelen hineingelangen. Da ist es so reif geworden, daß es wirklich wirken kann, daß es dem objektiven Gang der Dinge entspricht. Daher ist es notwendig, daß derjenige, der auf dem Boden des Okkultismus steht, vermeidet, persönlich Proselyten zu machen, persönlich für seine Meinungen Anhänger zu werben. Dasjenige, was heute allgemein Sitte ist, daß einer, nachdem er seine Meinung erworben hat, nicht schnell genug für seine Meinung Propaganda machen kann, das könnte von dem wirklichen praktizierenden Geisteswissenschafter nicht angestrebt werden. Und da komme ich mit dem Persönlichen: Es ist wirklich nicht ein Zufall, sondern etwas, was mit meinem Leben notwendig zusammenhängt, daß ich nicht damit begonnen habe, meine Ansichten niederzuschreiben, der Welt mitzuteilen, sondern geschrieben habe «Goethes Weltanschauung» ganz im Geiste und im Sinne der Goetheschen Weltanschauung, um nicht anzuknüpfen an einen

Lebenden. Auch wenn man selbst dieser Lebende ist, so könnte einem das niemals eine wirkliche Berechtigung geben, Geisteswissenschaft in diesem Umfange zu lehren, wie das von mir versucht wird, sondern das ist ein notwendiges Glied, sich ganz in den objektiven Gang der Weltenentwickelung hineinzuversetzen. Ich habe also nicht eine Erkenntnistheorie geschrieben, sondern Goethes Erkenntnistheorie, die Erkenntnistheorie der Goetheschen Weltanschauung und so fort. Sie sehen daraus, wie gewissermaßen die Entwickelung des Menschen weitergeht, wie reif werden diejenigen Dinge, die der Mensch sich hier erwirbt, nicht nur für sein eigenes im Karmaweg fortschreitendes Leben, sondern wie es auch immer reifer wird für die Welt, und wie wir fortfahren zu wirken auf die Welt, indem nach einer bestimmten Zeit wir ausgereift sind, Imaginationen, nach weiterer Zeit Inspirationen in die Gewohnheiten der Menschen hineinzuschicken. Nach einer noch längeren Zeit erst sind wir bereit und reif, Intuitionen in das Intimste des menschlichen Lebens, in die Anschauungen, hineinzusenden. Man darf durchaus nicht glauben, daß unsere Anschauungen aus dem Nichts herauswachsen, oder daß sie in jedem Zeitalter neu entstehen. Sie wachsen aus dem Boden heraus, in dem unsere Seele wurzelt, der aber eigentlich identisch ist mit dem Wirken längst verstorbener Menschen.

Ich glaube, daß durch das Wissen von solchen Tatsachen des Menschen Leben wirklich jene Bereicherung erfahren muß, die es braucht nach dem ganzen Charakter und Sinn unseres gegenwärtigen Zeitalters und der nächsten Zukunft. Und vieles Alte ist morsch geworden, und Neues muß sich entwickeln, wie ich es öfter schon ausgeführt habe. In dieses Neue hinein kann aber der Mensch nicht kommen ohne die Impulse, die ihm durch die Geisteswissenschaft werden. Auf die Empfindungen zum Weltenall und zu den übrigen Wesen des Weltenalls, die wir uns aneignen durch die Geisteswissenschaft, darauf kommt es an, daß also unser Leben anders gestimmt wird durch Geisteswissenschaft, als es vorher gestimmt war. Lebendig soll durch Geisteswissenschaft für uns dasjenige werden, worinnen wir immer sind, was aber zu erkennen die Menschheit berufen sein wird, je weiter sich diese Menschheit durch die fünfte, sechste und siebente nachatlantische Periode noch während der Erdenzeit entwickeln wird.

Diese Dinge, die zusammenhängen mit der Bereicherung und Belebung des Weltgefühles des Menschen, des vertieften Darinnenstehens im Leben, diese Vorstellungen wollte ich nun heute vermitteln; das ist dasjenige, was ich in Ihren Herzen anregen wollte, nachdem wir wiederum nach einiger Zeit beisammen sein durften, und ich hoffe, daß wir noch öfter hier zusammensein können, um ähnliche Dinge zu besprechen, damit durch unsere Seelen die durch die Geisteswissenschaft angestrebte Entwickelung der Menschheit mitbewirkt werden kann.

Über das Verbundensein der Lebenden mit den Toten

Was wir wiederholt auseinandergesetzt haben, was wir hier öfter von den verschiedensten Gesichtspunkten aus besprochen haben: daß jener Wechselzustand zwischen Wachen und Schlafen eine tiefere Bedeutung im Menschenleben noch hat, als es für die äußere Beobachtung scheint – man sollte dieses für eine Gesamtweltbetrachtung, für ein im idealsten Sinne praktisches Stehen in der Welt wohl bedenken. Für die gewöhnliche Beobachtung liegt ja die scheinbare Tatsache vor, daß der Mensch mit seinem Bewußtsein wechselt zwischen Wachzustand und Schlafzustand. Wir wissen, daß dies nur eine scheinbare Tatsache ist. Denn wir haben es von den verschiedensten Gesichtspunkten aus oftmals besprochen, daß der sogenannte Schlafzustand nicht bloß dauert zwischen Einschlafen und Aufwachen, sondern daß er für einen gewissen Teil unseres Wesens auch andauert in der Zeit vom Aufwachen bis zum Einschlafen. Wir müssen schon sagen: Wir sind niemals vollständig, durchgreifend mit unserem Gesamtwesen wach. Der Schlaf dehnt sich in unseren Wachzustand hinein aus. Mit einem Teile unseres Wesens schlafen wir fortwährend. Wir können uns nun fragen: Mit welchem Teile unseres Wesens sind wir eigentlich fortdauernd während des sogenannten Wachens wirklich wach?

Wir sind wach mit Bezug auf unsere Wahrnehmungen, mit Bezug auf alles, was wir vom Aufwachen bis zum Einschlafen aus der sinnlichen Welt herein durch unsere Sinne wahrnehmen. Das ist ja gerade das Charakteristische des gewöhnlichen Wahrnehmens, daß wir von einem Nichtverbundensein mit der äußeren Sinneswelt übergehen beim Erwachen zu einem Verbundensein mit ihr, daß eben sehr bald unsere Sinne beginnen tätig zu sein, und dies reißt uns heraus aus jenem dumpfen Zustand, den wir im gewöhnlichen Leben als den Schlafzustand kennen. Also mit unseren Sinneswahrnehmungen sind wir im wahren Sinne des Wortes wach. Weniger wach schon – eine ordentliche Selbstbeobachtung kann das jedem ergeben, wir haben es auch öfter erwähnt, und Sie können Genaueres darüber in meinem Buche «Von Seelenrätseln» finden –, weniger wach, aber so, daß wir den Zustand als wirkliches Wachsein bezeichnen können, sind wir mit Bezug auf unser Vorstellungsleben. Wir müssen ja das Wahrnehmungsleben von dem eigentlichen Denk- und Vorstellungsleben unterscheiden. Wenn wir abgezogen von der Sinneswahrnehmung, also nicht nach außen gewandt, nachdenken, so sind wir bei diesem Nachdenken schon im gewöhnlichen Sinn des Wortes und auch im höheren Sinn des Wortes wach, wenn auch dieses Wachsein im bloßen Vorstellungsleben immerhin eine Nuance vom Träumerischen hat, beim einen Menschen mehr, beim andern weniger. Wenn sich auch bei manchen Menschen in das Vorstellungsleben gut Träumerisches hineinmischen kann, so können wir doch im großen und ganzen sagen: Wir sind wach, auch wenn wir vorstellen.

Aber nicht wach sind wir, indem wir fühlen. Gewiß, die Gefühle wogen herauf aus einem unbestimmten, undifferenzierten Seelenleben, und dadurch, daß wir die Gefühle vorstellen, daß sich immer Vorstellungen, also wache Tätigkeiten hineinmischen in das Fühlen, meinen wir, im Fühlen seien wir auch wach. Das ist jedoch in Wirklichkeit nicht so. In Wirklichkeit ist die Regsamkeit unserer Seele im Fühlen ganz genau dieselbe wie im gewöhnlichen Träumen. Es besteht eine tiefe Verwandtschaft zwischen dem Traumzustande und dem eigentlichen Gefühlszustande. Würden wir jederzeit fähig sein, das, was wir träumen – der größte Teil des Traumlebens geht uns ja verloren –, ebenso mit dem Vorstellen zu beleuchten, wie wir unser Gefühlsleben beleuchten, so würden wir über das Taumleben ganz genau in demselben Grade Bescheid wissen wie über das Gefühlsleben, denn die eigentlichen Gefühle sind nicht anders in der Seele anwesend als die Träume. Gefühle, Affekte, sogar in gewissem Sinne das Leidenschaftsleben ist in unserer Seele so anwesend wie das Träumen. Kein Mensch kann durch sein Wachleben sagen, was sich eigentlich da abspielt, wenn er fühlt, oder in dem, was er fühlt. Das wogt, wie gesagt, herauf aus einem unbestimmten, undifferenzierten Seelenleben, und das wird dann durch das Licht des Vorstellens beleuchtet. Aber es ist ein Traumleben. Diese Verwandtschaft des Affekt- und Gefühlslebens mit dem Traumleben haben ja auch Nichtokkultisten gut erkannt, zum Beispiel der vorzügliche Ästhetiker *Friedrich Theodor Vischer*,[9] der oft betont hat, welche tiefe Verwandtschaft im Seelenleben des Menschen besteht zwischen Fühlen und Träumen.

Noch weiter unten im Seelenleben liegt nun das eigentliche Willensleben. Was weiß denn der Mensch darüber, was eigentlich in seinem Inneren vorgeht, wenn er sagt: Ich will ein Buch ergreifen – und wenn der Arm sich ausstreckt und das Buch ergreift? Was sich da vollzieht zwischen Muskel und Nerv, was da im Organismus vor sich geht und was auch in der Seele vor sich geht, damit ein Willensimpuls in Bewegung, in Handlung übergeht, das wird vom Menschen nicht stärker gewußt, als die Ereignisse des tiefen traumlosen Schlafes von ihm gewußt werden. Es ist in der Tat so: Das eigentliche Wesen unseres Willenslebens wird wieder von unserem Vorstellungsleben beleuchtet. Dadurch erscheint es so, als wenn es uns bewußt wäre, aber das eigentliche Wesen des Willenslebens liegt in Wirklichkeit auch vom Aufwachen bis zum Einschlafen in einem vollständigen Schlafzustande.

Wir sehen also: Wirklich wach, im richtigen Sinne des Wortes wach sind wir nur in bezug auf unser Wahrnehmen in der Sinneswelt und unser Vorstellungsleben; schlafend, auch in bezug auf den Wachzustand, sind wir mit Bezug auf das Gefühlsleben, das wir eigentlich träumen, und gar erst mit Bezug auf unser Willensleben, das wir eigentlich fortwährend verschlafen. So dehnt sich der Schlafzustand in den Wachzustand hinein aus. Stellen wir uns also vor, wie wir da durch die Welt schreiten: Was wir mit unserem Bewußtsein wachend durchleben, ist eigentlich nur die Wahrnehmung der Sinneswelt und unsere Vorstellungswelt; und eingebettet in dieses Erleben des Menschen ist eine Welt, in der unsere Gefühle und Willensimpulse schwimmen, eine Welt, die um uns herum ist, wie die Luft um uns herum ist, aber die in das gewöhnliche Bewußtsein gar nicht hereintritt. Wer an die Sache so herantritt, wird wahrhaftig nicht sehr weit davon entfernt sein, um sich herum eine sogenannte übersinnliche Welt anzuerkennen.

Nun hat das Ganze, was ich jetzt gesagt habe, aber bedeutsamere Konsequenzen. Hinter dem, was ich erwähnt habe, verstecken sich bedeutsame Tatsachen des Gesamtlebens. Wer das Leben kennenlernt, welches die Menschenseele zwischen dem Tode und einer neuen Geburt führt – Sie brauchen sich ja nur in mehr abstrakter Form mit diesem Leben bekanntzumachen durch den Vortragszyklus «Inneres Wesen des Menschen und Leben zwischen Tod und neuer Geburt», der im Frühling 1914 in Wien gehalten wurde und der gedruckt ist [10] –, wer sich damit bekanntmacht, der wird sehen, daß wir in dieser Welt, die wir da schlafend durchwandeln, gemeinsam mit den sogenannten Toten leben. Die Toten sind ja fortwährend da. Sie sind sich bewegend, sich verhaltend in einer übersinnlichen Welt da. Wir sind nicht von ihnen getrennt durch unsere Realität, wir sind von ihnen nur getrennt durch den Bewußtseinszustand. Wir sind nicht anders von den Toten getrennt, als wir im Schlafe getrennt sind von den Dingen um uns herum: Wir schlafen in einem Raume, und wir sehen nicht Stühle und vielleicht anderes nicht, das in dem Raume ist, trotzdem es da ist. Wir schlafen im sogenannten Wachzustande mit Bezug auf Gefühl und Willen mitten unter den sogenannten Toten – wir nennen es nur nicht so –, geradeso wie wir die physischen Gegenstände nicht wahrnehmen, die um uns herum sind, wenn wir schlafen. Wir leben also nicht getrennt von der Welt, in der die Kräfte der Toten walten; wir sind mit den Toten in einer gemeinsamen Welt. Getrennt von ihnen sind wir für das gewöhnliche Bewußtsein nur durch den Bewußtseinszustand.

Dieses Wissen von dem Zusammensein mit den Toten wird einer der wichtigsten Bestandteile sein, welchen die Geisteswissenschaft dem allgemeinen Menschheitsbewußtsein, der allgemeinen Menschheitskultur für die Zukunft einzupflanzen hat. Denn die Menschen, welche glauben, daß dasjenige was vor sich geht, nur dadurch vor sich geht, daß die Kräfte wirken, die man im Sinnesleben wahrnimmt, kennen eben nichts von der Wirklichkeit; sie wissen nicht, daß in das Leben, welches sich hier abspielt, die Kräfte der Toten fortwährend hereinwirken, daß sie fortwährend da sind. Und wenn Sie sich jetzt erinnern, was ich im ersten Vortrage gesagt habe, wo ich ausführte, daß man im Grunde genommen heute in der materialistischen Zeit eine ganz falsche Ansicht über das geschichtliche Leben hat, daß wir die Geschichte in ihren wirklichen Impulsen eigentlich träumen oder verschlafen, so werden Sie sich auch eine Vorstellung davon bilden können, daß in dem, was wir vom geschichtlichen Leben verträumen oder verschlafen, die Kräfte der Toten leben können. Eine Geschichtsbetrachtung wird in der Zukunft kommen, die mit den Kräften derjenigen rechnen wird, welche durch des Todes Pforte gegangen sind und mit ihren Seelen in der Welt zwischen dem Tode und einer neuen Geburt leben. Ein Bewußtsein mit der Gesamtmenschheit, auch mit der sogenannten toten Menschheit, wird der Menschheitskultur eine ganz neue Färbung zu geben haben.

Die Betrachtungsweise, die sich dem Geistesforscher ergibt, der nun praktische Anwendung von dem eben Gesagten machen kann, zeigt manche konkrete Einzelheit über dieses Zusammenleben der sogenannten Lebenden mit den sogenannten Toten. Würde der Mensch bis in seine Gefühle und bis in seine Willensimpulse ihrem Wesen nach mit seinem Vorstellen hinunterleuchten können, dann würde er ein fortwährendes lebendiges Bewußtsein von dem Dasein der Toten haben. Das hat er nun allerdings nicht. Und das gewöhnliche Bewußtsein hat es nicht aus dem Grunde, weil sich die Dinge merkwürdig verteilen innerhalb unseres Bewußtseinslebens. Man könnte sagen: Für das Begreifen eines höheren Weltenzusammenhanges ist eigentlich viel wichtiger als die Anschauung des Wachzustandes und des Schlafzustandes etwas Drittes. Was ist dieses Dritte?

Dieses Dritte ist, was dazwischen liegt, was für den gegenwärtigen Menschen eigentlich immer nur ein Augenblick ist, an dem er so vorbeigeht: Es ist das Aufwachen und das Einschlafen. Der gegenwärtige Mensch hat nicht viel Aufmerksamkeit für das Aufwachen und das Einschlafen. Und dennoch: Aufwachen und Einschlafen sind im Gesamtbewußtsein des Menschen außerordentlich wichtig. Wie wichtig sie sind, das ergibt sich, wenn man die von Unbewußtheit durchzogenen Erlebnisse des gewöhnlichen Bewußtseins erhellt mit den Erlebnissen des hellseherischen Bewußtseins. Nachdem wir so viele Jahre Vorbereitungen für so etwas gepflogen haben, können wir ja ganz unbefangen aus den übersinnlichen Tatsachen heraus solche Dinge auch einmal beleuchten.

Es gibt durchaus eine Möglichkeit für das hellsichtige Bewußtsein, nicht nur im allgemeinen sich bekanntzumachen mit den Tatsachen der übersinnlichen Welt, mit der Welt, in der wir uns zum Beispiel aufhalten zwischen Tod und neuer Geburt, sondern es gibt eine Möglichkeit für das hellsichtige Bewußtsein – obwohl diese Möglichkeit nicht so leicht ist, wie die eben genannte und charakterisierte –, im einzelnen, wenn ich mich grob ausdrücken will, in Kontakt, in Korrespondenz zu kommen mit der einzelnen entkörperten Seele. Das wissen Sie ja. Einfügen will ich nur noch: Schwieriger – schwierig für das allgemeine wissenschaftliche Begreifen der übersinnlichen Verhältnisse – ist die Beobachtung nur aus dem Grunde, weil da viel mehr Hindernisse zu überwinden sind. So wenig es in der Gegenwart vielen Menschen gelingt, allgemeine wissenschaftliche Resultate über die übersinnliche Welt zu gewinnen, so kann man doch nicht sagen, daß dies außerordentlich schwierig ist; denn es ist nicht etwas, was der gewöhnlichen menschlichen Seelenfähigkeit so durchaus fern liegt. Aber schwieriger ist es, im einzelnen mit diesen Seelen in Verbindung zu kommen, aus dem einfachen Grunde, weil die reale, die konkrete einzelne Verbindung der hier im Leibe lebenden Menschenseele mit der entkörperten Seele voraussetzt, daß der, der solche Verbindung anstrebt, der in die Lage kommt, solche Verbindung zu haben, Kontakt also mit einzelnen entkörperten Seelen zu haben, wirklich in einem gewissen höheren Maße in rein Geistigem leben kann, unbeirrt durch den Umstand, daß solches konkretes Leben im rein Geistigen sehr leicht gerade niedere Triebe des Menschen erwecken kann, aus Gründen, die ich oft angeführt habe: daß die höheren Fähigkeiten der übersinnlichen Wesenheiten mit niederen Trieben der Menschen – nicht mit höheren Trieben der im Leibe verkörperten Menschen – Verwandtschaft haben, wie die niederen Triebe übersinnlicher Wesenheiten mit den höheren, geistigen Eigenschaften der Menschen Verwandtschaft haben. Ich beschreibe es als ein bedeutendes Geheimnis im Verkehr mit der übersinnlichen Welt, ein Geheimnis, an dessen Inhalt sehr leicht der eine oder der andere scheitern kann. Aber wenn diese Klippe überwunden wird, wenn der Mensch übersinnlichen Verkehr haben kann, ohne daß er dadurch von der Welt geistiger Erlebnisse abgelenkt wird, so ist ein solcher Verkehr durchaus möglich. Aber er gestaltet sich sehr, sehr verschieden von dem, was man gewohnt ist, hier in der sinnlichen Welt als Verkehr anzusehen.

Ich will ganz im Konkreten sprechen: Wenn Sie hier in der Sinneswelt von Mensch zu Mensch reden, so reden *Sie*, der andere antwortet Ihnen. Sie wissen, Sie erzeugen Ihre Worte durch Ihr Stimmorgan; die Worte kommen aus Ihren Gedanken heraus. Sie fühlen, Sie sind der Schöpfer Ihrer Worte. Sie wissen, Sie hören sich, während Sie sprechen, und während der andere antwortet, hören Sie den andern, und Sie wissen dann: Sie sind still, den andern hören Sie jetzt. – Sehen Sie, man gewöhnt sich tief ein in ein solches Verhältnis dadurch, daß man sich nur bewußt ist, in der physischen Welt mit andern Wesen zu verkehren. Der Verkehr mit den entkörperten Seelen ist aber nicht so. So merkwürdig es klingt: Der Verkehr mit den entkörperten Seelen ist genau umgekehrt. Wenn Sie selber Ihre Gedanken dem Entkörperten mitteilen, so sprechen nicht Sie, sondern es spricht er. Es ist genau so, wie wenn Sie mit jemandem sprechen würden, und das, was Sie denken, was Sie mitteilen wollen, sprechen nicht Sie aus, sondern das spricht der andere aus. Und was der sogenannte Tote Ihnen antwortet, kommt Ihnen nicht zu von außen, sondern das steigt von Ihrem Inneren auf, das erleben Sie als Innenleben. Daran muß sich das hellsichtige Bewußtsein erst gewöhnen, muß sich erst gewöhnen, daß man selber in dem andern der Fragende ist, und daß der andere in einem der Antwortende ist. Diese vollständige Umstülpung des Wesens ist notwendig.

Wer bekannt ist mit solchen Dingen, der weiß, daß solche Umstülpung des Wesens nicht leicht ist. Denn sie widerspricht allem, was der Mensch gewohnt ist; denn die Gewohnheiten bilden sich im Laufe des Lebens aus; aber nicht nur das, sie widerspricht sogar allem, was dem Menschen angeboren ist. Denn zu glauben, daß man selber spricht, wenn man fragt, und daß der andere still ist, wenn man antwortet, das ist doch dem Menschen angeboren. Und dennoch ist das eben Gesagte der Fall im Verkehr mit den übersinnlichen Wesen. Diese Umstülpung des Wesens, die das hellsichtige Bewußtsein erfährt, wird Sie aber darauf aufmerksam machen können, daß ein gut Teil von der Nichtwahrnehmbarkeit der Toten darauf beruht, daß sie eben mit den Lebenden in einer Weise verkehren, wie es den Lebenden nicht nur ungewohnt, sondern ganz unmöglich erscheint. Die Lebenden hören einfach nicht, was ihnen die Toten sagen aus der Tiefe ihres Wesens heraus; und die Lebenden achten nicht darauf, wenn ein anderer dasselbe sagt, was sie selbst denken, was sie selbst fragen wollen.

Nun liegt aber die Sache so, daß von zwei für den gegenwärtigen Menschen vorüberhuschenden Bewußtseins-Mittelzuständen – vom Aufwachen und Einschlafen – immer nur der eine geeignet ist für das Fragen und der andere nur für das Antworten. Das Eigentümliche ist, daß, wenn wir einschlafen, dieser Moment des Einschlafens besonders günstig ist für das Fragenstellen an den Toten, das heißt für das Hören der Fragen, die wir an den Toten stellen, von ihm aus. Wenn wir einschlafen, sind wir besonders dafür disponiert, aus dem Toten herauszuhören, was wir fragen wollen. Nun schlafen wir aber im gewöhnlichen Bewußtsein gleich hinterher ein, und die Folge ist, daß wir tatsächlich Hunderte von Fragen an die Toten stellen, von Hunderten von Dingen zu den Toten im Einschlafen reden, daß wir aber nichts davon wissen, weil wir hinterher einschlafen. Dieser vorübergehende Moment des Einschlafens ist ein Moment von ungeheurer Bedeutung für unseren Verkehr mit den Toten. Und wiederum der Moment des Aufwachens: Er disponiert uns ganz besonders dazu, die Antworten der Toten zu vernehmen. Würden wir nicht sogleich in das sinnliche Wahrnehmen übergehen, sondern würden wir beim Momente des Aufwachens verweilen können, so würden wir in diesem Momente sehr geeignet sein, Botschaften von den Toten entgegenzunehmen. Nur würden diese Botschaften uns so erscheinen, als wenn sie aus unserem eigenen Inneren aufsteigen.

Sie sehen, zwei Gründe gibt es für das eine und für das andere, warum das gewöhnliche Bewußtsein nicht auf den Verkehr mit den Toten achtet. Der eine liegt darin, daß wir sogleich an das Aufwachen und an das Einschlafen einen Zustand anschließen, der geeignet ist auszulöschen, was wir in diesen Momenten erleben; der andere ist, daß die Dinge uns, sagen wir, ungewohnt oder eigentlich unmöglich vorkommen. Wenn wir einschlafen: Die hundert Fragen, die wir an die Toten richten können und auch wirklich richten, sie gehen im Schlafleben unter aus dem Grunde, weil wir ganz ungewohnt sind, das, was wir fragen, zu hören und nicht zu sagen. Und das wiederum, was uns der Tote beim Aufwachen sagt, beurteilen wir nicht so, als ob es von dem Toten käme, weil wir es nicht erkennen, wir halten es für etwas, was aus uns selbst aufsteigt. Das ist der zweite Grund, warum sich der Mensch nicht hineinfindet in den Verkehr mit den Toten.

Diese allgemeinen Erscheinungen werden allerdings doch zuweilen durchbrochen, und zwar in der folgenden Weise. Was der Mensch im Einschlafen erlebt als das Von-sich-aus-Fragenstellen an die Toten, setzt sich in einer gewissen Weise durch den Schlafzustand hindurch fort. Wir blicken, indem wir weiterschlafen, unbewußt zurück zu dem Moment des Einschlafens, und durch diese Tatsache können sich Träume einstellen. Solche Träume können tatsächlich Wiedergaben sein der Fragen, die wir an die Toten stellen. Das ist schon einmal so, daß wir in den Träumen viel mehr, als wir meinen, uns den Toten nähern, zu den Toten hinsprechen, wenn auch das, was im Traume erlebt wird, unmittelbar schon beim Einschlafen gesprochen war. Aber der Traum holt es herauf aus den undifferenzierten Tiefen der Seele. Doch der Mensch mißdeutet es leicht; er nimmt die Träume, wenn er sich dann später an sie als Träume erinnert, meistens nicht als das, was sie sind. Träume sind eigentlich immer ein aus unserem Gefühlsleben hervorgehendes Zusammenleben mit den Toten. Wir haben uns zu ihnen hinbewegt, und der Traum gibt uns eigentlich oft Fragen, die wir an Tote gestellt haben. Er gibt uns schon unser subjektives Erlebnis, aber so, als wenn es von außen kommen würde. Der Tote spricht zu uns, aber wir sprechen es eigentlich selber. Es scheint nur so, als wenn der Tote spricht. Es sind in der Regel nicht Botschaften, die von den Toten kommen, was uns in den Träumen entgegentritt, sondern der Traum, den wir von den Toten haben, ist der Ausdruck des Bedürfnisses dafür, daß wir mit den Toten zusammen sind, daß es uns gelungen ist, mit den Toten im Momente des Einschlafens zusammenzukommen.

Der Moment des Aufwachens überbringt uns die Botschaften von den Toten. Dieser Moment des Aufwachens wird ausgelöscht durch das nachfolgende Sinnesleben. Aber es kommt doch auch die Tatsache vor, daß wir im Aufwachen, wie aus dem Inneren der Seele heraufsteigend, irgend etwas haben, von dem wir, wenn wir nur eine genauere Selbstbeobachtung haben, sehr gut wissen können: Es kommt nicht aus unserem gewöhnlichen Ich heraus. Das sind oftmals Botschaften der Toten.

Sie werden mit diesen Vorstellungen zurechtkommen, wenn Sie nicht schief denken über ein Verhältnis, das Ihnen ja jetzt vor die Seele getreten sein wird. Sie werden sagen: Dann ist der Moment des Einschlafens geeignet, um an den Toten Fragen zu stellen; der Moment des Aufwachens ist geeignet, um von dem Toten die Antworten zu bekommen. Das liegt also auseinander. Sie werden dies nur richtig beurteilen, wenn Sie die Zeitverhältnisse in der übersinnlichen Welt richtig ins Auge fassen. Dort ist das wahr, was in einer merkwürdigen Intuition *Richard Wagner* in dem Satz ausgesprochen hat: Die Zeit wird zum Raume.[11] – Es wird wirklich in der übersinnlichen Welt die Zeit zum Raume, so wie ein Raumpunkt dort ist, ein anderer dort. Also ist die Zeit nicht vergangen, sondern ein Raumpunkt ist nur in einer größeren oder geringeren Entfernung. Die Zeit wird wirklich übersinnlich zum Raume. Und der Tote spricht nur die Antworten, indem er etwas weiter von uns absteht. Das ist natürlich wieder ungewohnt. Aber das Vergangene ist nicht vergangen in der übersinnlichen Welt; das ist da, es bleibt da. Und mit Bezug auf das Gegenwärtige handelt es sich nur um das Sich-Gegenüberstellen an einem andern Ort gegenüber dem Vergangenen. Das Vergangene ist ebensowenig fort in der übersinnlichen Welt, wie das Haus fort ist, aus dem Sie heute abend weggegangen sind, um hierher zu kommen. Das ist an seinem Orte, und so ist das Vergangene in der übersinnlichen Welt nicht weg, es ist da. Und ob Sie nun nahe oder mehr entfernt sind von dem Toten, das hängt von Ihnen selbst ab, wie weit Sie mit dem Toten gekommen sind. Es kann sehr weit sein, kann aber auch sehr nahe sein.

Wir sehen also: Dadurch, daß wir nicht nur schlafen und wachen, sondern aufwachen und einschlafen, stehen wir in einer fortwährenden Korrespondenz, in einem fortwährenden Kontakt mit den Toten. Sie sind immer unter uns, und wir handeln wirklich nicht nur unter dem Einfluß derjenigen, die als physische Menschen um uns herum leben, sondern wir handeln auch unter dem Einfluß derer, die durch des Todes Pforte gegangen sind und einen Zusammenhang mit uns haben.

Ich möchte heute solche Tatsachen hervorheben, die uns immer tiefer und tiefer von einem gewissen Gesichtspunkte aus in die übersinnliche Welt hineinführen.

Nun können wir einen Unterschied machen zwischen verschiedenen Seelen, welche durch des Todes Pforte gegangen sind, wenn man einmal erfaßt hat, daß ein solcher Kontakt fortwährend mit den Toten da ist. Wenn wir eigentlich immer durch das Feld der Toten gehen, entweder indem wir im Einschlafen Fragen stellen an die Toten, oder Antworten von ihnen bekommen im Aufwachen, dann wird es uns auch nahegehen, wie wir mit den Toten in Verbindung stehen, je nachdem die Toten durch des Todes Pforte gegangen sind als jüngere Menschen oder als ältere. Die Tatsachen, die hier zugrunde liegen, zeigen sich allerdings nur dem hellsichtigen Bewußtsein. Aber das ist ja nur das Wissen davon, die Realität findet fortwährend statt. Jeder Mensch steht so mit den Toten in Verbindung, wie es eben durch das hellsichtige Bewußtsein ausgesprochen wird. Wenn jüngere Menschen – Kinder oder Jugendliche – durch des Todes Pforte gehen, dann zeigt sich namentlich, daß ein gewisser Zusammenhang bestehen bleibt zwischen den Lebendigen und diesen Toten, ein Zusammenhang, der anderer Art ist, als wenn ältere Menschen in Frage kommen, die in der Abenddämmerung ihres Lebens durch die Todespforte gegangen sind. Da ist ein durchgreifender Unterschied. Wenn wir Kinder verlieren, wenn jugendliche Menschen von uns weggehen, ist es eigentlich so, daß sie im Grunde genommen gar nicht richtig von uns weggehen, sondern eigentlich bei uns bleiben. Das zeigt sich dem hellsichtigen Bewußtsein dadurch, daß die Botschaften, die beim Aufwachen uns zukommen, gerade lebendig, lebhaft sind, wenn es sich um Kinder oder jugendliche Personen handelt, die gestorben sind. Da ist eine Verbindung zwischen den Zurückgebliebenen und den Verstorbenen vorhanden, die man schon so bezeichnen kann, daß man sagt: Ein Kind, einen jugendlichen Menschen hat man in Wirklichkeit gar nicht verloren; sie bleiben eigentlich da. – Und sie bleiben vor allem aus dem Grunde da, weil sie nach dem Tode ein lebendiges Bedürfnis darnach zeigen, in unser Aufwachen hineinzuwirken, in unser Aufwachen hinein Botschaften zu senden. Es ist schon sehr merkwürdig, aber es ist so, daß mit alledem, was mit dem Aufwachen zusammenhängt, das jugendlich verstorbene Menschenkind außerordentlich viel zu tun hat. Dem hellsichtigen Bewußtsein wird es ganz besonders interessant, wie es eigentlich jugendlich früh verstorbenen Seelen zu danken ist, wenn die Menschen im äußeren physischen Leben eine gewisse Frömmigkeit, eine gewisse Neigung zur Frommheit empfinden. Denn das sagen ihnen die früh verstorbenen Seelen. Ungeheuer viel wird mit Bezug auf Frömmigkeit gewirkt durch die Botschaften der früh verstorbenen Seelen.

Anders ist es, wenn Seelen im Alter, im physischen Alter dahingehen. Da können wir das, was sich dem hellsichtigen Bewußtsein zeigt, in einer andern Weise darstellen. Wir können sagen: Die verlieren uns nicht, denen bleiben wir mit unseren Seelen. – Merken Sie den Gegensatz: Die jugendlichen Seelen verlieren wir nicht, sie bleiben unter uns; die älter verstorbenen Seelen verlieren uns nicht, die nehmen gewissermaßen etwas von unseren Seelen mit sich. – Es ist nur vergleichsweise gesprochen, wenn ich mich vergleichsweise ausdrücken darf. Die älter verstorbenen Seelen ziehen uns mehr zu sich hin, während die jugendlich Verstorbenen sich mehr zu uns hinziehen. Daher haben wir selbst im Momente des Einschlafens viel an die älteren verstorbenen Seelen zu sagen, und wir können ein Band zur geistigen Welt besonders dadurch weben, daß wir uns geeignet machen, uns an die älteren verstorbenen Seelen im Momente des Einschlafens zu richten. Mit Bezug auf diese Dinge kann der Mensch wirklich einiges tun.

Wir sehen also, wir stehen mit den Toten in einer fortwährenden Verbindung; wir haben eine Art Fragen und Antworten, eine Wechselwirkung mit den Toten. Um uns besonders zum Fragen geeignet zu machen, also gewissermaßen um den Toten nahezukommen, ist folgendes das richtige. Gewöhnliche abstrakte Gedanken, also Gedanken, die aus dem materialistischen Leben heraus sind, bringen uns wenig mit den Toten zusammen. Die Toten leiden auch unter unseren Zerstreuungen im rein materiellen Leben, wenn sie in irgendeiner Weise zu uns gehören. Wenn wir dagegen das festhalten und pflegen, was uns gefühlsmäßig und willensmäßig mit den Toten zusammenbringt, dann bereiten wir uns gut dazu vor, an die Toten entsprechende Fragen zu richten, bereiten uns gut dazu vor, im Momente des Einschlafens mit den Toten in Beziehung zu kommen. Diese Beziehungen sind ja vorzugsweise dadurch vorhanden, daß die betreffenden Toten im Leben mit uns in Zusammenhang gestanden haben. Der Zusammenhang im Leben begründet das, was weiter folgt für den Zusammenhang nach dem Tode. Es gibt natürlich einen Unterschied, ob ich mit irgend jemandem gleichgültig spreche oder mit Anteil, ob ich mit ihm so spreche, wie ein Mensch mit einem andern spricht, wenn er diesen andern lieb hat, oder ob ich mich gleichgültig verhaltend spreche. Es gibt einen großen Unterschied, ob ich mit jemandem wie beim Five-o'clock-tea rede oder ob mich ganz besonders interessiert, was ich von dem andern vernehmen kann. Wenn man intimere Beziehungen schafft im Leben zwischen Seele und Seele, solche Beziehungen, die auf Gefühlen und Willensimpulsen beruhen, und wenn man, nachdem eine Seele durch des Todes Pforte gegangen ist, vorzugsweise solche gefühlsmäßigen Beziehungen, solches Interesse an der Seele, solche Neugier zu den Antworten, die sie geben wird, festhalten kann, oder wenn man vielleicht den Drang hat, ihr selbst etwas zu sein, wenn man in diesen Reminiszenzen zu der Seele leben kann, Reminiszenzen, die nicht aus dem Inhalte des Vorstellungslebens zu der Seele fließen, sondern aus den Beziehungen zwischen Seele und Seele, dann ist man besonders geeignet, um im Momente des Einschlafens fragend an die Seele heranzukommen.

Um dagegen Antworten, Botschaften zu bekommen im Momente des Aufwachens, dazu wird man besonders geeignet, wenn man fähig und geneigt ist, auf das Wesen des betreffenden Toten während seines Lebens erkennend einzugehen. Bedenken Sie, wie man, besonders in der Gegenwart, an den Menschen vorbeigeht, ohne sie wirklich kennenzulernen. Was kennen eigentlich heute die Menschen voneinander? Es gibt – wenn man gleich dieses etwas sonderbare, frappierende Beispiel nehmen darf – Ehen, die Jahrzehnte dauern, ohne daß die beiden Eheleute sich auch nur irgendwie kennenlernen. Es ist so. Es ist aber durchaus möglich – was nicht von einem Talent abhängt, es ist eigentlich von der Liebe abhängig –, verständnisvoll auf das Wesen des andern einzugehen und dadurch eine wirkliche Vorstellungswelt von dem andern in sich zu tragen. Das aber bereitet besonders gut dazu vor, im Momente des Aufwachens von dem Toten selbst Antworten zu empfangen. Daher ist man eigentlich auch eher geneigt, beim Aufwachen von einem Kinde, von einem Jugendlichen Antworten zu empfangen, weil man Jugendliche doch noch immer eher kennenlernt als die, welche sich verinnerlicht haben und älter geworden sind.

So können die Menschen schon etwas dazu tun, um in der rechten Weise das Verhältnis zwischen den Lebenden und den Toten zu begründen. Eigentlich ist unser ganzes Leben von diesem Verhältnis durchzogen. Wir sind als Seelen eingebettet in die Sphäre, in der auch die Toten sind. Der Grad – das habe ich schon vorhin gesagt –, in dem wir fromm sind, hängt sehr stark damit zusammen, wie die jugendlich verstorbenen Menschen auf uns wirken. Und würden nicht jugendlich verstorbene Menschen in das Leben hineinwirken, so gäbe es wahrscheinlich überhaupt keine Frömmigkeit. Daher verhalten sich die Menschen zu jung verstorbenen Seelen am besten so, daß sie das Andenken mehr im allgemeinen halten. Trauerfeiern für Kinder oder jugendlich verstorbene Menschen sollten immer etwas Kultushaftes, etwas Generelleres haben. Man sollte beim Tode von jugendlich Verstorbenen eine Art von Kultus haben. Die katholische Kirche, die alles auf das jugendliche, auf das kindliche Leben abnuanciert, die es überhaupt nur mit Kindern zu tun haben möchte, Kinderseelen zu verwalten haben möchte, sie wendet daher wenig die Bitte an, individuelle Reden zu halten für das kindliche Leben, das mit dem Tode geschlossen hat. Das ist ganz besonders gut. Die Trauer, die wir um Kinder haben, ist anderer Art als unsere Trauer um ältere Leute. Die Trauer um Kinder möchte ich am liebsten Mitgefühltrauer nennen; denn die Trauer, die wir um ein Kind haben, das uns hinweggestorben ist, ist eigentlich vielfach eine Reflexion aus unserer eigenen Seele gegenüber dem Wesen des Kindes, das eigentlich dageblieben ist in unserer Nähe. Wir leben das Leben des Kindes mit, und das Wesen des Kindes macht da die Trauer mit. Es ist Mitgefühltrauer. Wenn die Trauer dagegen besonders gegenüber älter verstorbenen Personen auftritt, kann man sie nicht als Mitgefühltrauer bezeichnen; sie ist dann immer als eine egoistische zu bezeichnen, und sie wird am besten durch die Erwägung getragen, daß der Tote uns dann eigentlich mitnimmt, wenn er älter geworden ist; er verliert uns nicht, wenn wir versuchen, uns geeignet zu machen, um mit ihm zusammenzukommen. Daher können wir dem älteren Toten gegenüber das Andenken mehr individuell gestalten, mehr in Gedanken tragen, können in Gedanken vereint bleiben mit dem, was wir in Gedanken mit ihm gepflogen haben, wenn wir versuchen, nicht als ein unbequemer Genosse uns zu benehmen. Er hat uns, aber er hat uns auf eine sonderbare Art, wenn wir Gedanken haben, die gar nicht von ihm aufgenommen werden können. Wir bleiben bei ihm, aber wir können ihm zur Last werden, wenn er uns mitschleppen muß, ohne daß wir solche Gedanken in uns hegen, die er mit sich vereinigen kann, die er geistig in entsprechender Weise anschauen kann.

Bedenken Sie, wie konkret das herauskommt, was unsere Beziehungen zu den Toten sind, wenn wir wirklich geisteswissenschaftlich unsere Beziehungen zu den Toten beleuchten können, wenn wir wirklich in der Lage sind, das ganze Verhältnis der Lebenden zu den Toten ins Auge zu fassen. Es wird der Menschheit der Zukunft schon wichtig werden, dies ins Auge zu fassen. So trivial es klingt – weil man sagen kann, daß jede Zeit eine Übergangszeit ist –, unsere Zeit ist doch eine Übergangszeit. Unsere Zeit muß übergehen in eine spirituellere Zeit. Sie muß wissen, was aus dem Reiche der Toten kommt, muß wissen, daß wir hier von den Toten so umgeben sind, wie von der Luft. Es wird in Zukunft einfach eine reale Empfindung sein: Wenn jemand älter hinweggestorben ist, darfst du ihm nicht zum Alp werden; du wirst ihm aber zum Alp, wenn du Gedanken in dir trägst, die er nicht in sich aufnehmen kann. Bedenken Sie, wie sich das Leben bereichern kann, wenn wir dies in uns aufnehmen. Dadurch wird ja erst das Zusammenleben mit den Toten zu einem realen gemacht werden.

Ich habe öfter gesagt: Geisteswissenschaft will nicht eine neue Religion gründen, will auch nicht etwas Sektiererisches in die Welt setzen, sonst verkennt man sie vollständig. Ich habe dagegen oft betont, daß sie das religiöse Leben der Menschen vertiefen kann, indem sie reale Grundlagen schafft. Das Totenandenken, der Totenkult hat seine religiöse Seite. Auf dieser Seite des religiösen Lebens wird eine Grundlage geschaffen, wenn das Leben geisteswissenschaftlich beleuchtet wird. Aus dem Abstrakten werden die Dinge herausgehoben, indem das Richtige geschieht. Es ist zum Beispiel nicht gleichgültig für das Leben, ob einem jugendlichen Menschen oder einem älteren eine richtige Totenfeier gehalten wird. Denn diese Dinge, ob eine richtige oder eine falsche Totenfeier einem Verstorbenen gehalten wird, das heißt eine Feier, die nicht aus dem Bewußtsein heraus kommt, was ein jugendlich verstorbener Mensch ist und was ein älter verstorbener – diese Tatsache, ob eine Totenfeier richtig oder unrichtig gemacht wird, ist für das Zusammenleben der Menschen viel wichtiger als ein Gemeinderatsbeschluß oder ein Parlamentsbeschluß, so sonderbar es klingt. Denn die Impulse, die im Leben wirken, werden aus den Menschenindividuen selber herauskommen, wenn die Menschen im richtigen Verhältnis zu der Welt der Toten stehen. Heute möchten die Menschen alles durch abstrakte Struktur der sozialen Ordnung einrichten. Die Menschen sind froh, wenn sie wenig nachzudenken brauchen über das, was sie tun sollen. Viele sogar sind froh, wenn sie nicht viel nachzudenken haben über das, was sie denken sollen. Aber das ist ganz anders, wenn man ein lebendiges Bewußtsein, nicht nur von einem pantheistischen Zusammenleben mit einer Geisteswelt, sondern ein lebendiges Bewußtsein von einem konkreten Zusammenleben mit einer geistigen Welt hat. Man kann voraussehen ein Durchtränktwerden des religiösen Lebens mit konkreten Vorstellungen, wenn eben durch Geisteswissenschaft dieses religiöse Leben vertieft werden wird. Der Geist ist ja – ich habe auch das öfter erwähnt – im Jahre 869 für die abendländische Menschheit auf dem achten ökumenischen Konzil in Konstantinopel abgeschafft worden. Damals wurde zum Dogma erhoben, daß der Mensch von den Katholiken nicht angesehen werden dürfe als bestehend aus Leib, Seele und Geist, sondern nur aus Leib und Seele, und der Seele wurde zugeschrieben, daß sie auch «geistige Eigenschaften» habe. Dieses Abschaffen des Geistes hat eine ungeheuer große Bedeutung. Daß man im Jahre 869 in Konstantinopel den Beschluß gefaßt hat, daß der Mensch nicht dürfe begabt gedacht werden mit «anima» *und* «spiritus», sondern daß er nur «unam animam rationalem et intellectualem» besitze, das ist Dogma. «Die Seele hat geistige Eigenschaften», dies hat seit dem 9. Jahrhundert Dämmerung gebreitet über das geistige Leben des Abendlandes. Das muß wieder überwunden werden. Der Geist muß wieder anerkannt werden. Das, weswegen man im Mittelalter im eminenten Sinne als ein Ketzer galt, nämlich wenn man die Trichotomie – Leib, Seele und Geist – anerkannte, das muß wieder als richtige, echte Menschenanschauung gelten. Dazu wird es einiges brauchen für die Menschen, die heute selbstverständlich jede Autorität ablehnen und darauf schwören, daß der Mensch nur aus Leib und Seele bestehe, und zwar sind dies nicht etwa bloß Leute eines gewissen religiösen Bekenntnisses, sondern auch solche, welche Professoren hören, Philosophen und andere hören. Und die Philosophen – wie Sie überall lesen können – unterscheiden ja auch nur zwischen Leib und Seele, lassen den Geist weg. Das ist ihre «unbefangene» Weltbetrachtung, die aber nur davon herrührt, daß einmal im Jahre 869 auf einem Kirchenkonzil der Beschluß gefaßt worden ist, den Geist nicht anzuerkennen. Aber man weiß das nicht. Philosophen, die weltberühmt geworden sind, zum Beispiel *Wilhelm Wundt* [12], ein großer Philosoph von seines Verlegers Gnaden, aber weltberühmt, teilt selbstverständlich auch den Menschen ein in Leib und Seele, weil er es für unbefangene Wissenschaft hält – und nicht weiß, daß er nur dem Konzilsbeschluß von 869 folgt. Man muß schon auf die wahren Tatsachen sehen, wenn man das durchschauen will, was sich in der Welt der Wirklichkeit vollzieht. Sieht man auf diesem Gebiete, das wir besonders heute berührt haben, auf die wahren Tatsachen, dann wird einem ein Bewußtsein erschlossen von einem Zusammenhange mit jener Welt, die in der Geschichte verträumt und verschlafen wird. Geschichte, geschichtliches Leben, man wird es nur im rechten Lichte sehen können, wenn man auch ein rechtes Bewußtsein entwickeln kann über den Zusammenhang der sogenannten Lebenden mit den sogenannten Toten.

Der Tod als Lebenswandlung

In den Betrachtungen, die wir anstellen auf dem Gebiete unserer Geisteswissenschaft, liegt manches, das wir im alltäglichen Leben vielleicht nicht ganz unmittelbar anwenden können, von dem wir uns vielleicht sagen, daß es dem alltäglichen Leben ferne liegt. Aber das ist nur scheinbar. Dasjenige, was wir über die Geheimnisse der geistigen Welt in unser Wissen aufnehmen, das hat immer, zu jeder Stunde, in jedem Augenblicke, eine starke und tiefe Bedeutung für unsere Seele. Und was uns persönlich ferner zu liegen scheint, das ist manchmal gerade sehr nahe dem, was unsere Seele in ihrem Innersten braucht. Bei der physisch-sinnlichen Welt, da kommt es darauf an, daß wir uns mit ihr bekannt machen, um ihren Inhalt kennenzulernen. Bei der geistigen Welt kommt es im wesentlichen darauf an, daß wir dasjenige, was sie uns an Gedanken, an Vorstellungen gibt, selber durchdenken, selber vorstellen; dann arbeiten in unserer Seele manchmal ganz unbewußt diese Gedanken. Und dasjenige, woran die Seele dann arbeitet, kann uns scheinbar recht ferne liegen; es wird gerade dem Höheren in unserer Seele in Wirklichkeit recht naheliegen können.

Und so wollen wir denn heute uns beschäftigen mit einer Betrachtung, die wir von gewissen Gesichtspunkten aus öfter schon angestellt haben, die wir aber heute wiederum von einem anderen Gesichtspunkte aus anstellen werden. Wir wollen uns beschäftigen mit dem, was uns, was dem Menschen überhaupt im physischen Leben scheinbar so ferne steht, mit dem Leben, das da verfließt zwischen dem Tode und einer neuen Geburt. Und ich möchte gerade heute einiges, das wir ja, nachdem wir durch mancherlei gut vorbereitet sind, in richtiger Weise verstehen können, in schlichter Weise einfach erzählen, sowie es sich der Geistesforschung ergibt. Einsehen, verstehen kann man die Dinge, wenn man sie immer wieder und wiederum von neuem durchdenkt; durch ihre eigene Kraft machen sie sich in der Seele verständlich. Und derjenige, der sie nicht versteht, der sollte eigentlich zunächst überzeugt sein davon, daß er sie noch nicht oft genug in seiner Seele durchdacht hat. Erforscht werden müssen sie durch Geisteswissenschaft, verstanden werden sie, wenn man sie oft und oft wiederum in der Seele durchnimmt. Sie werden sich dann namentlich bekräftigen an den Tatsachen, die uns im Leben entgegentreten, wenn wir dieses Leben nur genau betrachten, sie werden sich an den Tatsachen des Lebens erhärten.

Zunächst möchte ich sagen – was ja aus verschiedenen unserer Zyklen und aus sonstigen Betrachtungen hervorgeht –, daß eine Schwierigkeit vorliegt, wenn wir das Leben zwischen dem Tod und einer neuen Geburt betrachten, eine Schwierigkeit, die darin besteht, daß dieses Leben ganz, ganz anders ist als dasjenige, was man sich hier innerhalb der physischen Welt durch die Organe des physischen Leibes vorstellen kann. Man muß sich bekanntmachen mit ganz, ganz anderen Vorstellungen.

Wenn wir hier auf dem physischen Plan in ein Verhältnis kommen zu den Dingen, die in unserer Umgebung sind, so wissen wir, daß nur ein kleiner Teil dieser Wesen, die uns in der physischen Welt umgeben, zu unserem eigenen Handeln, zu unseren eigenen Willensäußerungen sich so verhält, daß wir sagen können: Unsere eigenen Willensäußerungen machen dem, was in unserer Umgebung ist, Lust oder Leid. – Wir können das bezüglich desjenigen Teiles unserer physischen Umgebung sagen, den wir zum Reiche der Tiere, zum Reiche der Menschen zählen. Dagegen sind wir zunächst – wir wissen, daß das etwas anderes ist, wenn wir die Sache geistig betrachten, aber darauf kommt es jetzt nicht an – mit vollem Rechte davon überzeugt, daß die ganze mineralische Natur einschließlich alles dessen, was in Luft und Wasser ist, und auch im wesentlichen die pflanzliche Natur, unempfänglich sind für dasjenige, was wir Lust und Leid nennen, wenn Handlungen von uns selber ausgehen.

In der Umgebung, in welcher der sogenannte Tote ist, ist das nicht so. In dieser Umgebung, in der der sogenannte Tote ist, da ist alles, was zu dieser Umgebung gehört, so, daß, was auch der Tote tut, es in der Umgebung entweder Lust oder Leid erweckt. Der Tote kann überhaupt gar nichts tun, er kann gar nicht, wenn ich mich bildlich ausdrücken will, seine Glieder rühren, ohne daß in dieser Umgebung Lust oder Leid durch das, was er tut, erweckt wird.

Da muß man sich nur richtig hineinversetzen. Man muß aufnehmen diesen Gedanken, daß das Leben zwischen dem Tode und einer neuen Geburt eben so beschaffen ist, daß alles in der Umgebung dieses Echo hervorruft, alles, was wir tun; daß wir in der ganzen Zeit zwischen dem Tode und einer neuen Geburt immer davor stehen, daß wir nichts tun können, daß wir, wie gesagt, bildlich gesprochen, nicht einmal uns rühren können, ohne Lust oder Leid in unserer Umgebung hervorzurufen. Denn dasjenige, was wir hier auf dem physischen Plane als Mineralreich in unserer Umgebung haben, das gibt es nicht für den Toten. Ebenso gibt es nicht unser gewöhnliches Pflanzenreich. Diese Reiche sind, wie Sie aus meiner «Theosophie» [13] entnehmen können, in ganz anderer Form da vorhanden. So, wie sie hier sind, gewissermaßen als fühllose Reiche, sind sie nicht in der geistigen Welt vorhanden. Das erste Reich von denjenigen, die hier auf dem physischen Plane sind, das für den Toten eine gewisse Bedeutung hat dadurch, daß man es vergleichen kann mit dem, was der Tote in seiner Umgebung hat, ist das Tierreich. Nur natürlich nicht die einzelnen Tiere, die hier auf dem physischen Plane sind, sondern die ganze Umgebung ist so, daß sie wirkt, wie die Tiere wirken. Die ganze Umgebung reagiert so, daß Lust oder Leid von dem ausgeht, was man tut. Nun, wir hier auf dem physischen Plane, wir stehen auf mineralischem Boden; der Tote steht auf einem Boden, lebt in einer Umgebung, die wir in diesem Sinne tierisch nennen können. Er lebt also von vorneherein um zwei Reiche höher. Das ganze Leben zwischen dem Tode und einer neuen Geburt besteht in bezug auf seine alleräußerste Betätigung in dem Kennenlernen [des Tierreichs] [14]; nicht so, wie wir hier das Tierreich kennenlernen – wir lernen es ja nur außen, von der Außenseite kennen –; das ganze Leben zwischen dem Tode und einer neuen Geburt besteht darin, daß man die tierische Welt als solche genauer und immer genauer kennenlernt. Denn in diesem Leben zwischen dem Tode und einer neuen Geburt muß man vorbereiten alle diejenigen Kräfte, die aus dem Kosmos herein unseren eigenen Leib durchorganisieren, wovon wir hier in der physischen Welt gar nichts wissen. Wie unser Leib bis in seine kleinsten Teile aus dem Kosmos heraus gebildet wird, das weiß man zwischen dem Tode und einer neuen Geburt. Denn man bereitet gewissermaßen als die Summe alles Tierischen diesen physischen Leib vor. Man baut ihn selber auf.

Um diese Vorstellung genauer zu haben, muß man sich allerdings bekanntmachen mit einem Begriff, mit einer Idee, die der heutigen Menschheit ziemlich ferne liegt. Die heutige Menschheit ist zwar davon überzeugt, daß, wenn eine Magnetnadel die Nord-Südrichtung zeigt, also mit dem einen Ende nach Norden, mit dem anderen nach Süden zeigt, dies nicht aus der Magnetnadel selber heraus kommt, sondern daß die Erde als Ganzes ein kosmischer Magnet ist, dessen eine Spitze nach dem Süden, die andere nach dem Norden zielt, und man würde es als Torheit betrachten, wenn jemand behaupten wollte, nur durch Kräfte, die in der Magnetnadel selber liegen, würde diese Richtung hervorgebracht. Bei dem aber, was sich als Keim im tierischen oder menschlichen Wesen entwickelt, lehnt heute die ganze Wissenschaft und alles Denken die kosmische Einwirkung ab. Was man bei der Magnetnadel als Torheit bezeichnen würde, nimmt man dann an, wenn sich, sagen wir, im Huhn das Ei bildet. Aber wenn sich im Huhn das Ei bildet, ist tatsächlich der ganze Kosmos daran beteiligt; hier auf der Erde geschehen nur die Anregungen dazu. Alles das, was sich im Ei bildet, ist ein Abdruck der kosmischen Kräfte, und das Huhn selber – so ist es auch beim Menschen – ist nur eine Stätte, in der der Kosmos, das ganze Weltensystem das ausbildet. Damit muß man sich bekanntmachen. Und an diesem ganzen Kräftesystem, das da den Kosmos durchzieht, arbeitet der Mensch zwischen dem Tode und einer neuen Geburt in Gemeinschaft mit höheren Wesenheiten, mit

Wesenheiten höherer Hierarchien, eben mit. Man arbeitet immer zwischen dem Tode und einer neuen Geburt; man ist nicht unbeschäftigt, da arbeitet man im Geistigen.

Das erste Reich, mit dem man sich bekanntmacht, ist das tierische. Und daß man es richtig macht, das hängt im wesentlichen mit folgendem zusammen: Versucht man etwas falsch zu machen, so muß man gleich wahrnehmen den Schmerz, das Leid der Umgebung; macht man etwas richtig, nimmt man wahr Lust der Umgebung, Freude der Umgebung. Auf diese Weise arbeitet man sich durch, indem man Lust und Freude erzeugt; arbeitet sich so durch, daß man zuletzt das Seelische in solcher Art hat, daß es herabsteigen kann und zusammenstimmt mit dem, was auf der Erde als physischer Leib leben wird. Nie könnte das Seelische heruntersteigen, wenn es nicht selber gearbeitet hätte an der physischen Form.

Das tierische Reich also ist dasjenige, mit dem man zuerst Bekanntschaft macht. Das nächste Reich ist das, was man hier als Menschenreich hat. Mineralisches und pflanzliches Reich bleiben zunächst weg. Beim Menschenreich ist es allerdings so, daß der Tote in einer gewissen Weise – man könnte sagen: mit Bezug auf die gewohnten Begriffe, die man hier hat – beschränkt ist in seiner Menschenbekanntschaft. Er kann nämlich zwischen dem Tode und einer neuen Geburt – gleich nach dem Tode beginnt das oder bald nachher – eigentlich nur Beziehungen, Verhältnisse anknüpfen mit denjenigen Menschenseelen, gleichgültig, ob sie hier auf der Erde, oder ob sie auch schon drüben sind, mit denen er schon irgendwie auf der Erde in der letzten oder in früheren Inkarnationen karmisch verbunden war. Die anderen Seelen gehen an ihm vorüber, die nimmt er nicht wahr. Das Tierische nimmt er als ein Ganzes wahr; von den Menschenseelen nur diejenigen – immer genauer und genauer wird man mit ihnen bekannt –, mit denen er in karmische Beziehung getreten ist hier auf der Erde. Das ist nicht eine sehr kleine Anzahl von Menschen, das dürfen Sie nicht glauben, denn es sind viele Erdenleben für die einzelnen Menschen schon verflossen. Man hat in jedem Erdenleben eine ganze Menge karmischer Beziehungen angeknüpft; aus denen ist das Netz gesponnen, das dann drüben sich ausbreitet über unsere Bekanntschaft. Außer dem Kreise bleiben nur die Menschen, mit denen man nie Bekanntschaft gemacht hat. Daraus sehen Sie ein, was wichtig ist ins Auge zu fassen: Daß das Erdenleben im ganzen Weltenall für den Menschen seine allerintensivste Bedeutung hat. Würde das Erdenleben nicht durchlebt werden, so würden wir zu den Menschenseelen auch in der geistigen Welt keine Beziehungen anknüpfen können. Die Beziehungen werden hier auf der Erde karmisch angeknüpft, setzen sich dann fort zwischen dem Tode und einer neuen Geburt. Man kann sehen, wenn man in der Lage ist, in diese Welt hineinzuschauen, wie nach und nach der sogenannte Tote immer mehr und mehr Verbindungen anknüpft, die alle Verbindungen sind, die sich ergeben aus dem, was er karmisch hier auf der Erde angeknüpft hat.

Wenn man sagen kann, daß mit dem ersten Reiche, mit dem der sogenannte Tote in Berührung kommt, mit dem tierischen Reiche, es so ist, daß er alles, was er tut, wenn er sich nur rührt, in Lust oder Leid umsetzt in seiner Umgebung, so kann man in bezug auf alles das, was im menschlichen Reiche erlebt wird, sagen, daß der Tote noch viel inniger in Zusammenhang steht mit den Menschen im Seelenhaften. Da ist er selber drinnen. Eine Seele, mit der der Tote bekannt wird, lernt der Tote eben so kennen, als ob er selber in dieser Seele drinnen wäre. Nach dem Tode wird man mit einer Seele so bekannt, wie hier mit dem eigenen Finger oder mit dem Kopfe oder mit dem Ohr: man fühlt sich darinnen. Es ist ein viel intimerer Zusammenhang, als er hier auf der Erde sein kann. Und dieses sind die beiden Grunderlebnisse für das Zusammensein mit Menschenseelen zwischen dem Tode und einer neuen Geburt: daß man entweder drinnen ist in den Seelen oder draußen. Man ist auch bei denen, die man kennt, abwechselnd drinnen oder draußen. Das Ihnen-Begegnen, diesen Seelen, das besteht immer darinnen, daß man sich mit ihnen eins fühlt, daß man in ihnen drinnen ist. Das Draußensein bedeutet, daß man sie nicht beachtet. So wie man hier etwas anschaut: da nimmt man es wahr; wenn man wegschaut, da nimmt man es nicht mehr wahr. Dort ist man mit Bezug auf die Menschenseelen drinnen, wenn man imstande ist, die Aufmerksamkeit darauf zu wenden; man ist draußen, wenn man das nicht kann.

In dem, was ich Ihnen jetzt auseinandersetzte, haben Sie, ich möchte sagen, die Grundstruktur für das Zusammensein der Seele mit anderen Seelen für die Zeit zwischen dem Tode und einer neuen Geburt. In einer ähnlichen Weise drinnen oder draußen ist dann der Mensch zwischen dem Tode und einer neuen Geburt mit Bezug auf die Wesen der anderen Hierarchien, Angeloi, Archangeloi und so weiter. Nur, je höher ein Reich ist, desto mehr fühlt sich nach dem Tode der Mensch mit diesem Reiche verbunden, fühlt sich davon getragen; er fühlt es mächtig ihn tragend. Also die Archangeloi tragen den Menschen mächtiger als die Angeloi, die Archai wieder mächtiger als die Archangeloi und so weiter.

Nun, im Erkennen der geistigen Welt als solcher sehen ja heute noch die Menschen gewisse Schwierigkeiten. Diese Schwierigkeiten, die werden sich verhältnismäßig lösen, wenn die Menschen sich nur ein bißchen mehr bekanntmachen werden mit den Geheimnissen der geistigen Welt. Aber es ist ja ein Zweifaches, das man nennen kann das Sich-Bekanntmachen mit der geistigen Welt. Das eine ist ein solches Bekanntmachen, daß man die völlig hinreichende Sicherheit gewinnt von dem Ewigen in der eigenen Menschennatur. Dieses Wissen, daß in der menschlichen Natur ein Wesenskern liegt, der ewig ist, der durch Tode und Geburten geht, dieses Wissen, so fremd es der heutigen Menschheit ist, das ist verhältnismäßig leicht zu erlangen, und es wird wirklich, wenn jemand nur Geduld genug hat, erlangt auf dem Wege, der da in meinem Buche «Wie erlangt man Erkenntnisse der höheren Welten?»[15] und in anderen beschrieben ist. Es wird auf diesem Wege erlangt. Das ist das eine Erkennen.

Das andere ist das, was man nennen kann unmittelbarer Verkehr mit den Wesen der geistigen Welt, konkreter unmittelbarer Verkehr, aus dem wir heute herausgreifen wollen den Verkehr, den man haben kann von hier aus zu den sogenannten Toten hinüber. Das ist etwas, was durchaus möglich ist, was aber eben größere Schwierigkeiten bietet als das zuerst Charakterisierte. Das Erstcharakterisierte ist etwas, was leicht zu erringen ist; das andere, wirklich mit einzelnen Toten zu verkehren, das ist zwar durchaus möglich, es ist aber schwierig zu erringen, weil es Achtsamkeit erfordert von dem, der diesen Verkehr sucht. Es ist notwendig zu diesem besonderen Verkehr, daß der Mensch sich wirklich in eine gewisse Zucht nehmen kann. Denn es gibt ein sehr bedeutsames Gesetz für den Verkehr mit der geistigen Welt. Das kann man so aussprechen, daß man sagt: Dasjenige, was gerade für den Menschen hier mehr niedrige Triebe sind, das ist von der anderen Seite, von der geistigen Seite angesehen, höheres Leben, und es kann daher sehr leicht sein, wenn der Mensch sich nicht ordentlich in der Zucht hat, daß er durch den unmittelbaren Verkehr mit den sogenannten Toten niedere Triebe erregt fühlt. Wenn wir nur mit der geistigen Welt im allgemeinen zusammenkommen, wenn wir uns Erkenntnisse verschaffen über unsere eigene Unsterblichkeit und es da zu tun haben mit dem Seelisch-Geistigen, da kann nicht die Rede davon sein, daß da irgendwie etwas Unlauteres hereinkommen kann. Wenn wir es aber zu tun haben mit einzelnen konkreten Toten, dann ist immer eine Beziehung des einzelnen Toten – so sonderbar es klingt – zu unserem Blut- und Nervensystem. In die Triebe, die im Blut- und Nervensystem sich ausleben, lebt sich der Tote hinein; das kann niedere Triebe anregen. Gefahrvoll kann es natürlich nur für den sein, der nicht seine Natur durch Zucht geläutert hat. Das muß einmal betont werden, denn das ist der Grund, warum das Alte Testament geradezu den Menschen verbietet [16], mit den Toten zu verkehren; nicht weil es sündhaft wäre, wenn es in der richtigen Weise geschieht. Man muß von den Methoden des modernen Spiritismus natürlich absehen. Wenn es geistig geschieht, ist es nicht sündhaft, aber wenn der Mensch nicht diesen Verkehr mit reinen, durchseelten Gedanken pflegt, führt es sehr leicht dazu, daß der Mensch, wie gesagt, niedere Leidenschaften aufstacheln kann. Nicht die Toten stacheln sie auf, aber das Element, in dem die Toten leben. Bedenken Sie: Was wir hier als tierisch empfinden, ist das Grundelement, in dem die Toten leben. Das Reich, in dem die Toten leben, das kann sehr leicht, indem es in uns hereinschlägt, umschlagen; es kann in uns niedrig werden, was dort eigentlich ein Höheres ist. Das ist sehr wichtig, daß wir das ins Auge fassen. Das kann man durchaus sagen, wenn über den Verkehr der sogenannten Lebenden mit den sogenannten Toten gesprochen wird, weil es eine okkulte Tatsache ist.

Aber gerade wenn man über diesen Verkehr spricht, da kann man die geistige Welt so recht charakterisieren, wie sie ist. Denn gerade bei dem, was da erlebt wird, zeigt sich, wie ganz anders die geistige Welt ist als hier die physische Welt.

Nun will ich Ihnen zuerst etwas sagen, was vielleicht für den Menschen, solange er nicht vollständig seine Hellsichtigkeit ausgebildet hat, scheinbar bedeutungslos ist, aber es liegt uns nahe, wenn wir es durchdenken, da es übergeht zu Dingen, die dem Leben näherstehen. Wenn der, dessen Hellsichtigkeit durchgebildet ist, mit Toten verkehrt, dann muß er in einer solchen Weise mit ihnen verkehren, daß man aus diesem Verkehr sieht, warum es den Menschen so ferne liegt, von den Toten etwas zu wissen, ich meine, durch unmittelbare Wahrnehmung etwas zu wissen. So sonderbar, so grotesk es klingt: die ganze Art des Verkehrs, an die wir gewöhnt sind hier in der physischen Welt, die muß sich geradezu umkehren, wenn ein Verkehr angeknüpft wird zwischen hier und dem Toten. Hier, wenn wir mit einem Menschen sprechen, wenn wir von physischem Leibe zu physischem Leibe sprechen, da reden *wir*; wenn wir reden, wissen wir: Wir reden, die Worte kommen aus uns. Wenn er uns antwortet, oder Menschen zu uns reden, so wissen wir: Von ihnen kommen die Worte. Dieses ganze Verhältnis dreht sich vollständig um, wenn wir mit einem Toten verkehren, reden – man kann schon sagen: reden, denn es kann ein Reden sein –. Die Sache dreht sich um, so daß, wenn wir einen Toten fragen oder zu ihm etwas sagen, wir dann das, was wir sagen, aus ihm heraus vernehmen; so nimmt man es wahr. Also er inspiriert zu unserer Seele herüber das, was wir ihn fragen, was wir ihm sagen. Und wenn er uns antwortet oder zu uns etwas sagt, dann kommt das aus unserer eigenen Seele heraus. Das ist etwas, was für den Menschen ganz ungewohnt ist hier in der physischen Welt. Er ist gewohnt, daß, was er sagt, aus seinem Wesen heraus kommt. Für den Verkehr mit den Toten muß man sich angewöhnen, von ihnen das zu hören, was man selber sagt, und aus der eigenen Seele heraus zu vernehmen, was sie antworten.

Wenn man die Sache erzählt, so ist sie in dieser Abstraktheit, in der man sie erzählt, natürlich leicht zu fassen; aber wirklich sich daran gewöhnen, ganz umgekehrt den Verkehr eingerichtet zu haben, als man es hier auf dem physischen Plane gewohnt ist, das ist trotzdem ungeheuer schwierig. Und wirklich, so sonderbar es klingt: darauf, daß der Mensch ganz ungewohnt ist, diese Umkehrung zu machen, beruht es vielfach, daß man die Toten, die immer da sind, die immer in unserer Umgebung sind, nicht wahrnimmt. Man denkt: Wenn etwas aus unserer Seele dringt, so kommt es von uns. Und irgendwie intim darauf zu achten, ob uns aus der Geistumgebung etwas inspiriert, wovon wir sagen könnten, das kommt von uns selber, das liegt uns ganz ferne. Man will es gerne anknüpfen an das, was man eben gewohnt ist vom physischen Plane. Kommt einem etwas aus der Umgebung, so schreibt man es einem Fremden zu. Das ist der größte Irrtum, dem man sich hingeben kann.

Nun, damit habe ich Ihnen über den Verkehr der sogenannten Lebenden mit den sogenannten Toten eine der Eigentümlichkeiten hervorgehoben. Wenn Sie sich aus diesem Beispiel nur das eine klarmachen wollten, daß die Dinge geradezu umgekehrt sind in der geistigen Welt, daß man sich vollständig wenden muß, so haben Sie einen wichtigen Begriff, den man fortwährend braucht, wenn man eindringen will in die geistige Welt, einen Begriff, den einzeln, im Konkreten anzuwenden, außerordentlich schwierig ist. Es ist zum Beispiel notwendig, auch um hier die physische Welt gut zu verstehen, welche im Grunde genommen überall durchdrungen ist von dem Geistigen, daß man diesen Begriff von einer vollständigen Umkehrung hat. Und weil ihn die heutige Wissenschaft gar nicht hat, und weil ihn das populäre Bewußtsein gar nicht hat, deshalb versteht man auch die physische Welt nicht geistig. Man erfährt dieses gerade dann, wenn sich Menschen recht viele Mühe geben, die Welt zu verstehen. Man muß manchmal von solchen Dingen geradezu absehen. Ich habe vor Jahren, anknüpfend an gewisse *Goethe*sche Vorstellungen, über den äußeren menschlichen physischen Organismus gesprochen vor einer großen Anzahl von unseren Freunden bei einer Generalversammlung in Berlin, wo ich versuchte, einmal klarzumachen, wie der Kopf in seiner physischen Form nur verstanden werden kann, wenn man ihn als völlige Umdrehung des übrigen Organismus versteht.[17] Davon hat niemand etwas verstanden: daß ein Knochen, den wir im Arm haben, wie ein Handschuh gewendet werden müßte, um einen Kopfknochen daraus zu bekommen. Das ist schwierig, aber man kann nicht Anatomie kennen, ohne sich diese Vorstellungen zu bilden. Das habe ich nur nebenbei erwähnt. Man versteht leichter das andere, was ich Ihnen heute gesagt habe über den Verkehr mit den Toten.

Sehen Sie, was ich jetzt auseinandergesetzt habe, das findet fortwährend statt. Sie alle, wie Sie hier sitzen, Sie verkehren fortwährend mit Toten, nur wissen es die Menschen im gewöhnlichen Leben nicht, weil es sich im Unterbewußten vollzieht. Das hellsichtige Bewußtsein, das zaubert nichts Neues hervor; es hebt nur dasjenige, was vorhanden ist in der geistigen Welt, eben zum Bewußtsein herauf. Sie alle verkehren fortwährend mit Toten.

Nun wollen wir ein wenig kennenlernen, wie sich im einzelnen der gewöhnliche Verkehr mit den Toten abspielt. Sie können fragen, wenn irgendein Toter hingegangen ist, wenn man selber zurückgeblieben ist: Wie komme ich dem Toten nahe, so daß er mich in sich erlebt? – Das ist ja das, was ich vorhin erörtert habe. Wie kommt mir der Tote wieder nahe, daß ich in ihm leben kann? Diese Frage können Sie aufwerfen. Richtig beantworten kann man diese Frage nicht, wenn man die bloßen, hier auf dem physischen Plan gewohnten Begriffe ins Auge faßt. Hier auf dem physischen Plan entwickeln wir unser gewöhnliches Bewußtsein nur vom Aufwachen bis zum Einschlafen. Aber für den gesamten Menschen ist der andere Teil des Bewußtseins, der dumpf bleibt, abgelähmt bleibt im gewöhnlichen Leben zwischen Einschlafen und Aufwachen, ebenso wichtig wie der zwischen Aufwachen und Einschlafen. Der Mensch ist eigentlich nicht im wirklichen Sinne unbewußt, wenn er schläft, sondern das Bewußtsein ist nur so dumpf, daß er gewöhnlich nichts davon wahrnimmt. Es ist dumpf, aber man muß diesen ganzen Menschen nehmen, den wachenden und den schlafenden, wenn man die Beziehungen des Menschen zur geistigen Welt ins Auge faßt.

Denken Sie an Ihre eigene Biographie. Sie betrachten ja den Lebenslauf immer mit den entsprechenden Unterbrechungen. Sie beschreiben nur das, was vom Aufwachen bis zum Einschlafen vorgeht; dann ist das Leben unterbrochen: Wachen – schlafen; wachen – schlafen. Aber während Sie schlafen, sind Sie auch da, und wenn man den ganzen Menschen betrachtet, so muß man den Wachzustand und den Schlafzustand ins Auge fassen. Und man muß nun, wenn man den Verkehr des Menschen mit der geistigen Welt ins Auge faßt, wirklich noch ein Drittes ins Auge fassen. Denn außer Wachen und Schlafen gibt es ein Drittes, das für den Verkehr mit der geistigen Welt wichtiger ist als das bloße Wachen und Schlafen, nämlich das Aufwachen und das Einschlafen. Dieses Aufwachen und Einschlafen, es dauert immer nur einen Augenblick und gleich kommt man in einen anderen Zustand. Aber wenn ein Mensch sich Empfindsamkeit entwickelt für diesen Moment des Aufwachens und Einschlafens, dann geben gerade diese Augenblicke des Aufwachens und Einschlafens die größten Aufschlüsse über die geistige Welt.

Beim Aufwachen ist es ja so: Sie wissen, auf dem Lande draußen – jetzt verschwinden diese Dinge auch auf dem Lande allmählich –, aber als wir älteren Leute jung waren, da haben die Leute auf dem Lande gesagt: Wenn man aufwacht, dann soll man nicht gleich zum beleuchteten Fenster schauen, sondern noch ein wenig im Dunkeln zubringen. – Die Leute auf dem Lande wußten vom Verkehre mit der geistigen Welt. Sie wußten noch davon, und sie wollten nicht diesen Moment des Aufwachens so haben, daß sie nun gleich ins volle Tageslicht kommen, sondern sie wollten gesammelt bleiben, um etwas zu behalten von dem, was so kolossal durch die menschliche Seele zieht im Augenblicke des Aufwachens. Das stört uns, daß wir gleich ins volle Tagesleben hineinkommen. In der Stadt ist es ja überhaupt kaum zu machen; da stört uns nicht nur das volle Tagesleben, wenn wir aufwachen, sondern schon der Lärm der Straße, das Schellen der Trambahn und so weiter. Das ganze Kulturleben geht darauf hinaus, dem Menschen womöglich den Verkehr mit der geistigen Welt zu verleiden. Damit ist nichts gesagt gegen das äußere materielle Kulturleben, aber die Tatsache muß man sich vor Augen halten.

Bei dem Einschlafen ist es so, daß wieder im Moment des Einschlafens in kolossaler Weise die geistige Welt an uns herantritt, aber wir schlafen gleich ein, wir verlieren das Bewußtsein von dem, was uns durch die Seele gezogen ist. In gewissen Fällen können aber Ausnahmen eintreten. Nun sind eben die Momente des Aufwachens und des Einschlafens die bedeutsamsten für den Verkehr mit den sogenannten Toten, auch sonst mit den geistigen Wesen der höheren Welt. – Um das zu verstehen, was ich in bezug darauf zu sagen habe, ist es allerdings notwendig, daß Sie eine Vorstellung sich aneignen, die man hier auf den physischen Plan nicht recht anwenden kann und daher eigentlich nicht hat. Es ist die Vorstellung: Was zeitlich vorübergegangen ist, ist eigentlich geistig nicht vorübergegangen, sondern ist noch da. Das ist eine Vorstellung, die man im physischen Leben nur in bezug auf den Raum hat. Wenn Sie vor einem Baume stehen und dann weggehen, später zurückschauen, so verschwindet er nicht; er ist noch da. So ist es mit der Zeit in der geistigen Welt. Wenn Sie jetzt etwas erleben, so ist es weg für das physische Bewußtsein; geistig angesehen ist es nicht weg. Sie können darauf zurückschauen wie zum Baume. Es ist sehr merkwürdig, daß *Richard Wagner*, wie seine Worte zeigen: Zum Raum wird hier die Zeit – von dieser Sache gewußt hat.[18] Das ist ein Geheimnis, daß eigentlich im Geistigen es Entfernungen gibt, die hier auf dem physischen Plan nicht zum Ausdruck kommen. Vorübersein eines Ereignisses bedeutet nur: Es ist weiter von uns. Das bitte ich Sie für den Fall, den wir jetzt betrachten, besonders ins Auge zu fassen. Denn für den Erdenbewohner im physischen Leibe ist es so, daß im Moment des Aufwachens der Moment des Einschlafens vorbei ist; wenn wir in der geistigen Welt sind, stehen wir, wenn wir aufwachen, nur ein bißchen weiter weg vom Moment des Einschlafens. Nun, das muß man ins Auge fassen. Wir stehen einem Toten gegenüber – wie gesagt, wir tun es fortwährend, es bleibt nur gewöhnlich im Unterbewußten –, wenn wir einschlafen; wenn wir aufwachen, stehen wir einem Toten gegenüber. Das sind für das physische Bewußtsein zwei verschiedene Momente. Für das geistige Bewußtsein ist nur das eine etwas weiter weg von dem anderen als das unmittelbar Daranstoßende. Das bitte ich Sie bei dem, was ich jetzt erörtern werde, ins Auge zu fassen, sonst werden Sie es vielleicht nicht so ohne weiteres durchdringen können.

Aufwachen und Einschlafen, sagte ich, sind für den Verkehr mit den Toten ganz besonders wichtig. Es gibt gar nicht im Menschenleben Augenblicke des Einschlafens und Aufwachens, ohne daß man mit den Toten in Beziehung tritt. Nun ist der Moment des Einschlafens in bezug auf den Verkehr mit den Toten besonders günstig dafür, daß wir uns an den Toten wenden. Wenn wir den Toten etwas fragen wollen, und wir können die Frage in unserer Seele hegen und sie erhalten bis zum Moment des Einschlafens, so daß wir unsere Fragen, unsere Anrede, oder das, was wir mitteilen wollen, bis zum Moment des Einschlafens halten: da ist das der günstigste Moment, da bringen wir unsere Fragen am besten an den Toten heran, da ist dieses am leichtesten. Es ist sonst auch vorhanden, aber hier ist es am leichtesten. Wenn wir also den Toten vorlesen, so kommen wir schon an die Toten heran, aber ich meine: Unmittelbarer Verkehr ist am günstigsten mit Bezug auf das, was wir an den Toten richten, wenn wir das, was wir zu sagen haben, im Momente des Einschlafens sagen. Dagegen für das, was der Tote uns mitzuteilen hat, ist der Moment des Aufwachens das Günstigste. Und wiederum ist es so, daß es für niemanden so ist, daß er nicht vom Moment des

Aufwachens, wenn er es wissen könnte, zahlreiche Botschaften von Toten hereinbringt. Wir reden eigentlich fortwährend mit den Toten in dem Unbewußten unserer Seele. Beim Einschlafen stellen wir Fragen an die Toten. Wir sagen ihnen das, was wir ihnen zu sagen haben in den Tiefen unserer Seele. Beim Aufwachen reden die Toten mit uns. Da geben sie uns die Antworten. Nur müssen wir eben diese Vorstellung haben, daß das nur zwei verschiedene Punkte sind, und daß im höheren Sinne, was nacheinander ist, eigentlich gleichzeitig ist, wie zwei Orte im physischen Plan gleichzeitig sind. Nun ist für den Verkehr mit den Toten das eine günstiger, das andere ungünstiger.

Man kann sich schon die Frage vorhalten: Was begünstigt unseren Verkehr mit den Toten? Nun, meine lieben Freunde, aus denselben Motiven heraus, aus denen man zumeist mit den Lebenden redet, kann man mit den Toten nicht gut verkehren. Das hören sie nicht, das vernehmen sie nicht. Also, wenn man aus derselben Stimmung heraus, wie man bei Five o'clock-Teas oder bei Kaffeegesellschaften miteinander redet, auch mit den Toten plaudern wollte, so würde man das nicht können. Das, was möglich macht, daß wir Fragen an die Toten stellen, daß wir den Toten etwas mitteilen, das ist das Verbinden des Gefühlslebens mit den Vorstellungen. Nehmen Sie an, irgend jemand ist durch die Pforte des Todes gegangen. Sie wollen, daß Ihr Unterbewußtes am Abend dem Toten etwas mitteilt. Sie brauchen es nicht im Bewußtsein mitzuteilen. Sie können das am ganzen Tage vorbereiten. Wenn Sie um die zwölfte Stunde mittags es vorbereiten und am Abend um zehn Uhr schlafen gehen, es geht zum Toten hinüber beim Einschlafen. Aber die Frage muß in einer bestimmten Weise gestellt sein; nicht bloß gedankenmäßig, vorstellungsgemäß, sondern im Gefühl und im Willen müssen Sie die Fragen richten an den Toten. So müssen Sie sie richten, daß Sie ein herzliches, ein seelisches Interesseverhältnis zum Toten entwickeln. Sie müssen sich erinnern, wo Sie sich besonders zu dem Toten hier in Liebe gewendet haben, und in einer solch lieben Stimmung an den Toten sich wenden. Nicht also abstrakt, sondern mit Anteil, mit Wärme müssen Sie sich an den Toten wenden.

Dann kann sich das so in der Seele fortsetzen, daß es am Abend bis zum Einschlafen, ohne daß Sie es wissen, zur Frage an den Toten wird. Oder Sie versuchen, rege zu machen in Ihrer Seele, was das besondere Interesse für den Toten war. Oder namentlich gut ist das Folgende: Sie denken darüber nach, wie Sie mit dem Toten hier gelebt haben. Sie vergegenwärtigen sich konkrete Momente, wo Sie mit ihm zusammen gelebt haben, und fragen sich dann: Was hat mich von dem Toten besonders interessiert? Was hat mich gefangengenommen? Wo habe ich wirklich einen Eindruck gehabt, wo habe ich damals gesagt: Es ist mir lieb, daß er es sagt, er hat mich gefördert, es war mir wert; ich habe tiefes Interesse genommen an dem, was er gesagt hat. – Wenn Sie sich solche Momente vergegenwärtigen, wo Sie stark verbunden waren mit dem Toten, wo Sie namentlich starkes Interesse genommen haben, und wenn Sie das so wenden, als ob Sie mit dem Toten reden wollten, als ob Sie ihm etwas sagen wollten – wenn Sie das Gefühl rein entwickeln, und aus dem Interesse, das Sie genommen haben, diese Frage entwickeln, so bleibt diese Frage in der Seele, und abends beim Einschlafen wandert die Frage oder die Mitteilung hinüber an den Toten. Da kann dann das gewöhnliche Bewußtsein in der Regel nicht viel davon wissen, weil man hinterher einschläft, aber es bleibt doch sehr häufig in den Träumen das vorhanden, was da hinübergegangen ist. Und weitaus die meisten Träume, wenn sie auch inhaltlich nicht zutreffend sind, die meisten Träume, die wir gerade von Toten haben, die deuten wir nur falsch. Wir deuten sie wie Botschaften von Toten, aber sie sind nichts anderes als das Nachklingen der Fragen oder Mitteilungen, die wir zu den Toten hin gerichtet haben. Wir sollen nicht glauben, die Toten sagen uns etwas, wenn wir träumen, sondern wir sollen in den Träumen etwas sehen, was von unserer eigenen Seele weggeht, und was also hin zu den Toten geht. Der Traum ist der Nachklang dessen. Würden wir soweit entwickelt sein, daß wir unsere Frage oder Mitteilung an den Toten im Moment des Einschlafens wahrnehmen könnten, dann würde es uns so erscheinen, als ob der Tote sprechen würde. Daher erscheint uns auch der Nachklang im Traum, als ob es eine Botschaft von ihm wäre; es ist aber aus uns heraus. Man versteht das nur, wenn man das hellseherische Verhältnis zum Toten versteht. Gerade wenn der Tote scheinbar zu uns spricht, ist es das, was wir zu ihm sagen; das kann man nicht wissen, wenn man nicht lernt zu vergleichen.

Also der Moment des Aufwachens ist so, daß der Tote besonders gut an uns herankommt. Es kommt sehr viel an jeden Menschen von Toten heran im Moment des Aufwachens. Nicht wahr, es ist überhaupt vieles von dem, was wir im Leben unternehmen, eigentlich von den Toten oder auch von Wesenheiten der höheren Hierarchien inspiriert; wir schreiben es nur uns zu als aus unserer eigenen Seele herauskommend. Was die Toten sagen, kommt aus unserer Seele heraus. Das Tagesleben kommt heran, der Moment des Aufwachens geht vorüber, und wir sind selten geneigt, die intimen Dinge, die aus unserer Seele aufsteigen, zu beobachten. Und wenn wir sie beobachten, sind wir eitel genug dazu, alles, was aus unserer Seele herauskommt, uns selbst zuzuschreiben. Aber in alledem lebt – viel mehr, als was aus unserer Seele kommt – dasjenige, was unsere hingegangenen Toten zu sagen haben. Denn das, was die Toten zu uns sagen, steigt scheinbar aus unserer eigenen Seele herauf. Würden die Menschen überhaupt wissen, wie das Leben wirklich ist, dann würde sich aus diesem Wissen ein ganz besonderes pietätvolles Empfinden entwickeln gegenüber der geistigen Welt, in der wir fortwährend sind und in der unsere Toten sind. Und wir würden wissen bei vielem, was wir tun, daß eigentlich die Toten in uns wirken. Das muß sich in der Geisteswissenschaft nicht als äußerlich theoretisches Wissen entwickeln, sondern als etwas, was als innerliches Leben die Seele immer mehr durchziehen wird. Das muß sich entwickeln, dieses Wissen, daß rings um uns herum wie die Luft, die wir atmen, eine geistige Welt ist, und daß die Toten um uns sind, daß wir nur nicht geeignet sind, sie wahrzunehmen. Diese Toten sprechen zu unserem Inneren, aber unser Inneres, das deuten wir unrichtig aus. Würden wir es richtig deuten, so würden wir gerade durch die Wahrnehmung unseres Inneren uns verbunden wissen mit den Seelen, die die sogenannten Toten sind.

Nun ist ein großer Unterschied zwischen den Toten, je nachdem eine Seele durch die Pforte des Todes verhältnismäßig früh geht oder in späteren Jahren. Ob junge Kinder dahinsterben, die uns gerne gehabt haben, oder ob uns als jüngeren Leuten ältere dahinsterben, ist ein großer Unterschied. Wenn man nach den Erfahrungen mit der geistigen Welt diesen Unterschied charakterisieren will, so könnte man es etwa in der folgenden Weise tun. Wenn junge Kinder dahinsterben, so ist das Geheimnis des Zusammenseins mit den Kindern, die gestorben sind, dadurch auszusprechen, daß man sagt: Geistig betrachtet verliert man eigentlich diese Kinder nicht. Sie bleiben geistig da. Kinder, die früh im Leben sterben, sind eigentlich wirklich in hohem Grade immer geistig unmittelbar da. – Wir werden gleich näher auf die Sache noch eingehen. Ich möchte als Meditationssatz vor Ihre Seelen hinstellen, den man weiter durchdenken kann, daß Kinder, wenn sie uns hinsterben, für uns nicht verloren sind; wir verlieren sie nicht, sie bleiben geistig immer da. Und bei älteren Leuten, die hinsterben, kann man das Umgekehrte sagen. Da kann man sagen: Sie verlieren uns nicht. Kinder verlieren wir nicht und ältere Leute verlieren uns nicht. Ältere Leute, wenn sie hinsterben, haben nämlich eine große Anziehungskraft zu der geistigen Welt, aber sie haben dadurch auch die Macht, so hineinzuwirken in die physische Welt, daß sie an uns leichter herankommen. Sie entfernen sich zwar viel mehr als die Kinder, die bei uns bleiben, von der physischen Welt, aber sie sind mit höheren Wahrnehmungsfähigkeiten ausgestattet als die Leute, die jünger sterben. Sie behalten uns. Wenn man mit verschiedenen Seelen in der geistigen Welt bekannt wird, ob sie jung oder alt gestorben sind: die älter Gestorbenen, die leben dadurch, daß sie die Kraft haben, in Erdenseelen leichter einzudringen, die verlieren die Erdenseelen nicht; und die Kinder, die verlieren wir nicht, die bleiben mehr oder weniger in der Sphäre des Erdenmenschen.

Das kann man auch noch an etwas anderem charakterisieren. Sehen Sie, auch für das, was der Mensch so mit seiner Seele auf dem gewöhnlichen physischen Plane erlebt, hat er ja nicht eigentlich immer die ganz tiefen Empfindungen. Wenn uns Menschen hinsterben, so haben wir Trauer; Schmerz empfinden wir darüber. Ich habe oftmals gesagt, gerade wenn uns selber gute Freunde aus der Gesellschaft gestorben sind: Anthroposophisch orientierte Geisteswissenschaft hat nicht die Aufgabe, in schaler Weise die Leute über den Schmerz zu trösten, ihnen den Schmerz auszureden. Schmerz ist berechtigt, man soll stark werden, ihn zu tragen, aber man soll ihn sich nicht ausreden lassen. Aber man unterscheidet mit Bezug auf den Schmerz nicht danach, ob man diesen Schmerz über den Hingang jung Verstorbener oder den Hingang älterer Menschen hat. Und dennoch, geistig angesehen ist da ein großer, großer Unterschied. Man kann sagen: Derjenige, der hier als Hinterbliebener ist, hat mit Bezug auf Kinder, die ihm hinweggestorben sind, seien es seine eigenen oder solche, die er sonst geliebt hat, er hat, wenn ich es technisch sozusagen ausdrücken darf, einen gewissen Mitgefühlsschmerz. – Kinder bleiben eigentlich bei uns, und dadurch, daß wir mit ihnen verbunden waren, bleiben sie uns so nahe, übertragen sie ihren Schmerz auf unsere Seelen, und wir fühlen ihren Schmerz, daß sie noch gerne da wären. Dadurch wird ihnen der Schmerz leichter, daß wir ihn mittragen. Eigentlich fühlt das Kind in uns. Es ist gut, wenn es mit uns fühlen kann, dadurch wird ihm sein Schmerz erleichtert. Dagegen kann man den Schmerz, den wir empfinden, wenn ältere Menschen dahinsterben, seien es die Eltern oder auch Freunde, einen egoistischen Schmerz nennen. Der älter Gestorbene, der verliert uns nicht, er hat daher auch nicht das Gefühl, das der jung Verstorbene hat. Er behält uns, er verliert uns nicht. Wir hier im Leibe, wir haben das Gefühl, daß wir ihn verloren haben; daher geht der Schmerz nur uns an. Es ist ein egoistischer Schmerz. Wir fühlen nicht sein Gefühl wie bei den Kindern, sondern fühlen den Schmerz für uns.

Man kann wirklich diese zwei Arten des Schmerzes sehr genau unterscheiden: Egoistischer Schmerz älteren Leuten gegenüber, Mitgefühlsschmerz für jüngere Leute. Das Kind lebt in uns weiter, und wir fühlen eigentlich, was das Kind fühlt. So richtig mit unserer eigenen Seele traurig sind wir nur den älteren Dahingestorbenen gegenüber. Dies ist nicht bedeutungslos.

Nun, gerade an solch einer Sache kann man so recht sehen, daß das Wissen von der geistigen Welt doch eine große Bedeutung hat. Denn sehen Sie: Nach diesem kann sich in gewissem Sinne der Totenkultus schon einrichten. Dem Kinde gegenüber, das uns hingestorben ist, wird das ganz Individuelle im Totenkultus nicht ganz angebracht sein, sondern dem Kinde gegenüber, weil das ja ohnedies in uns weiterlebt und bei uns bleibt, ist es gut, wenn man das Andenken so belebt, daß es mehr ins Allgemeine geht, daß man dem mit uns lebenden Kinde etwas Allgemeines gibt. Daher ist zum Beispiel bei dem Totenkultus für Kinder das Zeremoniell bei der Leichenfeier vorzuziehen gegenüber einer besonderen Leichenrede. Ich möchte sagen, auf die beiden Konfessionen, katholische und protestantische, verteilt sich da je nachdem das Bessere. Der Katholizismus hat nicht die eigentliche Leichenrede, sondern ein Trauerzeremoniell, einen Ritus. Das ist etwas Allgemeines, das ist für alle gleich. Dasjenige nun, was für alle gleich sein kann, ist besonders für Kinder gut; wenn wir das Andenken überhaupt so einrichten können, daß es für alle gleich sein kann. Für den älter Gestorbenen ist das Individuelle bedeutsamer. Bei den älter Gestorbenen wird das beste Trauerzeremoniell das sein, wenn wir geradezu sein Leben betrachten. Das Protestantische, die besondere Leichenrede, die sich auf das Leben des Toten bezieht, wird große Bedeutung haben für den Hingestorbenen; da würde der katholische Ritus weniger Bedeutung haben. Aber auch sonst im Andenken an den Toten: Für das Kind ist es am besten, man versetzt sich in eine Stimmung, wo man verbunden ist mit dem Kinde; dann versucht man Gedanken an das Kind zu richten, die dann zu ihm hinziehen werden beim Einschlafen. Diese Gedanken können mehr allgemein gehalten sein, also zum Beispiel Dinge, die mehr oder weniger an alle Toten gerichtet werden können. Bei Älteren, da ist es schon notwendig, daß man im Andenken an diesen speziellen Menschen sich richtet, daß man also individuell an diesen speziellen Menschen sich richtet und nachdenkt über dasjenige, was ihm nahegelegen hat, was man mit ihm gemeinschaftlich durchlebt hat. Namentlich ist es von großer Bedeutung bei einem älteren Menschen, um mit ihm in den richtigen Verkehr zu kommen, sich sein Wesen zu vergegenwärtigen, sein Wesen in einem selbst lebendig zu machen. Also nicht bloß, daß man sich erinnert an das, was er einem gesagt hat und wofür man besonderes Gefühl hatte, sondern was er als Individualität war, was er wert war für die Welt: das in sich rege zu machen, das wird einen befähigen, zu einem älteren Verstorbenen in Beziehung zu kommen und das richtige Andenken zu haben. Sie sehen also: Für die Pietät, die wir entwickeln, hat es Bedeutung, zu wissen, wie man sich verhalten muß zu jüngeren und älteren Verstorbenen.

Bedenken Sie, wie sehr es für die Gegenwart immerhin in Betracht kommt, wo so viele Leute in jüngeren Jahren sterben, sich sagen zu können: Sie sind eigentlich in einem hohen Grade immer da, sie sind nicht verloren für die Welt. – Ich habe das zu Ihnen auch hier schon von anderen Gesichtspunkten aus gesagt, aber man muß im Geistigen die Dinge von verschiedenen Gesichtspunkten aus betrachten. Und bringt man es zuwege, Bewußtsein zu haben von der geistigen Welt, dann wird aus dieser unendlichen Traurigkeit der Gegenwart wohl das eine in geistiger Beziehung sich entwickeln können, daß, weil die Toten dageblieben sind, sofern es junge Leute sind, durch diese Gemeinschaft mit den Toten ein reges geistiges Leben entstehen kann. Das wird entstehen, wenn der Materialismus nicht so stark seine Kraft entfalten kann, daß Ahriman die Fänge ausstrecken und über alle Menschenkraft siegen kann.

Das, was ich Ihnen heute gesagt habe, ist eben von der Art, daß gewiß mancher hier sich sagen kann auf dem physischen Plan: Ja, es liegt mir fern; ich möchte lieber etwas haben, was man morgens und abends machen kann, um in das richtige Verhältnis zur geistigen Welt zu kommen: – Man denkt dann aber nicht ganz richtig. Der geistigen Welt gegenüber kommt es wirklich darauf an, daß man überhaupt über sie Gedanken entwickelt. Und wenn einem auch scheinbar die Toten fern stehen und einem das eigene Leben nahe liegt: daß wir gerade solche Gedanken, wie sie heute entwickelt worden sind, durch unsere Seelen ziehen lassen, daß wir etwas, was dem unmittelbaren äußeren

Leben scheinbar fremd gegenübersteht, durchdenken, das ist etwas, was unsere Seelen höher bringt, was unseren Seelen geistige Kraft und geistige Nahrung gibt. Denn nicht das, was einem scheinbar naheliegt, bringt einen in die geistige Welt hinein, sondern das, was aus der geistigen Welt zuerst herauskommt. Daher scheuen Sie es nicht, solche Gedanken gerade immer durchzudenken, diese Gedanken in der Seele öfter leben zu lassen. Denn es gibt nichts Wichtigeres für das Leben, auch sogar für das materielle Leben, als durchgreifende Überzeugungen von dem Zusammensein mit dem Geistigen haben zu können. Hätten die Menschen der neueren Zeit den Zusammenhang mit dem Geistigen nicht so sehr verloren, so wären diese schwierigen Zeiten in der Gegenwart nicht gekommen. Diesen tieferen Zusammenhang sehen nur die wenigsten Menschen heute ein; in der Zukunft wird er schon eingesehen werden. Heute glaubt man: Wenn der Mensch durch die Pforte des Todes gegangen ist, hört seine Tätigkeit in bezug auf die physische Welt auf. Nein, sie hört nicht auf. Ein fortwährender reger Verkehr findet statt zwischen den sogenannten Toten und den sogenannten Lebenden. Und wir können sagen: Diejenigen, die durch die Pforte des Todes gegangen sind, sie haben nicht aufgehört, da zu sein, nur unsere Augen haben aufgehört, sie zu sehen; sie aber sind da. Unsere Gedanken, unsere Gefühle, unsere Willensimpulse, sie stehen mit ihnen in Verbindung. Denn gerade auch für die Toten gilt das Evangelienwort: «Suchet sie nicht in äußeren Gebärden, das Reich des Geistes ist mitten unter euch.» [19]

So soll man auch nicht die Toten suchen durch irgendwelche Äußerlichkeiten, sondern man soll nur sich recht bewußt werden, daß sie fortwährend da sind. Alles geschichtliche, alles soziale, alles ethische Leben geht durch das Zusammenwirken der sogenannten Lebenden mit den sogenannten Toten vor sich, und der Mensch kann eine besondere Stärkung seines ganzen Wesens dadurch erleben, daß er sich immer mehr und mehr durchdringt nicht nur mit dem Bewußtsein, das ihm kommt, wenn er einen sicheren Stand hier in der physischen Welt hat, sondern auch sich durchdringt mit dem Bewußtsein, das ihm kommt, wenn er sich

aus rechtem innerem Sinne heraus gegenüber den lieben Dahingegangenen zu sagen vermag: Die Toten, sie sind mitten unter
uns. – Denn dieses gehört auch zu einem rechten Wissen, zu
einer rechten Erkenntnis von der geistigen Welt, die sich aus verschiedenen Stücken zusammensetzt. Man kann sagen: von der
geistigen Welt wissen wir im rechten Sinne, wenn die Art, wie
wir denken, wie wir sprechen über diese geistige Welt, aus dieser
geistigen Welt selbst heraus ist.

Der Satz: Die Toten sind mitten unter uns – er ist selbst eine
Bekräftigung der geistigen Welt, und nur die geistige Welt kann
uns ein wahres Bewußtsein davon hervorrufen, daß die Toten
mitten unter uns sind.

Anmerkungen

1   *Serie von Vorträgen:* Dieser Vortrag wurde vor einem öffentlichen Publikum im Frühjahr 1914 gehalten. Er steht in einer Reihe von Vorträgen, die Rudolf Steiner jeweils im Winterhalbjahr im Architektenhaus in Berlin seit 1903/04 hielt, so daß viele der Zuhörer, die schon längere Zeit dabei waren, bereits mit der Anthroposophie vertraut waren. In der Reihe der Architektenhaus-Vorträge spach Rudolf Steiner hier zum ersten Mal ausführlich über das nachtodliche Leben (vgl. auch den Quellennachweis S. 278).

1a   *kann ich auf ein Buch hinweisen:* Artur Brausewetter «Gedanken über den Tod», Stuttgart 1913, Seite 198, wörtlich: «Die Unsterblichkeit zu beweisen ist unmöglich. Weder Plato noch dem auf ihm fußenden Mendelssohn ist es gelungen, sie aus der Einfachheit und Unzerstörbarkeit der Seele zu erhärten. Mögen wir auch der Seele eine einfache Natur einräumen, so bleibt doch ihre Beharrlichkeit als bloßer Gegenstand des inneren Sinnens unerwiesen und unerweislich.»

2   *Goethe sagte einmal:* Siehe Johann Peter Eckermann «Gespräche mit Goethe in den letzten Jahren seines Lebens», Gespräch vom 25. Februar 1824.

3   *aus den vorangehenden Vorträgen:* Dieser Vortrag steht am Ende einer Vortragsreihe, die Rudolf Steiner für die schon in die Anthroposophie eingeführten Mitglieder im Januar/Februar 1924 nach der Begründung der Allgemeinen Anthroposophischen Gesellschaft hielt (vgl. Quellennachweis auf S. 278).

3a   *was wir die geistige Welt oder das Devachan genannt haben:* Siehe Rudolf Steiner «Theosophie. Einführung in übersinn-

liche Welterkenntnis und Menschenbestimmung», Gesamtausgabe Dornach 1978, Bibl.-Nr. 9.

4 *eine Reise auf der Titanic:* Die «Titanic» war dazumal das
   größte Passagierschiff; es stieß südlich von Neufundland auf
   der ersten Fahrt nach Amerika auf einen Eisberg und sank
   am 15. April 1912 mit 1500 Menschen.

5 *Deshalb mußte auch im letzten Mysterienspiel gezeigt werden:* Vgl. das fünfte und sechste Bild des vierten Mysterien-
   dramas «Der Seelen Erwachen». – «Vier Mysteriendramen»
   von Rudolf Steiner, Gesamtausgabe Dornach 1962, Bibl.-
   Nr. 14.

6 *Goethe hat den Ausdruck gebraucht:* Im «Faust», II. Teil, 2.
   Akt, «Laboratorium», sagt Homunculus zu Mephistophe-
   les: «Du aus Norden, Im Nebelalter jung geworden.»

7 *in meiner «Geheimwissenschaft im Umriß» und «Theosophie»:* Die betreffenden Ausführungen finden sich im Kapitel «Schlaf und Tod» der «Geheimwissenschaft» und im Kapitel «Die Seele in der Seelenwelt nach dem Tode» der
   «Theosophie».

8 *Zyklus über das Johannes-Evangelium:* Siehe «Das Johannes-Evangelium im Verhältnis zu den drei anderen Evangelien, besonders zu dem Lukas-Evangelium», Gesamtausgabe Dornach 1975, Bibl.-Nr. 112.

9 *Friedrich Theodor Vischer*; 1807–1887.

10 *Vortragszyklus «Inneres Wesen des Menschen und Leben
   zwischen Tod und neuer Geburt»:* Sechs Vorträge, gehalten
   in Wien vom 9. bis 14. April 1914; 5. Auflage 1978, GA
   Bibl.-Nr. 153.

11 *was in einer merkwürdigen Intuition Richard Wagner...
   ausgesprochen hat: Die Zeit wird zum Raume* (Parsifal, 1.
   Aufzug):
   Parsifal: Ich schreite kaum –,
              doch wähn ich mich schon weit.
   Gurnemanz: Du siehst, mein Sohn,
               zum Raum wird hier die Zeit.

12 *Wilhelm Wundt*, 1832–1920, Philosoph und Psychologe.

13 *«Theosophie. Einführung in übersinnliche Welterkenntnis und Menschenbestimmung»* (1904), GA Bibl.-Nr. 9.

14 *In eckigen Klammern:* Vom Herausgeber eingefügt.

15 *«Wie erlangt man Erkenntnisse der höheren Welten?»* (1904/05), GA Bibl.-Nr. 10.

16 *Das Alte Testament verbietet, mit den Toten zu verkehren:* 5. Buch Moses, 18. Kap. Vers 10 ff.: «Daß nicht unter dir gefunden werde..., der die Toten frage: Denn wer solches tut, ist dem Herrn ein Greuel...» Vgl. auch 1. Buch Samuel 28. Kap. (Samuel und die Hexe von Endor).

17 *Ich habe... über den äußeren physischen Organismus gesprochen:* Siehe «Anthroposophie, Psychosophie, Pneumatosophie», 12 Vorträge, Berlin 1909–1911, GA Bibl.-Nr. 115.

18 *Richard Wagner,* 1813–1883. Vgl. Anmerkung 11.

19 *das Evangelienwort: «Suchet sie nicht...»:* Lukas 17,20.

Quellennachweis

*Vorträge nach der Rudolf Steiner-Gesamtausgabe (GA), erschie-
nen im Rudolf Steiner-Verlag, Dornach / Schweiz.*

Die meisten der hier ausgewählten Vorträge sind von Rudolf
Steiner in verschiedenen Städten als Einzelvorträge gehalten
worden. Sie sind in der Gesamtausgabe unter thematischen Gesichtspunkten in einzelnen Bänden zusammengestellt. Der Vortrag vom 10. Februar 1924 ist der letzte eines Zyklus' von 9 Vorträgen, in denen Rudolf Steiner die Grundlagen der Anthroposophie auf neue Art entwickelt. Die Vorträge vom 16. / 17. Mai
1923 sind die beiden ersten einer Reihe von 6 Vorträgen, deren
Thema dann «Menschenschicksal und Weltentwicklung» ist.
Der Vortrag vom 5. Februar 1918 ist aus einem Zyklus entnom-
men, der den Zusammenhang der Lebenden mit den Toten unter
verschiedensten Gesichtspunkten behandelt.

Das Leben zwischen Tod und Wiedergeburt des Menschen. Berlin, 19. März 1914 in: Geisteswissenschaft als Lebensgut (GA 63).

Metamorphosen der Erinnerung im Leben nach dem Tode. Dornach, 10. Februar 1924 in: Anthroposophie, eine Zusammenfas-
sung nach 21 Jahren (GA 234).

Das Nachterleben und das Leben nach dem Tode. Kristiania
(Oslo), 16. Mai 1923 in: Menschenwesen, Menschenschicksal
und Weltentwicklung (GA 226).

Das Leben nach dem Tode bis zur Wiederverkörperung. Kristiania (Oslo), 17. Mai 1923 in: Menschenwesen, Menschenschicksal und Weltentwicklung (GA 226).

Einiges über die Technik des Karma im Leben nach dem Tode. Bern, 15. Dezember 1912 in: Okkulte Untersuchungen über das Leben zwischen Tod und neuer Geburt (GA 140).

Inneres Erleben nach dem Tod. Stuttgart, 23. November 1915 in: Die geistigen Hintergründe des Ersten Weltkrieges, Kosmische und menschliche Geschichte Bd VII (GA 174b).

Über das Ereignis des Todes und Tatsachen der nachtodlichen Zeit. Leipzig, 22. Februar 1916 in: Die Verbindung zwischen Lebenden und Toten (GA 168).

Die lebendige Wechselwirkung zwischen Lebenden und Toten. Bergen, 10. Oktober 1913 in: Okkulte Untersuchungen über das Leben zwischen Tod und neuer Geburt (GA 140).

Erfahrungen des Menschen nach dem Durchgang durch die Todespforte. Düsseldorf, 17. Juni 1915 in: Das Geheimnis des Todes (GA 159).

Aus einer Ansprache im Gedenken an einen Verstorbenen. Dornach, 29. Juni 1923 in: Unsere Toten (GA 261).

Die Verbindung zwischen Lebenden und Toten. Bern, 9. November 1916 in: Die Verbindung zwischen Lebenden und Toten (GA 168).

Über das Verbundensein der Lebenden mit den Toten. Berlin, 5. Februar 1918 in: Erdensterben und Weltenleben (GA 181).

Der Tod als Lebenswandlung. Nürnberg, 10. Februar 1918 in: Der Tod als Lebenswandlung (GA 182).

Literaturhinweise

Grundschriften von Rudolf Steiner:
Theosopie. Einführung in übersinnliche Welterkenntnis und
Menschenbestimmung (GA 9)
Die Geheimwissenschaft im Umriss (GA 13).

Vorträge Rudolf Steiners vor Mitgliedern der Anthroposophi-schen Gesellschaft:
Das Leben zwischen dem Tode und der neuen Geburt im Ver-
hältnis zu den kosmischen Tatsachen. 10 Vorträge, Berlin 1912/
13 (GA 141).

Okkulte Untersuchungen über das Leben zwischen Tod und
neuer Geburt. 20 Vorträge in verschiedenen Städten 1912/13
(GA 140).

Inneres Wesen des Menschen und Leben zwischen Tod und
neuer Geburt. 6 Vorträge mit 2 vorangehenden öffentlichen Vorträgen, Wien 1914 (GA 153).

Schicksalsbildung und Leben nach dem Tode. 7 Vorträge, Berlin
1915 (GA 157a).

Das Geheimnis des Todes. 15 Vorträge in verschiedenen Städten
1915 (GA 159).

Die Verbindung zwischen Lebenden und Toten. 8 Vorträge in
verschiedenen Städten 1916 (GA 168).

Der Tod als Lebenswandlung. 7 Vorträge in verschiedenen Städten 1917/18 (GA 182).

Rudolf Steiner
Themen aus dem Gesamtwerk

VERLAG FREIES GEISTESLEBEN

Rudolf Steiner
Themen aus dem Gesamtwerk

Band 4
Vom Lebenslauf des Menschen
Herausgegeben von Erhard Fucke. 256 Seiten.

Die anthroposophische Menschenkunde kennt den gegliederten Lebenslauf als einen rhythmischen Zeitorganismus, in dem der Mensch die Kräfte und Fähigkeiten der Seele von Lebensepoche zu Lebensepoche entfaltet. Danach durchschreitet der Mensch seine Inkarnationen aus Impulsen seines geistigen Wesens in Stufen spezifischer Verwirklichungen. Sein Lebensgang wird in seinen Fortschritten und Schwierigkeiten auf diesem Hintergrund überhaupt erst verständlich und sinnvoll.

Band 5
Erde und Naturreiche
Herausgegeben von Hans Heinze. 223 Seiten.

Die Folgen der industriellen Landwirtschaft sind unübersehbar. Erst eine wesensgemäße Berücksichtigung der Erde, der Naturreiche und ihrer kosmischen Bedingungen kann hier einen Wandel hervorrufen. In diesen Vorträgen werden in anschaulicher Sprache eine Fülle von übersinnlichen Beziehungen in der Natur und zum Menschen dargestellt.

Band 6
Naturgrundlagen der Ernährung
Ernährung des Menschen I
Herausgegeben von Kurt Th. Willmann. 171 Seiten.

Die hier gegebenen Darstellungen der Natursubstanzen, ihrer Bildung und Kultivierung, ihrer Stellung in der Natur und ihrer Wirkung im menschlichen Organismus bilden die Grundlage für eine Ernährungslehre, die dem Wesen des Menschen entsprechen will.

VERLAG FREIES GEISTESLEBEN

Rudolf Steiner
Themen aus dem Gesamtwerk

VERLAG FREIES GEISTESLEBEN

Rudolf Steiner
Themen aus dem Gesamtwerk

Band 10
Gesundheit und Krankheit

Herausgegeben von Otto Wolff. 192 Seiten.

Zur Begründung einer menschengemäßen Medizin und zur Klärung der Begriffe Gesundheit und Krankheit bietet der vorliegende Band die geisteswissenschaftlich-menschenkundlichen Erkenntnisgrundlagen. Das Besondere dieser grundlegenden Darstellungen zur anthroposophisch orientierten Menschenkunde und Medizin liegt darin, daß sie von Anfang an den ganzen Menschen einschließen, daß sie Gesundheit und Krankheit als ein Stück Weg zur Selbsterkenntnis in der Biographie des Menschen auffaßt.

Band 11
Spirituelle Psychologie

Herausgegeben von Markus Treichler. 310 Seiten.

Das Thema «Spirituelle Psychologie» gehört zu den zentralsten des Gesamtwerkes Rudolf Steiners, da die psychologische Methode: die Selbstbeobachtung des Seelischen, die Grundhaltung der anthroposophischen Geisteswissenschaft schlechthin ist. Deshalb nehmen die Vorträge der vorliegenden Auswahl eine zentrale Stellung innerhalb des anthroposophischen Menschenbildes und Schulungsweges ein.

Band 12
Elemente der Erziehungskunst

Herausgegeben von Karl Rittersbacher. 191 Seiten.

Hier sind neun Vorträge zusammengefaßt, die Rudolf Steiner in den Jahren 1906–16 über die Voraussetzungen einer erneuerten Pädagogik gehalten hat. Diese frühen Darstellungen entwickeln die Elemente der heute allgemein bekannten «Waldorfpädagogik» ausführlich aus den Fundamenten der anthroposophischen Menschenkunde.

VERLAG FREIES GEISTESLEBEN

Rudolf Steiner
Themen aus dem Gesamtwerk

Band 13
Soziale Frage und Anthroposophie
Herausgegeben von Dietrich Spitta. 318 Seiten.

Die in diesem Band zusammengestellten Vorträge geben einen Überblick über die von Rudolf Steiner entwickelte Idee der «Dreigliederung
des sozialen Organismus». Radikal und mit dem Blick für die den
sozialen Problemen zugrundeliegenden Tatsachen nimmt Rudolf Steiner
Stellung zur Trennung von Arbeit und Einkommen, zur Frage von
Grund und Boden, zur Friedensproblematik und zur Emanzipation der
Frau. Der anthroposophische Sozialimpuls rückt diese heute überall
diskutierten Fragen durch die Einsicht in das Wesen des sozialen
Organismus in ein neues Licht.

Band 14
Christologie
Herausgegeben von Heten Wilkens. 286 Seiten.

Die in diesem Band zusammengestellten Vorträge Rudolf Steiners
wollen zu einem zentralen Inhalt der Anthroposophie hinführen: die
Christologie. Vom Beginn seines anthroposophischen Wirkens an
bis hin zu seinen letzten Vorträgen und Aufsätzen spricht Rudolf Steiner
über das Christentum und das von ihm so genannte «Mysterium von
Golgatha». Sein innerstes Anliegen war es, die christlichen Inhalte in
das Licht des modernen, erkennenden Bewußtseins zu stellen und zu
zeigen, daß der anthroposophische Erkenntnisweg einen spirituellen
Zugang zum Christentum eröffnen kann.

VERLAG FREIES GEISTESLEBEN